中央高校基本科研业务费专项资金资助

# 海事请求责任限制

杨俊杰　著

中国人民公安大学出版社

·北　京·

**图书在版编目（CIP）数据**

海事请求责任限制/杨俊杰著 . —北京：中国人民公安大学出版社，2013.7

ISBN 978 - 7 - 5653 - 1386 - 8

Ⅰ.①海… Ⅱ.①杨… Ⅲ.①海事处理—赔偿—研究—中国 Ⅳ.①D997.3

中国版本图书馆 CIP 数据核字（2013）第 150754 号

## 海事请求责任限制

杨俊杰 著

| | |
|---|---|
| 出版发行： | 中国人民公安大学出版社 |
| 地　　址： | 北京市西城区木樨地南里 |
| 邮政编码： | 100038 |
| 经　　销： | 新华书店 |
| 印　　刷： | 北京蓝空印刷厂 |
| 版　　次： | 2013 年 7 月第 1 版 |
| 印　　次： | 2013 年 7 月第 1 次 |
| 印　　张： | 9.375 |
| 开　　本： | 880 毫米×1230 毫米　1/32 |
| 字　　数： | 253 千字 |
| 书　　号： | ISBN 978 - 7 - 5653 - 1386 - 8 |
| 定　　价： | 30.00 元 |
| 网　　址： | www.cppsup.com.cn　www.porclub.com.cn |
| 电子邮箱： | zbs@cppsup.com　zbs@cppsu.edu.cn |

营销中心电话：010 - 83903254
读者服务部电话（门市）：010 - 83903257
警官读者俱乐部电话（网购、邮购）：010 - 83903253
法律图书分社电话：010 - 83905745

# 前　言

海商法作为商法的起源，创立了很多在商法领域具有深远意义的法律制度。船舶所有人的海事赔偿责任限制制度及海上承运人的责任限制制度就是其中之代表。

这两项制度代表了法律对于从事海运经营相关方特别是船方的特殊保护和优惠政策，这或许是海商法为保护和鼓励海上贸易所依靠的基本架构之一吧，否则就不能够解释，尽管在现代这两种制度因偏向船方，对货方有失公平而饱受争议，然而最新通过的国际海事公约（如《鹿特丹规则》）并没有抛弃限制责任的理念，仅仅是对现行的责任限制制度加以调整而已。

在海商法的有限责任概念中，产生于中世纪的海事赔偿责任限制制度是核心，在此基础上，随着时代的发展、运输方式和国际贸易重心的变迁，继而出现承运人单位责任限制、油污损害赔偿责任限制制度、有毒有害物质损害赔偿责任限制制度等分支。这些有限责任制度制定的初衷并非一味地要降低海运方的赔偿责任；相反，像承运人单位责任限制的出现是为了换取承运人不滥用合同自由，在海上运输合同中规定一边倒有利于承运人的免责条款；而油污损害赔偿责任限制制度引入了船舶所有人的严格责任，为了保证船舶所有人能够承担赔偿责任，强制船舶所有人为其赔偿责任投保或者取得其他财务保证。由此可见，海商法的有限责任是货方与船方利益不断妥协、平衡的结果，不能够武断地说责任限制制度单方面有利于海上贸易中的海运方，货方也同样从中获益。

　　我国海商法中关于海事赔偿责任限制制度、承运人单位责任限制制度、油污损害赔偿责任限制制度均吸收自相关的国际海事公约，国际化程度很高。随着我国在全球贸易中的地位越来越重要，中国海商立法及其实践对于国际海事公约的影响也越来越大。

　　本书立足于我国海商立法及司法实践，对海商法中的责任限制制度进行了系统论述，其中特别关注诉讼实务中关于海事请求责任限制的诉讼程序规则，包括管辖、海事请求的诉因、海事赔偿责任限制诉讼的程序、举证责任等方面内容。注重诉讼法方面的问题是因为笔者注意到，虽然我国海商法中的责任限制制度多是借鉴相关的国际海事公约，然而在诉讼过程中，我国法院以海事诉讼特别程序法和民事诉讼法为基础，结合相关国际海事公约的规定，创立了独具我国特色的海事请求责任限制的程序规则，而这些程序规则是海事请求得以实现的程序保障。

　　本书所涉法律及司法解释的有效期截至 2013 年 1 月。

　　最后，非常感谢我尊敬的导师、清华大学法学院的傅廷中教授，在他的精心教诲及指导下，我才得以一窥海商法之堂奥。

# 国际海事公约一览表

《1924 年统一海船所有人责任限制若干规则的国际公约》（International Convention for the Unification of Certain Rules Relating to the Limitation of the Liability of Owners of Sea – going Vessels, Brussels, 25th August 1924）

《1957 年海船所有人责任限制国际公约》（International Convention relating to the Limitation of the Liability of Owners of Sea – going Ships, Brussels, 10th October 1957）

《修正〈1957 年海船所有人责任限制国际公约〉议定书》（Protocol to amend the International Convention Relating to the Limitation of the Liability of owners of Sea – going Ships, 1957, Brussels, 21st December 1979）

《1976 年海事赔偿责任限制公约》［Convention on Limitation of Liability for Maritime Claims, London, 19 November 1976（LLMC 1976）］

《修正〈1976 年海事赔偿责任限制公约〉的 1996 年议定书》［Protocol of 1996 to Amend the Convention on Limitation of Liability for Maritime Claims, 1976, London, 1996（LLMC PROT 1996）］

《1969 年油污损害民事责任国际公约》［International Convention on Civil Liability for Oil Pollution Damage, 1969（CLC 1969）］

《1969 年油污损害民事责任国际公约之 1976 年议定书》［Protocol to the International Convention on Civil Liability for Oil Pollution

1

Damage, 1969 (CLC PROT 1976)〕

《1969 年油污损害民事责任国际公约之 1984 年议定书》〔Protocol of 1984 to Amendments of the International Convention on Civil Liability for Oil Pollution Damage, 1969 (CLC PROT 1984)〕（未生效）

《1969 年油污损害民事责任国际公约之 1992 年议定书》〔Protocol of 1992 to Amend the International Convention on Civil Liability for Oil Pollution Damage, 1969 (CLC PROT 1992/CLC 1992)〕

《1992 年油污损害民事责任国际公约之 2000 年议定书》〔Protocol of 2000 to Amend the International Convention on Civil Liability for Oil Pollution Damage, 1992 (CLC PROT 2000)〕

《1971 年设立国际油污损害赔偿基金的国际公约》〔International Convention on the Establishment of an International Fund for Compensation for Oil Pollution Damage, 1971 (FC 1971 )〕

《1971 年设立国际油污损害赔偿基金的国际公约之 1976 年议定书》〔Protocol of 1976 to amend the International Convention on the Establishment of an International Fund for Compensation for Oil Pollution Damage, 1971 (FUND PROT 1976)〕

《1971 年设立国际油污损害赔偿基金的国际公约之 1984 年议定书》〔Protocol of 1984 to amend the International Convention on the Establishment of an International Fund for Compensation for Oil Pollution Damage, 1971 (FUND PROT 1984) 〕（未生效）

《1971 年设立国际油污损害赔偿基金的国际公约之 1992 年议定书》〔Protocol of 1992 to amend the International Convention on the Establishment of an International Fund for Compensation for Oil Pollution Damage, 1971 (FUND PROT 1992)〕

《1971 年设立国际油污损害赔偿基金的国际公约之 2000 年议定书》〔Protocol of 2000 to the International Convention on the Establishment of an International Fund for Compensation for Oil Pollution Damage, 1971 (FUND PROT 2000)〕

《1992 年设立国际油污损害赔偿基金的国际公约之 2003 年议定书》[Protocol of 2003 to the International Convention on the Establishment of an International Fund for Compensation for Oil Pollution Damage, 1992 (FUND PROT 2003)]

《1996 年关于海上运输有毒有害物质损害赔偿责任的国际公约》[International Convention on Liability and Compensation for Damage in connection with the Carriage of Hazardous and Noxious Substances by Sea, 1996 (HNS 1996)] (未生效)

《1996 年关于海上运输有毒有害物质损害赔偿责任的国际公约之 2010 年议定书》[Protocol of 2010 to amend the International Convention on Liability and Compensation for Damage in connection with the Carriage of Hazardous and Noxious Substances by Sea, 1996 (HNS PROT 2010)] (未生效)

《2001 年燃油污染损害民事责任国际公约》[International Convention on Civil Liability for Bunker Oil Pollution Damage, 2001 (BUNKERS 2001)]

《关于统一提单若干法律规定的国际公约》(《海牙规则》) [International Convention for the Unification of Certain Rules of Law Relating to Bills of Lading, Brussels, 25th August 1924 (Hague Rules 1924)]

《修正 1924 年统一提单若干法律规定的国际公约的议定书》(《海牙—维斯比规则》) [Protocol to amend the International Convention for the unification of certain rules of law Relating to bills of lading, 1924 (Hague/Visby Rules)]

《修正(经 1968 年议定书修正的) 1924 年统一提单某些法律规定的国际公约的 1979 年议定书》(1979 年 SDR 议定书) [(Protocol amending the International Convention for the Unification of Certain Rules of Law relating to Bills of Lading of 25 August 1924 (The Hague Rules), as amended by the Protocol of 23 February 1968 (Visby Rules)

（Brussels，21 December 1979）（SDR Protocol）〕

《1978 年联合国海上货物运输公约》（《汉堡规则》）〔United Nations Convention on the Carriage of Goods by Sea，1978（Hamburg Rules）〕

《联合国全程或部分海上国际货物运输合同公约》（《鹿特丹规则》）〔United Nations Convention on Contracts for the International Carriage of Goods Wholly or Partly by Sea（Rotterdam Rules）〕（未生效）

《1974 年海上旅客及其行李运输雅典公约》（《雅典公约》）〔Athens Convention relating to the Carriage of Passengers and their Luggage by Sea，1974（PAL 1974）〕

《雅典公约之 1976 年议定书》〔Protocol to the Athens Convention relating to the Carriage of Passengers and their Luggage by Sea，1974（PAL PROT 1976）〕

《雅典公约之 1990 年议定书》〔Protocol of 1990 to amend the Athens Convention relating to the Carriage of Passengers and their Luggage by Sea，1974（PAL PROT 1990）〕（未生效）

《雅典公约之 2002 年议定书》〔Protocol of 2002 to the Athens Convention relating to the Carriage of Passengers and their Luggage by Sea，1974（PAL PROT 2002）〕（未生效）

《1926 年统一船舶优先权与抵押权若干规则的国际公约》（International Convention for the unification of cetain rules relating to Maritime Liens and Mortgeges，1926）

《1967 年统一船舶优先权与抵押权若干规则的国际公约》（International Convention for the unification of cetain rules relating to Maritime Liens and Mortgeges，1967 ）（未生效）

《1993 年船舶优先权与抵押权国际公约》（International Convention on Maritime liens and mortgages，1993）（2004 年 9 月 5 日生效）

# 法律、法规及司法解释一览表

《中华人民共和国海商法》（1992 年 11 月 7 日通过，自 1993 年 7 月 1 日起施行）

《中华人民共和国海事诉讼特别程序法》（1999 年 12 月 25 日通过，自 2000 年 7 月 1 日起施行）

《中华人民共和国海洋环境保护法》（1982 年 8 月 23 日通过，1999 年 12 月 25 日修订，自 2000 年 4 月 1 日起施行）

《中华人民共和国合同法》（自 1999 年 10 月 1 日起施行）

《中华人民共和国涉外民事关系法律适用法》（2010 年 10 月 28 日通过，自 2011 年 4 月 1 日起施行）

《中华人民共和国民事诉讼法》（2012 年 8 月 31 日修正）

最高人民法院《关于适用〈中华人民共和国民事诉讼法〉若干问题的意见》（法发〔92〕22 号）

最高人民法院《关于适用〈中华人民共和国海事诉讼特别程序法〉若干问题的解释》（法释〔2003〕3 号）

最高人民法院《关于审理海事赔偿责任限制相关纠纷案件的若干规定》（法释〔2010〕11 号）

《中华人民共和国国际海运条例》（2001 年 12 月 5 日国务院第 49 次常务会议通过，自 2002 年 1 月 1 日起施行）

《中华人民共和国国际海运条例实施细则》（2002 年 12 月 25 日交通部第 14 次部务办公会议通过，自 2003 年 3 月 1 日起施行）

《关于不满 300 总吨船舶及沿海运输、沿海作业船舶海事赔偿

1

限额的规定》（1993 年 11 月 15 日交通部发布，自 1994 年 1 月 1 日起施行）

《中华人民共和国港口间海上旅客运输赔偿责任限额规定》（1993 年 12 月 17 日交通部发布，自 1994 年 1 月 1 日起施行）

最高人民法院《关于审理人身损害赔偿案件适用法律若干问题的解释》（自 2004 年 5 月 1 日起施行）

最高人民法院《关于审理涉外海上人身伤亡案件损害赔偿的具体规定（试行）》（法发〔1992〕16 号）

最高人民法院《关于审理船舶碰撞和触碰案件财产损害赔偿的规定》（法发〔1995〕17 号）

最高人民法院《关于招远市玲珑电池有限公司与烟台集洋集装箱货运有限责任公司海事赔偿责任限制申请一案请示的复函》（2003 年 6 月 9 日 〔2002〕民四他字第 38 号）

《国内船舶管理业规定》（2001 年 7 月 4 日交通部发布，2009 年 1 月 5 日修正）

《中华人民共和国防治船舶污染海洋环境管理条例》（国务院令第 561 号，自 2010 年 3 月 1 日起施行）

最高人民法院《关于审理船舶油污损害赔偿纠纷案件若干问题的规定》（法释〔2011〕14 号，自 2011 年 7 月 1 日起施行）

最高人民法院《关于适用〈中华人民共和国涉外民事关系法律适用法〉若干问题的解释（一）》（法释〔2012〕24 号）

《中华人民共和国船舶油污损害民事责任保险实施办法》（中华人民共和国交通运输部令 2010 年第 3 号，自 2010 年 10 月 1 日起施行）

最高人民法院《关于涉外海事诉讼管辖的具体规定》（1986 年 1 月 31 日最高人民法院审判委员会通过）

# 目　　录

# 第一章　概　　说

　　责任限制（或者有限责任）在现代商法中是一个常见的概念。例如，公司法中的股份公司、有限责任公司股东对公司债务以其所持股份为限承担有限责任；海商法中船舶所有人等可以对船舶发生重大海难造成的损害享有责任限制权利；航空运输、海上运输中承运人对旅客、货物损害的赔偿责任可以就每个旅客或者某一包装单位、货物的重量享有特定责任限额。可见，在商法的损害赔偿领域，责任限制抑或有限责任是司空见惯的现象。而民法中，无限责任是损害赔偿的基本原则。

## 一、责任限制与无限责任

　　商法与民法在这一方面的差异也许是二者规范的生活领域注重的价值不同所致。民法是公民一般社会生活的准则，为使共同的日常生活和谐，关注个人权利及财产的保护无疑是基础，因而从大的方面而言，民法无疑是"个人本位"的，通过保护个人权利及自由，为个人设定行为规范，以实现人与人之间在日常生活中的关系协调。从而民法对于个人的"自己决定、自己负责"倾注了很多的热情：契约自由、无限责任即是这一理念的具体体现。商法是人们从事商事活动的规则，商事活动（同时也是经济活动）中人们追求盈利，渴望财富的快速增长。要达到这一目的，为降低交易成本所需的促进交易安全与便捷的法律规则便在长期的商业实践中应

1

运而生，较之民法，商法更关心经济活动的整体，即交易的效率和秩序，因而效率是商法的规范理念之一。①

从公平角度来看，无限责任与有限责任相比，似乎无限责任更胜一筹，毕竟致害人对他人损害进行全部赔偿更符合人类最初的正义观念。《圣经·旧约·申命记》中提到"要以命偿命，以眼还眼，以牙还牙，以手还手，以脚还脚"。虽然经文原来的意思是以恶制恶，以其人之道还治其人之身，然而若从损害赔偿的角度看，其中包含了对于损害应当全部补偿的意思。

随着人类经济活动领域不断扩大，交易日益频繁，一味贯彻无限责任在某些商业领域意味着商业障碍。例如，投资者对公司的债务若无一例外承担无限责任的话，便不利于公司募集充足的资本，扩大规模；对于风险高、需要资金密集的行业，如海上航运业，若法律要求投资者承担无限责任的话，会使投资者望而却步，海上贸易就无法发达。商法产生和存在的目的就是要消除这些障碍，促进商业、贸易的发展，这样一来，效率成为商法的主导原则。

在诸多商法制度中，责任限制抑或有限责任凸显了商法的效率理念。它不是执著于个体、个案的公正，而是把目光投向社会经济整体中资金或资源的有效配置，通过合理的风险分配、巧妙的产权安排，使得大规模公司的出现成为可能，大大促进了海上贸易的发展，为近现代经济的全球化奠定了坚实的基础。这绝不是夸大其词，试想如果没有发达的海上贸易，②没有林林总总的跨国公司，经济全球化无异于痴人说梦，空中楼阁。

海商法由商人的习惯法发展而来，对于一般商法而言，海商法

---

① 美国的克劳斯教授认为："在当代公司法与商法理论中，效率是一个主导性理论范式。从而，公司法与商法的法理学基础，也就是以效率分析为基础。"参见［美］乔迪·S. 克劳斯、史蒂文·D. 沃特主编：《公司法和商法的法理基础》，金海军译，北京大学出版社2005年版，第1页。

② 据国际海事组织（IMO）称，国际贸易有90%以上货物通过海上运输。参见 http：//www. imo. org/，2010年8月22日10：39访问。

发达较早，是其他商法的先导。商法中责任限制或有限责任的渊源与海上贸易密切相关。据哈罗德·J. 伯尔曼考证，现代股份公司起源于 11 世纪晚期在地中海沿岸海上贸易中使用的新的联营方式或商业经营方式——"康孟达"契约（contrat de commande），每一个投资者的责任限于他投资的数额。① 由此可见，海商法中的责任限制是商法上有限责任之滥觞。同时，船舶所有人责任限制也是海商法这个古老法律部门固有的制度，它体现了海商法不同于其他民商法律的特性。

## 二、海事赔偿责任限制与承运人责任限制

当代海商法中的责任限制包括两类：海事赔偿责任限制（limitation of liability for maritime claims）与承运人责任限制（limitation of carrier's liability）。二者同为责任限制的方式，既相互区别又相互衔接。

### （一）二者的区别

1. 适用的场合与对象不同。

海事赔偿责任限制又被称为"总的责任限制"（global limitation of liability），是指船舶营运过程中发生重大海难，给其他人带来重大财产或者人身损害时，将船舶所有人等责任人的赔偿责任限制在一定限度之内的赔偿制度。② 它适用于整个海难事故所引发的诸如货物损害、船舶损害、人身损害等各种损害赔偿，因而被称为"总"的责任限制；同时它又以责任船舶的总吨位（船舶的大小）

---

① ［美］哈罗德·J. 伯尔曼著：《法律与革命——西方法律传统的形成》，贺卫方等译，中国大百科全书出版社 1993 年版，第 425～431 页。
② ［日］藤崎道好：《海商法概论》，张既义、王义源译，载《远洋运输》（增刊）1980 年，第 15 页。

作为计算责任限额的基础，因而它又被称为吨位责任限制。

在现代海事赔偿责任限制制度下，责任人通常以设立责任基金的方式来支付特定事故中的多个索赔；因而海事赔偿责任限制作为责任限制的一种方式，其机制是责任人通过责任限制基金（也是全部赔偿最高限额）承担特定事故产生的全部责任，基金分配完毕，即使海事请求人的债权未得到全部清偿，责任人对限制性债权的赔偿责任也彻底解除。

在海事赔偿责任限制之下，还有第二层次的责任限制，即承运人责任限制。承运人责任限制又被称为"包装责任限制"或"单位责任限制"（Package or Unit Limitation of Liability），指在个别的海上运输合同中，海运承运人对每件或每货运单位的货物或者每位旅客的损害享有赔偿限额。一旦发生海难事故、货损事故，在符合一定条件的前提下，承运人首先可以享受单位责任限制，接着还可以按照船舶的吨位大小计算的限额享受"总的责任限制"。正因为承运人责任限制与海事赔偿责任限制在适用上有着先后的关系，因而通常把承运人责任限制称为"一次限制"，相应地，海事赔偿责任限制是"二次限制"。

较之海事赔偿责任限制，承运人责任限制的特点是承运人针对特定的债权人（货主或者旅客）的索赔享有一定的赔偿限额，而不是针对某次事故对所有的债权人享有一定的责任限制。

2. 二者的性质不同。

海事赔偿责任限制规定的是责任人赔偿的法定最高限额，不可变；因而它是保护船舶所有人利益的制度，而承运人责任限制规定的赔偿限额是承运人承担赔偿责任的最低限额，承运人不可通过合同约定降低该限额，[①] 同时承运人与托运人可以约定高于该限额的

---

① William Tetley, *International Maritime and Admiralty Law*, Les Editions Yvon Blais Inc. , 2002, at p. 271.

赔偿限额,① 因而它是半强制性规范。可见,承运人责任限制的责任限额从其出发点而言是保护托运人的制度,实际上它是承运人对货物损害、旅客人身伤害赔偿责任的底线。

3. 从历史沿革来看,海事赔偿责任限制的历史要远远悠久于承运人责任限制。

### (二) 海事赔偿责任限制的历史沿革

海事赔偿责任限制在其发达的早期被称为船舶所有人责任限制 (Limitation of Shipowners' Liability),因为起初只有船舶所有人才能享受责任限制;自《1976 年海事赔偿责任限制公约》通过后,可以享受责任限制的人已经不限于船舶所有人,因而改称海事赔偿责任限制制度。

船舶所有人责任限制历史悠久,最初是为了鼓励航运和贸易而产生的。② 在海上贸易中确切于何时有了船舶所有人责任限制的实践目前尚不清楚,不过比较清楚的是,欧洲大陆首先建立了这一制度。一般认为,船舶所有人责任限制最早起源于西罗马帝国末年至十字军东侵时期 (A. D. 1096 ~ 1291) 的意大利,后传播至西班牙和法国。③

据考证,意大利阿马尔斐共和国大约于 11 世纪时编纂的《阿马尔斐表》(Amalphitan Table) 中有船舶所有人有权限制责任的记载,这是现存最早的可以证明船舶所有人责任限制权利存在的证

---

① 我国海商法第 44 条规定,海上货物运输合同和作为合同凭证的提单或者其他运输单证中的条款,违反本章规定的无效。然而,该法第 45 条声明,本法第 44 条的规定不影响承运人在本章规定的承运人责任和义务之外,增加其责任和义务。另外,我国海商法第 5 章"海上旅客运输合同"第 117 条第 3 款规定,承运人和旅客可以书面约定高于本条第 1 款规定的赔偿责任限额。

② William Tetley, *International Maritime and Admiralty Law*, Les Editions Yvon Blais Inc. , 2002, at p. 271.

③ See James J. Donovan, *the Origins and Development of Limitation of Shipowners' Liability*, Tulane Law Review, June, 1979, 53 Tul. L. Rev. 999, pp. 1001 - 1002.

据。14 世纪，西班牙巴塞罗那的《康索拉多海商法典》（Consulato del Mare）中明确规定，船东（及共有船东）仅在各自对船舶持有的份额范围内对船长获得船舶必需品、不适当装货造成的货损、船舶不适航等所产生的债务承担责任。①

到了十六七世纪时，几乎所有的欧洲大陆国家海商法中均规定了船舶所有人责任限制。这一原则从西地中海传播至大西洋沿岸贸易区（但英国未采纳），接着传至北海和波罗的海一带。1614 年、1644 年的《汉萨同盟海商法》（The Hanseatic Ordinances 1614 and 1644）规定船东的责任限于船舶的价值，并宣布船东对全部索赔的赔偿以出售船舶所得为限。1603 年的《汉堡条例》（Statutes of Hamburg 1603）、1667 年的《瑞典查尔斯二世海商法典》（Maritime Code of Sweden 1667）规定，除非船东在合同中另有约定，如果船东将船舶委付给债权人，船东的其他财产将免受债权未得到完全满足的债权人的追索。②

1681 年，法国国王路易十四颁布的《海事条例》（The Marine Ordinance of Louis XIV）规定："船舶所有人应当为船长的合同负责，但是在其委付其船舶和运费后，应当免除责任。"关于该条的疏解指出，制定这一条款是"为了更好地迫使船东勤勉、谨慎选择诚实的船长"。之后，《海事条例》几乎被原封不动地纳入 1807 年《法国商法典》（Code de Commerce of 1807），成为欧洲、拉丁美洲多个国家海商法的一部分。1721 年，鹿特丹制定的相关法律规定："船东不应为船长未经其授权的行为负责，也无须对超出船舶价值的责任负责。"③

---

① See James J. Donovan, *the Origins and Development of Limitation of Shipowners' Liability*, Tulane Law Review, June, 1979, 53 Tul. L. Rev. 999, pp. 1001 – 1002.

② See James J. Donovan, *the Origins and Development of Limitation of Shipowners' Liability*, Tulane Law Review, June, 1979, 53 Tul. L. Rev. 999, pp. 1001 – 1002.

③ See James J. Donovan, *the Origins and Development of Limitation of Shipowners' Liability*, Tulane Law Review, June, 1979, 53 Tul. L. Rev. 999, pp. 1003 – 1004.

英国普通法（common law）原来的立场是船舶所有人作为海上运输的公共承运人，被视为货物的保险人，除了有限的几种例外可以免责外，对运输货物的损害担负严格责任。自 1734 年在英国船东的推动下英国国会通过《船舶所有人责任法》（the Responsibility of Shipowners Act 1734）时起，英国法才出于鼓励投资航运的公共政策考虑，开始承认船舶所有人对其不知情的情况下船长或船员盗窃所致货物损害的赔偿责任，以船舶价值、船上设备及该航次应赚取的运费为限（船价制）。后该法经过多次修订，适用范围不断扩大，同时为了纠正船价制有失公平的问题，《1894 年商船法》（the Merchant Shipping Act 1894，MSA 1894）以船舶吨位制代替了船价制。

美国法中最早的船舶所有人责任限制立法是 1819 年马萨诸塞州以英国 1734 年法为蓝本制定的责任限制法。后在航运业的游说之下，美国国会于 1851 年通过《船舶所有人责任限制法》（the Limitation of Shipowners' Liability Act of 1851）。

美国的《船舶所有人责任限制法》通过后，在当时的国际海运界形成了多种责任限制体系并存的局面：德国、法国、英国、美国为主要代表。多种责任限制体系并存的局面与海上贸易的国际性格格不入，产生了混乱，妨碍了国际贸易的顺利进行，于是国际法学会（the International Law Association，ILA）在 1897 年成立了国际海事委员会（the Comité Maritime International，CMI），专门致力于国际海事法律的统一工作。在 CMI 的主持和努力之下，在船舶所有人责任限制领域，先后制定和通过了三个国际公约和两个议定书：《1924 年统一海船所有人责任限制若干规则的国际公约》（以下简称《1924 年责任限制公约》）、《1957 年海船所有人责任限制国际公约》、《修正〈1957 年海船所有人责任限制国际公约〉议定书》和《1976 年海事赔偿责任限制公约》及其《修正〈1976 年海事赔偿责任限制公约〉的 1996 年议定书》。然而，这三个公约并没有实现人们所期望的国际统一，这一点详见后述。

进入 20 世纪 60 年代后，世界能源结构发生了重大变化，由煤炭为主导能源开始转向石油，重工业受到重视，加上当时原油价格低廉，全球对石油的需求急速增长，于是海上石油运输规模迅速扩大。为了适应市场的需要，大型油轮（Very Large Crude oil Carrier，VLCC）数量越来越多，同时集装箱运输等新的运输技术出现，技术革新促进了国际贸易的繁荣，连接世界各国的海洋航道空前繁忙。

尽管造船技术不断进步，船舶的性能及抗风险能力越来越强，然而海上风险及人为疏忽所导致的海难事故仍时有发生，船舶的大型化使海难事故对人员、海洋环境的损害之巨令人震惊，在这种情况下，传统的海事赔偿责任限制框架下无法实现对人身伤害、环境、生态、经济损害的充分、可靠补偿，于是国际社会采取了另行立法的方式，以此来补充或发展传统的海事赔偿责任限制体系。

在油污损害民事责任领域，在政府间海事协商组织（Intergovernmental Maritime Consultative Organization，IMCO）的主持下，① 通过了《1969 年油污损害民事责任国际公约》，以及《1971 年设立国际油污损害赔偿基金的国际公约》，对油轮所载持久性油类及燃油泄漏的损害规定了赔偿制度；在有毒有害物质损害领域，《1996 年关于海上运输有毒有害物质损害赔偿责任的国际公约》旨在解决有毒有害物质所致污染损害的赔偿机制；在核损害领域，目前由1960 年制定的《核能源领域第三方责任巴黎公约》、1963 年制定的《关于核损害的民事责任的维也纳公约》、1971 年制定的《关于核材料海上运输领域的民事责任公约》确立的责任限制制度调整。这些国际公约共同的特点是高度关注海上运输给海洋环境所带来的

---

① 1959 年 1 月 13 日正式成立，总部设在伦敦，1982 年 5 月 22 日改称为"国际海事组织"（International Maritime Organization，IMO），是联合国负责海上航行安全和防止船舶造成海洋污染的一个专门机构，总部设在伦敦，现有 169 个成员国，我国是国际海事组织的 A 类理事国。

损害，其所建立的责任限制制度针对后果严重的巨额损害赔偿，可以视为海事赔偿责任限制制度的变种和补充。

### （三）承运人责任限制的沿革

承运人责任限制包括海上货物运输承运人责任限制和海上旅客运输承运人责任限制，二者均出现于 20 世纪。

海上货物运输承运人责任限制是在规范提单免责条款、平衡船货双方利益的过程中出现的制度。在使用提单的早期，提单上并没有免责条款，承运人对货物的损害承担类似"保险人"的责任。19 世纪中叶，由于工业革命及船舶建造技术的发展，船舶越来越大，载运的货物种类及数量都大大增加，往往一个航次载运的货物有上百个货主，在这种形势下，船舶所有人的责任不断增加，而船舶所有人在此时一般不再随船出海，船舶及货物都交由船长及船员管理，为了减轻对货物的严格责任，在无法从法律中获得保护的情况下，承运人开始利用契约自由原则，在提单中加入免责条款。这种做法愈演愈烈，到 19 世纪末，承运人利用其在缔约中的优势地位在提单中插入了各种各样的免责条款，严重损害了货方的利益。

为了防止承运人在提单中无限地加入名目繁多的免责条款，美国率先于 1893 年通过《哈特法》（Harter Act 1893），规定了承运人的最低责任和义务。随后，新西兰、澳大利亚和加拿大相继追随美国制定了类似的法律。

其中，加拿大《1910 年水上货物运输法》（Water Carriage of Goods Act 1910）首次引入了承运人责任限制（单位责任限制）。该法规定除非提单中另有规定，承运人对货物损害的赔偿责任以每一包装 100 加元为限。之所以在承运人依法应承担赔偿责任的前提下还要进一步规定承运人对于货物可以按照包装件数对货物的损害承担有限责任，是因为一直以来人们认为，承运人并不一定知道载运货物包装内装的是什么货物，它的价值是多少，以及它为什么要被运到目的港等。因而，无论如何，从航运经济学角度来看，要承运人承担巨额的、不可预测的责任是不合情理的。①

这一理念在有关海上货物运输及旅客运输的国际海事公约中得到肯定和发扬。1924 年 8 月 25 日，在布鲁塞尔召开的海洋法外交会议上，与会各国通过了《关于统一提单若干法律规定的国际公约》（称为《海牙规则》）。该规则的第 4 条第 5 款规定了承运人责任限制，不论是承运人或船舶，对超过每件或每单位 100 英镑或与其等值的其他货币的货物或与货物有关的灭失或损害，在任何情况下，概不负责，除非货物的性质和价值已由托运人在货物装运前申明，并在提单上注明。这是承运人责任限制第一次出现在国际公约中。之后，1968 年 2 月 23 日在布鲁塞尔的海洋法会议上通过的《修正 1924 年统一提单若干法律规定的国际公约的议定书》（称为《海牙—维斯比规则》）第 2 条对《海牙规则》中的承运人责任限制条款进行了全面修订，责任限额及货币单位、包装或者货运单位的界定都根据当时的物价及运输方式进行了调整。

1978 年 3 月，在联合国海上货物运输会议上通过的《1978 年联合国海上货物运输公约》（称为《汉堡规则》）第 6 条也规定了承运人责任限制，相比前两个国际公约，承运人的责任限额有了大幅提高，每件或每货运单位的责任限额为 835 计算单位或毛重每公斤相当于 2.5 计算单位（SDR），并增加了对于承运人迟延交付赔偿责任的责任限额规定。

2008 年 12 月 11 日，联合国大会通过了《联合国全程或部分海上国际货物运输合同公约》（称为《鹿特丹规则》），② 较之《海牙—维斯比规则》和《汉堡规则》，虽然承运人的责任基础有了调整，然而承运人责任限制依然保留，不过每件或每货运单位的责任

---

① See Sir Guenter Treitel, F. M. B Reynolds, *Carver on Bill of Lading*, 1st edn. , 2001, Sweet &Maxwell, p. 448.

② 《鹿特丹规则》是国际海上货物运输领域的第四个国际公约，该公约目前尚未生效。

限额有所增加，为 875 计算单位（SDR），或每公斤 3 计算单位（SDR）。

另外，在国际海上旅客运输领域，针对旅客人身伤亡的损害赔偿，在 1974 年之前并没有专门针对旅客运输的承运人责任限制，一旦海上旅客运输发生海难事故，造成旅客人身伤亡，承运人可以援引船舶所有人责任限制来限制自己的赔偿责任。然而基于船价制或者船舶吨位计算的赔偿限额对于受害人而言补偿太不充分了。

为了彰显对于生命及人身安全的尊重和重视，使旅客的人身伤亡损害得到较为充分和公正的赔偿，早在 1957 年 10 月 10 日在布鲁塞尔召开的第十届海洋法会议时，通过了《统一海上旅客运输若干法律规则的国际公约》，1961 年第十一届海洋法会议又制定了《1961 年统一海上旅客运输若干法律规则的国际公约》，但是由于其中规定的赔偿限额标准较低，未能生效。1974 年 12 月 2 日至 12 月 13 日，原政府间海事协商组织（IMCO）在雅典召开的海上旅客及其行李运输国际法律会议上通过了《1974 年海上旅客及其行李运输雅典公约》（《雅典公约》），规定承运人对于旅客人身伤亡及行李的损害按照推定过失原则承担赔偿责任，除非承运人故意或者重大过失所致损失，承运人对每位旅客的损害可以享受 70 万金法郎的赔偿限额，在《雅典公约》生效前，1976 年 11 月 17 日至 19 日，通过了《雅典公约之 1976 年议定书》，修订了公约责任限额的计算单位，将金法郎表示的责任限额换算成特别提款权，每位旅客为 46666 计算单位（SDR）。

嗣后国际海事组织于 1990 年 3 月 29 日通过《雅典公约之 1990 年议定书》，将责任限额大幅提高至 175000 计算单位（SDR），并规定了更新限额的简化程序，但是该议定书未生效；2002 年 11 月 1 日通过的《雅典公约之 2002 年议定书》取代了《雅典公约之 1990 年议定书》。《雅典公约之 2002 年议定书》在多个方面有所突破：其一，引入了对船上旅客的强制保险或者财务保证制度。其二，大幅提高责任限额至特定场合事故每名旅客

250000 计算 （SDR）。其三，对于航运事故引发的旅客人身伤亡，用严格责任原则代替原来的过失责任原则；然而对于非航运事故引发的旅客人身伤害，仍然采用过失责任主义，并且索赔人应当举证证明承运人存在过失。其四，引入对保险人的直接诉讼制度。显而易见，《雅典公约之 2002 年议定书》多方面借鉴了油污责任制度的做法，目的是使索赔人得到更充分的赔偿。

从承运人责任限制发展的历史轨迹看，承运人责任限制的历史比海事赔偿责任限制短得多，其于 20 世纪上半叶才出现；从各行业的认可度看，它受到广泛接受：每次制定新的国际海上货物运输公约或者修改雅典公约时，各方争论的问题主要集中在承运人责任限额的大小上，几乎无人主张彻底废除该制度。

（四）海事赔偿责任限制与承运人责任限制的联系

虽然海事赔偿责任限制与承运人责任限制有前述区别，然而对于某一承运人而言，只要他：

（1）属于有权限制海事赔偿责任的主体范围；

（2）没有丧失承运人责任限制、海事赔偿责任限制的行为或情形；

（3）针对他的索赔属于海事赔偿责任限制的限制性债权，那么他可以先享受承运人责任限制，接着又可以享受海事赔偿责任限制权利。

这一点在多个国际公约中都有明确的体现。例如，《海牙规则》第 8 条规定："本公约各条规定，都不影响有关海运船舶所有人责任限制的任何现行法令所规定的承运人的权利和义务。"《汉堡规则》第 25 条第 1 款规定："本公约不改变有关海运船舶所有人责任限额的国际公约或国家法律中规定的承运人、实际承运人和他们的受雇人和代理人的权利或义务。"《鹿特丹规则》第 83 条规定："本公约的规定概不影响适用任何规范船舶所有人赔偿责任总限制的国际公约或国内法。"

### 三、海事赔偿责任限制存在的理由

与承运人责任限制不同的是，海事赔偿责任限制的地位目前有一些尴尬：一方面，世界各海运国家的国内立法、有关国际公约及司法实践中都确立和实施着海事赔偿责任限制制度；另一方面，这一古老的法律制度面对飞速发展的海上航运和已经有了巨大变化的经济社会环境和法律环境，显示出力不从心的乏力感，如对于严重威胁生态环境的海难事故，油污损害、有毒有害物质损害、核材料污染等，海事赔偿责任限制没有给这些问题的妥当解决提供合理的空间和方案，于是人们不得不另起炉灶。此外，从公正的角度而言，法律给予航运界的特殊优惠在当前的经济社会中似乎显得不再像以前那么必要和合乎情理，因而不断有人提出应当把这一制度扔到历史的垃圾堆中去。①

海事赔偿责任限制这一古老的海商法制度从中世纪发展到现在，已经有近千年的历史了。在历史的沧海桑田变迁过程中，它的地位及作用随着经济社会及法律制度、司法实践的发展而不断变化，从一度是各海运国家手中扶持本国航运业的"利剑"到现在不断有人提出为了实现法律公正，应当抛弃这一制度，它的存在可谓是荣辱交叠。一般来说，一种制度可以在经济及社会生活中延续近千年，一定有其合理性。

#### （一）海事赔偿责任限制的理论依据

海事赔偿责任限制历史久远，因而有些法学家禁不住要为它寻找使得它显得古老的理论渊源。例如，美国法学家、美国联邦最高法院前大法官霍姆斯（Oliver Wendell Holmes）在其所著的《普通

---

① See Gotthard Gauci, *Limitation of Liability in Maritime Law: An Anachronism?* Marine Policy, 1995, Vol. 19, No. 1, pp. 65 – 74: p. 66.

法》（the Common Law）中将海事赔偿责任限制这种使船舶成为船舶所有人责任的起点和终点的理论追溯到罗马法上的"损害投偿"原理（noxae deditio），根据这一原理，物的主人可以因放弃导致他人损害的奴隶或动产而免除责任。① 不过他的这一考证似乎没有充足的证据，因为人们难以从罗马法中找到任何有关船舶所有人责任限制的规定。

而有的法学家则从社会效用上论证船舶所有人责任限制的正当性。国际法学鼻祖格劳修斯据说曾在 1625 年谈到过这一原则。他认为这一制度不仅对于鼓励海上贸易是必要的，而且它也符合"自然正义"原则。②

与海商法的其他制度一样，海事赔偿责任限制也是起源于商人的习惯做法。商人们从何处得到启发，形成了限制船舶所有人责任的制度？应当不是灵光一现、天外飞来的创造。在欧洲文化及法律制度中，有这一制度产生的土壤。除了前述罗马法的物主责任原理外，霍姆斯还援引《圣经·旧约·出埃及记》中的"物主的责任"来论证船舶所有人责任限制的理论依据：

> 牛若触死男人或是女人，总要用石头打死那牛，却不可吃它的肉，牛的主人可算无罪。

这里面所体现的责任承担的原则与海事赔偿责任限制何其相似！因而，尽管没有证据证明海事赔偿责任限制制度的理论源头，然而可以合理推断，当初商人们以责任限制制度进行商业、经济风险安排时，未必不受前述早已存在的法律制度和宗教教义的影响，

---

① ［美］小奥利佛·温德尔·霍姆斯著：《普通法》，冉昊、姚中秋译，中国政法大学出版社 2005 年版，第 6~10 页、第 27~28 页。

② See James J. Donovan, *the Origins and Development of Limitation of Shipowners' Liability*, Tulane Law Review, June, 1979, 53 Tul. L. Rev. 999, p.1003.

毕竟人类活动的心理动因难以稽考，宗教文化等内化于人的内心，往往草灰蛇线般影响人们的行为，因而霍姆斯的说法未必完全是穿凿附会，有其合理性。

（二）海事赔偿责任限制的政策依据

在历史上，考虑到当时的航运技术及经济发展水平，船舶所有人责任限制的基础在于：

1. 分散风险需要。

这一基础建立在海商是一种"海上冒险"（maritime ventures）事业这一共识之上。人类早期的海上贸易限于船舶性能，抵抗天灾、海上各种危险的能力很弱，于是漫长的航程充满不可知的风险，如果航海的风险都由船舶所有人承担，无疑是不公平的。

2. 航运经营方式的要求。

中世纪后，海上贸易的范围扩大，航程变长，船舶所有人、货主一般不再随船出海，而是将船舶和货物交由船长及船员管理和控制。船长因此享有了广泛的代理权，可以以船舶所有人的名义在航行中为船舶的物料供应、修理、救助等事项订立合同。在这种经营模式下，船舶所有人对于航行中的船长及船员的行为无法进行监管和指挥，从而要求船舶所有人为船长及船员的疏忽或不当行为造成的损害负无限责任，无疑过于苛刻。

3. 鼓励航运业发展的政策。

国际贸易发展依赖于海运的发展，而一国海运的发达程度同时关乎本国海上军事力量的强弱，事关国防实力。因而，在资金短缺的经济背景下，要鼓励投资者投资高风险的航运业，国家就必须给予船舶所有人特权，以吸引更多的投资者。①

---

① 例如，美国法官布拉德利（Bradley）在那威治公司诉拉尔特案（Norwich Co. v. Wright）（13 Wall. 104, 121 (80 U. S. 1871)）中说，美国船舶所有人责任限制法的主旨是"鼓励船舶建造，促使资本家投资于航运业。"

在现代，随着造船技术、通信技术、导航技术等航海技术的发展及运输分工的发展，海上风险似乎不像以前那样困扰航运业，[①]而船舶所有人也可以及时指挥船长，船舶代理的网络化使船长的代理权限大大缩小，因而看来历史上支持船舶所有人责任限制的理由在淡化，那么，在当代为何各国及有关国际公约仍然坚持海事赔偿责任限制制度？综合学者们的见解，不外乎基于以下原因：

1. 船长及其他高级船员，非船舶所有人可以任意选任。

在现代海运中，船舶的现代化、大型化导致其驾驶及操作日益复杂、技术化，船长及其他高级船员须由经过国家专门考试合格并持有相应证书的人才可以担任。持有国家颁发的相应证书就应当认为他能胜任相应的职位，船舶所有人不能任意地选任。因此，船舶所有人与船长、高级船员的关系和一般企业的雇主与雇员的关系不同，船舶所有人只要选择了持有国家颁发证书的船员，就不存在一般雇佣关系中雇主选用雇员不当、监督不力的问题，因而尽管通信技术和手段现代化，也难以使船东像在民法中的雇主那样对其雇员承担替代责任。[②]

2. 海事赔偿责任限制是国际贸易繁荣的重要制度保障。

英国的格里菲思（Griffiths）法官在"花园城"（The "Garden City"）案中的论断较好地说明了当前海事赔偿责任限制存在的基础：

（海事赔偿责任限制）……具有悠久的历史，被世界上的贸易国家普遍接受。它是一项促进贸易整体繁荣的权利，实际上不再是

---

①　随着船舶的大型化、复杂化、现代化，人为疏忽导致的海难仍然时有发生，不容忽视，因而海上风险的降低是"此起彼伏"的，不能抽象地仅从理论上讨论。

②　也有的学者反对这一理由，譬如工厂的技师或汽车司机也都有国家颁发的资格证书，然而工厂或者司机的雇主并没有因此而享有有限责任。参见 ［日］户田修三著：《海商法》，李首春、张既义译，西南政法学院国际法教研室1982年版，第25页。

分散保险风险的一种办法了。①

　　换句话说，海事赔偿责任限制是一种能够提高海运效率的制度安排，可以降低运价，促进国际贸易的繁荣，因而还是需要坚守这个制度。因为责任限制制度显而易见可以降低船舶所有人的经营风险，使其容易从保险商处以较低的费率获得保险，降低了生产的成本，进而降低了运价。而海运费用的低廉正是国际贸易繁荣的重要条件之一，货方也从这一制度中获利。由此看来，海事赔偿责任限制的正当性不言而喻。

　　3. 维持一国航运国际竞争力的需要。

　　船舶所有人责任限制制度系航运大国基于保护承运人利益制定的制度，因此在航运大国把持国际公约立法主导权的形势下，其他国家或地区考虑到维护本国商船队的利益，为了使本国航运企业与他国处于同一起跑线上，不得不维系和确认这一制度。

　　4. 从沿海国家基本国策上看，航运企业关乎一国国力的强弱，有加以特别保护的必要。

　　对于一个沿海国家来说，其发展的空间包括海洋空间和大陆空间。任何一个国家要扩大自己在海洋上的影响力、发展海权，就必须重视和扶持海运业的发展。因为一国平时航海事业（包括航运和贸易）的强弱足以决定其海军在战争中的持久力。可见，对于沿海国家而言，海运业之强盛与否关乎国力，从而在立法上不得不特别加以重视和保护。

　　要言之，作为促进航运业发展，进而保障贸易全面繁荣的海事赔偿责任限制，在海事法制中具有不可忽视的作用。作为一项重要的法定权利，它是船舶所有人、救助人控制企业经营风险、连续投资海运业经营的重要法律保障之一；而对于货方及其他船舶营运相关方来说，虽然从表面上看责任限额剥夺了他们获得全

────────

① 　[1984] 2 Lloyd's Rep. 37.

部赔偿的机会，然而从长远来看，海事赔偿责任限制和其他制度一起保证了海运价格的低廉和运力供给充沛，平衡了其在损害赔偿领域的损失。

## 四、海事赔偿责任限制受到的批判

从 18 世纪至 20 世纪上半叶，船舶所有人责任限制无论是在理论层面还是实践当中，都受到肯定和欢迎。然而自 20 世纪 50 年代后，随着国际贸易规模的迅速扩大，与国际贸易有关的行业（如货物进出口、航运、保险、金融等）都有了长足进步，航运业发展的经济环境有了重大变化：保险普及，不仅有传统的水险，还有航运业的互助型保险保赔险；同时社会观念有了很大的进步：人权观念深入人心，环境保护意识增强。而海运的发达使海难事故造成的损害不再仅限于货物或财产的损害，海难事故对海洋环境的严重污染，对人身健康及生命造成的巨大伤亡等成为震动社会的问题。在这种情况下，船舶所有人责任限制经受了尖锐的批评和质疑。

有人质疑国家通过责任限制制度鼓励航运的做法存在问题。美国的布莱克法官说："促使 1851 年国会通过责任限制法的航运业的许多情况已不再存在了。之后国会打算扶持航运时，应规定由公共财政出钱补贴，而不是由受害人付款补助。如果船舶所有人确实需要额外的补助，国会可以不让受害的船员承担支出给予他们补贴。"①

有人认为责任限制制度不像以前那样有意义，因为现在有限责任公司普及，船东完全可以通过有限责任公司或"单船公司"这种方式限制经营中的风险。而随着资金的充裕，投资于航运业

---

① Maryland v. Cushing, 347 U. S. 409, 437（1954），布莱克法官的观点在判决中属于"不同意见"（dissenting opinion）。

已经变得比较广泛，因而现在不需要特别优惠的政策刺激了。另外，船舶技术的进步、保险的普及，使得船舶所有人的风险大大降低。①

当然，反对者注意到，废除责任限制的潜在不利后果是保险费率的上升，然而"既然保险费用是航运企业费用支出的重要部分，那么当今的海事赔偿责任限制是控制经营成本的工具，而不是限制船东损失或保护其投资的手段。……从而责任限制仅仅是对海运业的补贴。但是，这种补贴不是通常的补贴，因为它是由随机选择的托运人、旅客、船员来承担，而不是由财政负担。"② 因而，即使国家出于国防等原因要实行扶持海运的政策，也不应该由受损害债权人为促进国家利益承担成本。

废除论者还指出，以责任限制制度的国际统一、维持一国海运的国际竞争力这些理由拥护海事赔偿责任限制制度都是站不住脚的，为什么不能设想"一项国际标准也许是规定无限责任，即一种废除海事法中古老的、不合时宜的责任限制制度的标准"；而当前国际社会"对于（海事赔偿责任限制这一）过时法律的普遍适用几乎不能证明这项法律的正当性。"③

因而，"责任限制是一种不公正的歧视性措施，以牺牲其他方

---

① Gotthard Gauci, *Limitation of liability in maritime law: an anachronism*? Marine Policy, 1995, Vol. 19, No. 1, pp. 68 – 69.

② Walter W. Eyer, *Shipowners' Limitation of Liability – New Direction for an Old Doctrine*, Stanford Law Review, Vol. 16, No. 2 (Mar., 1964), P. 389.

③ Gotthard Gauci, *Limitation of liability in maritime law: an anachronism*? Marine Policy, 1995, Vol. 19, No. 1, p. 69.

利益为代价补贴航运业",① 应当被扔到历史的垃圾桶中去。②

## 五、海事赔偿责任限制的现状及国际统一努力

不同的国家和法律传统孕育了不同的责任限制方式。为了消除这种各行其是的状态，国际社会为海事赔偿责任限制的国际统一而努力了近一个世纪，然而取得的成果仍然是有限度的统一。20 世纪末至 21 世纪初，针对海运出现的新问题——船舶载运货物及船舶自身运营给环境造成的巨大损害，继传统的海事赔偿责任限制体系之后，国际海事社会就油污、有毒有害物质、核物质等造成损害的赔偿机制缔结了相应的国际公约，以适应高风险、巨额赔偿的现实需要。以下简要介绍有关的国际公约。

### （一）《1924 年责任限制公约》

大陆法系国家的船舶所有人责任限制制度与英国存在重大差异，为了调和这种差异，自 19 世纪末开始，人们致力于该制度的国际统一。1908 年，国际海事委员会（CMI）在威尼斯曾就船舶所有人责任限制制定了公约草案，然而该草案在 1910 年布鲁塞尔会议上没有获得通过。1913 年 CMI 对上述草案加以修改，形成了 1913 年公约草案，该草案最终于 1924 年在布鲁塞尔的外交会议上通过，此即《1924 年责任限制公约》，该公约于 1931 年 6 月 2 日

---

① Gotthard Gauci, *Limitation of liability in maritime law: an anachronism*? Marine Policy, 1995, Vol. 19, No. 1, p. 66.

② 从废除论或者反对论学者及法官的国籍上看，主要是美国的学者或者法官对海事赔偿责任限制制度抱有较大的敌意，而英国或其他大陆法系的学者则较少主张彻底废除该制度，这一现象的出现不是偶然的，与美国海事赔偿责任限制方面的有关立法比较落后有关。美国现行的船舶所有人责任限制法自 1851 年颁布实施后，虽然经过了 1936年的修改，然而立法的基本框架及原则并没有变化，货物运输赔偿仍然采用船价主义，赔偿限额较之当前的物价水平过低，因而致使美国法学界及司法界对于该制度没有好感。此外美国没有批准或者加入任何一个现行有效的责任限制国际公约。

生效。

　　此公约的最大特点是责任限制方式采用船价主义与金额主义并用的制度,① 以船价主义为原则, 并用金额主义。船舶所有人赔偿责任以船舶和运费价值为限（船价主义）, 同时仍以不超过以船舶

---

　　① 历史上出现过四种限制船舶所有人责任的方式: 1. 委付主义（Principle of Abandonment）。船东原则上负担人的无限责任, 但是船东得以航行终了时的海产即船舶、运费等委付给债权人而免除自己的责任。这是法国相关法 1967 年以前采取的立场, 又称为法国主义（the French System）。这种限制责任方式实际上给予了责任人宣布冒险破产而得到降低赔偿责任乃至免除责任的机会。2. 执行主义（Principle of Execution）。物的有限责任主义, 也称海产主义, 指将船东的财产分为海产与陆产两种, 船东就船舶业务活动产生的债务仅以本航次的海产为限, 承担物的有限责任。这是德国法 1972 年 6 月 21 日以前采取的立场, 故又被称为德国主义（the German System）。这一限制责任方式于历史上在德国及斯堪的纳维亚半岛国家使用。3. 船价主义（Principle of Vessel's Value）。船东原则上以航行终了时海产的价额——船舶的价值、运费、收益限度内, 以其全部财产承担人的有限责任。如果希望避免这种责任, 可以委付船舶给债权人以免除其责任, 这是美国相关法 1935 年 8 月 29 日以前采取的立场, 又被称为美国主义（the American System）。它的弊端在于: 一方面, 越是陈旧老朽的船舶越容易要求限制责任, 但赔偿基金却会越小; 另一方面, 基金被限制在事故发生后的船舶价值, 加上待付的运费, 债权人只能取得较少的补偿, 特别是在船舶灭失的情况下。4. 金额主义（Principle of Tonnage or Amounts）, 也称吨位主义, 是根据每次事故确定船东的责任（这一点与前三种限制责任方式以航次作为标准不同: 根据每个航次划分责任被称为航海主义, 根据每次事故确定责任限度被称为事故主义）, 责任限额的计算以船舶的登记总吨数为基础, 对于物的损害以及人的损害分别按照一定标准计算赔偿金额。这是英国自 1854 年商船法后采纳的立场, 又称为英国主义（the British System）。这种方法相对于前述方法, 优点是通常会产生一个数额较大的基金, 但这种计算方法的问题是小型船舶的所有人过度受益, 虽然它们造成的损失经常并不小于大型船舶。在目前得到较多承认的责任限制国际公约（《1957 年海船所有人责任限制国际公约》、《1976 年海事赔偿责任限制公约》）中, 英国主义, 即吨位制责任限制占据主流地位, 多数国家采取了这一做法, 只有美国的国内法还奉行船价制, 但是该国的船价制已经经过改良, 对于人身伤亡损害采纳了吨位制的计算限额方法, 可见从发展趋势而言, 英国主义广受欢迎。

21

每吨八英镑比例算出的总额为限（金额主义）。① 然而《1924 年责任限制公约》不允许船舶所有人在船价责任和金额责任之间选择，对于物的损害，并用船价责任和金额责任，船舶所有人的责任以二者之间较低的责任为准。对于人身死亡或者伤害的损害赔偿责任，限定为根据每吨八英镑的比例算出的数额。在这一金额不能全部赔

---

① Article 1: The liability of the owner of a seagoing vessel is limited to an amount equal to the value of the vessel, the freight, and the accessories of the vessel, in respect of:

(1) Compensation due to third parties by reason of damage caused, whether on land or on water, by the acts or faults of the master, crew, pilot, or any other person in the service of the vessel;

(2) Compensation due by reason of damage caused either to cargo delivered to the master to be transported, or to any goods and property on board;

(3) Obligations arising out of bills of lading;

(4) Compensation due by reason of a fault of navigation committed in the execution of a contract;

(5) Any obligation to remove the wreck of a sunken vessel, and any obligations connected therewith;

(6) Any remuneration for assistance and salvage;

(7) Any contribution of the shipowner in general average;

(8) Obligations arising out of contracts entered into or transactions carried out by the master, acting within the scope of his authority, away from the vessel's home port, where such contracts or transactions are necessary for the preservation of the vessel or the continuation of the voyage, provided that the necessity is not caused by any insufficiency or deficiency of equipment or stores at the beginning of the voyage.

Provided that, as regards the cases mentioned in Nos. I, 2, 3, 4, and 5 the liability referred to in the preceding provisions shall not exceed an aggregate sum equal to 8 pounds sterling per ton of the vessel's tonnage.

偿的情况下，债权人还可以从物的损害赔偿限额中获得补偿。①

显而易见，《1924 年责任限制公约》谋求航海主义与事故主义之间的调和。然而事实证明这种调和是不成功的。截至 2010 年年底，该公约仅有巴西、比利时、波兰、土耳其、匈牙利、葡萄牙、多米尼加、马达加斯加 8 个成员国。② 该公约的成员国数量较少，且后来其成员国中的比利时、土耳其又加入了《1976 年责任限制公约》，波兰、多米尼加加入了《1957 年海船所有人责任限制国际公约》、《1976 年海事赔偿责任限制公约》，葡萄牙和马达加斯加加入了《1957 年海船所有人责任限制国际公约》。这些国家加入其他责任限制国际公约时并没有宣布退出《1924 年责任限制公约》。从法律适用的角度来看，在《1924 年责任限制公约》成员国之间，似乎可以适用《1924 年责任限制公约》，然而在与其他公约的成员国之间，《1924 年责任限制公约》就不能适用了。这样一来，现在《1924 年责任限制公约》的适用范围就非常小了，因而在海事赔偿责任限制领域的影响不大。

---

① Article 7: Where death or bodily injury is caused by the acts or faults of the captain, crew, pilot, or any other person in the service of the vessel, the owner of the vessel is liable to the victims or their representatives in an amount exceeding the limit of liability provided for in the preceding articles up to 8 pounds sterling per ton of the vessel's tonnage. The victims of a single accident or their representatives rank together against the sum constituting the extent of liability.

If the victims or their representatives are not fully compensated by this amount, they rank, as regards the balance of their claims, with the other claimants against the amounts mentioned in the preceding articles, regard being had to the order of the liens.

The same limitation of liability applies to passengers as respects the carrying vessel but does not apply to the crew or other persons in the service of that vessel whose right of action in the case of death or bodily injury remains governed by the national law of the vessel.

② CMI: *Yearbook* 2010, p. 568.

（二）《1957 年海船所有人责任限制国际公约》及其《修正〈1957 年海船所有人责任限制国际公约〉议定书》

《1957 年海船所有人责任限制国际公约》于 1968 年 5 月 31 日生效，截至 2010 年年底共有印度、新加坡、葡萄牙、伊朗、以色列、冰岛、黎巴嫩、伯利兹、巴哈马、马达加斯加、波兰等 39 个成员国。①

《1957 年海船所有人责任限制国际公约》的责任限制方式深受英国法的影响，它摒弃了船价制，采用了金额制，根据每次事故确定船舶所有人的责任限额，为防止币值的波动，采用金法郎为计算单位。② 区分人的损害与物的损害，分别按不同标准计算责任限额，设立独立的基金：财产损失以船舶吨位每吨 1000 金法郎计算赔偿限额，人身索赔按船舶吨位每吨 3100 金法郎计算总额；若同一事故中两种索赔都有，则按船舶吨位每吨 3100 金法郎计算总额，其中按船舶吨位每吨 2100 金法郎计算的金额专门用于支付人身索赔，其余第二部分按船舶吨位每吨 1000 金法郎计算的总额用于支付财产索赔，但是如果第一部分金额不足以赔付全部人身索赔，未赔付金额应与财产索赔按比例并列，从第二部分基金中赔付。

《1957 年海船所有人责任限制国际公约》的最大问题是责任限制金额偏低，因而当时美国拒绝加入。随着 20 世纪 70 年代黄金与美元脱钩，金价波动剧烈，为使公约的责任限额计算单位顺应国际货币体制的变化，1979 年 CMI 制定了《修正〈1957 年海船所有人责任限制国际公约〉议定书》，将责任限额的计算单位由金法郎改为国际货币基金组织（International Monetary Fund，IMF）规定的特别提款权（Special Drawing Right，SDR）。该议定书于 1979 年 12

---

① CMI：*Yearbook* 2010，pp. 595 – 596.

② 金法郎，是指"由纯度为千分之九百的黄金 65.5 毫克组成的单位"，见《1957 年海船所有人责任限制国际公约》第 3 条第 6 款。

月 21 日在布鲁塞尔通过，1984 年 10 月 6 日生效，目前有澳大利亚、比利时、波兰、葡萄牙、卢森堡 6 个成员国。①

（三）《1976 年海事赔偿责任限制公约》及其《修正〈1976 年海事赔偿责任限制公约〉的 1996 年议定书》

《1976 年海事赔偿责任限制公约》是为了修改《1957 年海船所有人责任限制国际公约》中令人不满之处，顺应时代要求而制定的公约，主要目的是适应通货膨胀的现实，提高责任限额，同时使船东能够以较合理的费率投保。该公约于 1986 年 12 月 1 日生效，截至 2011 年 10 月 31 日共有成员国 52 个，② 英国、法国、德国、日本、丹麦、挪威、瑞典、芬兰、荷兰、希腊、新加坡、新西兰、印度等世界主要海运国家都批准或加入了该公约。较之《1957 年海船所有人责任限制国际公约》，《1976 年海事赔偿责任限制公约》有三个方面的突破：

（1）提高了责任限额，并增加了旅客人身伤亡的责任限制；
（2）扩大了责任限制主体的范围，救助人成为责任限制主体；
（3）为避免物价波动对责任限额的影响，采用特别提款权（SDR）作为计算单位。《1976 年海事赔偿责任限制公约》的主要内容基本与我国海商法相同，因此其内容及相关制度详情在此不再赘述，见后面章节所述。

20 世纪八九十年代的通货膨胀和汇率波动使得《1976 年海事赔偿责任限制公约》规定的责任限额偏低，另外其他一些国际海事公约，如《1969 年油污损害民事责任国际公约》在 20 世纪八九十年代陆续修订，国际海事组织在 1996 年还制定并通过了《1996

---

① CMI：*Yearbook* 2012，pp. 600 - 601.

② International Maritime Organization：Status of Conventions Summary，http：//www. imo. org/About/Conventions/StatusOfConventions/Pages/Default. aspx，2011 年 12 月 29 日 10：37 访问。

年关于海上运输有毒有害物质损害赔偿责任的国际公约》（HNS Convention），这些公约都不同程度地涉及了赔偿责任限制的内容，《1976 年海事赔偿责任限制公约》有必要作出修订以适应国际海事立法的发展。

《修正〈1976 年海事赔偿责任限制公约〉的 1996 年议定书》就是在这种形势下产生的。该议定书将责任限额大幅增加，并提高了公约所适用的小型船舶的起算吨位，由《1976 年海事赔偿责任限制公约》的"不超过 500 吨"提高到"不超过 2000 吨"，并且明确了责任限制公约与救助公约以及有关海上旅客人身伤亡的国内立法之间的协调问题。《修正〈1976 年海事赔偿责任限制公约〉的 1996 年议定书》于 2004 年 5 月 13 日生效，截至 2011 年 10 月 31 日，有 44 个成员国，包括澳大利亚、芬兰、德国、日本、挪威、西班牙、瑞典、英国、俄罗斯等国家。①

（四）《1969 年油污损害民事责任国际公约》及其议定书

1967 年 3 月 18 日，由于航海过失，"托利坎庸"（Torrey Canyon）号油轮在英吉利海峡的英格兰西南部海岸附近触礁沉没，溢油 11.9 万吨。英国采取了各种控制和消除油污的措施，包括出动飞机对油轮爆炸燃烧，但结果还是造成英、法两国海岸严重污染。

这一事件在国际上引起很大的震动。政府间海事协商组织（IMCO）为此设立法律委员会处理"托利坎庸"事故引起的法律问题，经过努力，就油污损害赔偿机制先后通过了《1969 年油污损害民事责任国际公约》和《1971 年设立国际油污损害赔偿基金的国际公约》。

1.《1969 年油污损害民事责任国际公约》。

---

① International Maritime Organization：Status of Conventions Summary，http：// www. imo. org/About/Conventions/StatusOfConventions/Pages/Default. aspx，2011 年 12 月 29 日 10：37 访问。

该公约于 1975 年 6 月 19 日生效，截至 2010 年 12 月 2 日，共有 37 个成员国。[①] 该公约规定船舶所有人承担严格责任，除非船舶所有人证明损害是由该公约规定的四项例外情形所致，[②] 否则就应当承担赔偿责任；为保证船舶所有人能够对受害人作出赔偿，该公约建立了强制油污责任保险机制等财务保证制度，并赋予受害方可以直接向责任保险人起诉的诉权，在此基础上船东享有赔偿责任限额。

2.《1969 年油污损害民事责任国际公约之 1976 年议定书》。

《1969 年油污损害民事责任国际公约》采用"金法郎"作为计算责任限额的单位，然而在实践中人们发现，随着金价的急剧波动，将金法郎转换成国际货币越来越难以操作，于是该议定书规定采用国际货币基金组织的特别提款权（SDR）作为计算单位。不过，考虑到有的国家不是国际货币基金组织的成员，在其国内不允许使用 SDR，因而该议定书同时还规定了以金价为基础的金法郎作为备用的计算单位。该议定书于 1981 年 4 月 8 日生效，截至 2011 年 3 月 15 日，有 53 个成员国。[③]

3.《1969 年油污损害民事责任国际公约之 1984 年议定书》。

1978 年 3 月，美国石油公司"卡迪兹"号（Amoco Cadiz）油轮发生事故后，[④] 人们发现《1969 年油污损害民事责任国际公约》

---

① International Maritime Organization：Status of Conventions Summary, http：//www. imo. org/About/Conventions/StatusOfConventions/Pages/Default. aspx，2011 年 6 月 27 日 10：37 访问。

② 参见《1969 年油污损害民事责任国际公约》第 3 条第 2 款和第 3 款的规定，这些免责事由均与船东的疏忽无关。

③ International Maritime Organization：Status of Conventions Summary, http：//www. imo. org/About/Conventions/StatusOfConventions/Pages/Default. aspx，2011 年 6 月 27 日 10：37 访问。

④ 1978 年 3 月 16 日美国石油公司的"卡迪兹"号油轮在法国布列塔尼半岛（Brittany）的海岸处搁浅并断为两截。其溢漏的超过 160 万桶原油将当地海岸线几乎全部污染。这是截至当时海运史上最为严重的一次原油溢漏灾难。

的限制金额过低，于是制定该议定书决定提高赔偿限额，然而该议定书因美国拒绝批准而未生效。

4.《1969 年油污损害民事责任国际公约之 1992 年议定书》/《1992 年油污损害民事责任国际公约》。

考虑到《1969 年油污损害民事责任国际公约之 1984 年议定书》失败的前车之鉴，《1969 年油污损害民事责任国际公约之 1992 年议定书》改变了生效条件，将大油轮拥有国家参加议定书的数目由 6 个减至 4 个，美国的参加不再是议定书生效的条件。在这种情况下，1992 年议定书于 1996 年 5 月 30 日生效，截至 2011 年 3 月 15 日，有 124 个国家参加该议定书，成员国船舶吨位占世界船舶总登记吨位的 96.62%。①

该议定书的责任限额仍然沿用的是《1969 年油污损害民事责任国际公约之 1984 年议定书》规定的标准，同时公约的适用范围扩大至成员国专属经济区内发生的油污损害事故、油轮自身燃油泄漏造成的油污损害。该议定书还规定了船舶所有人丧失责任限制的条件，只要索赔人证明油污事故的发生是船舶所有人本人故意或重大过失的作为或不作为导致的，则船舶所有人不得享受责任限制。

按照该议定书的强制性规定，自 1998 年 5 月 16 日起，该议定书的成员不再是《1969 年油污损害民事责任国际公约》的成员国。这一强制退出旧公约机制的目的是想以该议定书取代《1969 年油污损害民事责任国际公约》。然而该目的到目前为止并没有完全达到，《1969 年油污损害民事责任国际公约》与《1992 年油污损害民事责任国际公约》仍然同时并存，因为许多《1969 年油污损害民事责任国际公约》的成员国并没有批准该议定书。

5.《1992 年油污损害民事责任国际公约之 2000 年议定书》。

油污对于海洋环境及生态的破坏是令人触目惊心的，相应地，

---

① 参见 IMO：*Summary of Status of Convention*，http：//www.imo.org/，2010 年 9 月 19 日 11：55 登录。

赔偿限额需要随着实际的需要而提高。2000 年 10 月 18 日，国际海事组织通过了该议定书，将《1992 年油污损害民事责任国际公约》的赔偿限额提高了 50%，根据该议定书规定，《1992 年油污损害民事责任国际公约》的缔约国默认该议定书，该议定书自 2003 年 11 月 1 日起生效。

（五）《1971 年设立国际油污损害赔偿基金的国际公约》及其议定书

1. 《1971 年设立国际油污损害赔偿基金的国际公约》。

虽然《1969 年油污损害民事责任国际公约》建立了油污损害赔偿的有效机制，然而它并未能解决全部法律、财务等问题。例如，受害方补偿的充分性问题，《1969 年油污损害民事责任国际公约》的责任限额较之油污损害造成的巨额损失仍然太低。另外，《1969 年油污损害民事责任国际公约》采用的船舶所有人严格责任与传统海商法中采用的过失责任不同，有的国家有疑虑。然而若制定过高的限额或者让船东承担无限责任，对于船东而言负担过于沉重。国际海事组织遂谋求货方与船方之间达成妥协，在《1969 年油污损害民事责任国际公约》外由货方出资建立一个国际基金，一方面可以减轻船东的负担；另一方面可以使受害方在不能通过《1969 年油污损害民事责任国际公约》获得赔偿或者不能获得充分赔偿时，可以从该基金获得赔付。于是，1971 年 12 月 18 日通过了《1971 年设立国际油污损害赔偿基金的国际公约》。

根据该公约的规定，如果受害国或者个人不能从船东处获得赔偿，或者获得的赔偿不足以弥补其所受损害，基金有义务赔偿，这样受害人获得的赔付可以超过船东的赔付能力。然而基金的赔偿是有限度的：基金作出的赔付不超过船东应赔付给受害人的全部数额，并且基金对任何人的赔付不超过 3000 万特别提款权。所以实际上基金对每一起事故的赔偿限额是 1600 万特别提款权，在公约规定的特殊情况下，基金对每一起事故赔偿的限额可以增至 6000

万特别提款权。基金的赔付义务限于缔约国领土范围内（包括领海）遭受的油污损害，以及缔约国在其领土范围外采取的相关措施。

为了减轻船东的负担，基金还有责任依照一定比例补偿船东及其保险人在《1969 年油污损害民事责任国际公约》下承担的责任，但是损害因船东故意行为所致，或者因船东不遵守相关国际条约的规定造成，则基金没有义务补偿船东。

基金摊款由缔约国内接受经由海上运输石油的公司缴纳。

2.《1971 年设立国际油污损害赔偿基金的国际公约之 1976 年议定书》。

《1971 年设立国际油污损害赔偿基金的国际公约》通过时采用与《1969 年油污损害民事责任国际公约》相同的计算单位"金法郎"，该议定书改采特别提款权作为计算单位。该议定书于 1994 年 11 月 22 日生效，截至 2011 年 3 月 15 日，共有 31 个成员国。①

3.《1971 年设立国际油污损害赔偿基金的国际公约之 1984 年议定书》。

1984 年，国际海事组织对《1971 年设立国际油污损害赔偿基金的国际公约》进行修订，打算提高基金的限额，然而由于生效条件过于严格，该议定书一直未生效，后被《1971 年设立国际油污损害赔偿基金的国际公约之 1992 年议定书》取代。

4.《1971 年设立国际油污损害赔偿基金的国际公约之 1992 年议定书》。

1992 年 11 月 27 日，该议定书获得通过，它改变了生效条件，增加了赔偿限额，并追随《1992 年油污损害民事责任国际公约》扩大了适用范围。该议定书建立了一个独立的基金——1992 年国

---

① International Maritime Organization：Status of Conventions Summary，http：//www. imo. org/About/Conventions/StatusOfConventions/Pages/Default. aspx，2011 年 6 月 27 日 10：37 访问。

际油污赔偿基金，一般称之为 1992 年基金，它与 1971 年基金一起由设在伦敦的秘书处管理。

该议定书规定，针对每一起事故可以从基金获得的最大赔偿限额（包括依据《1992 年油污损害民事责任国际公约》下的限额）是 1350 万特别提款权，但是若有三个成员国每年缴纳的石油摊款高于 6000 万吨石油，那么赔偿限额提高至 2000 万特别提款权。

根据该议定书中强制退出旧公约的要求，从 1998 年 5 月 16 日起，所有该议定书的缔约国停止作为《1971 年设立国际油污损害赔偿基金的国际公约》成员。该议定书于 1996 年 5 月 30 日生效，截至 2011 年 3 月 15 日共有 106 个成员国，占世界船舶总登记吨位的 94.30%。[①]

5. 《1971 年设立国际油污损害赔偿基金的国际公约之 2000 年议定书》。

该议定书提高了国际油污赔偿基金的赔偿限额，将赔偿限额由 1350 万特别提款权提高至 2030 万特别提款权；若有 3 个成员国每年缴纳的摊款高于 6000 万吨石油，限额可以增加至 3007.4 万特别提款权。该议定书于 2001 年 6 月 27 日生效。

6. 《1992 年设立国际油污损害赔偿基金的国际公约之 2003 年议定书》（补充基金）。

2003 年 5 月 16 日，在国际海事组织外交大会上，通过了该议定书，谋求建立一个国际油污赔偿补充基金作为《1992 年油污损害民事责任国际公约》和《1992 年设立国际油污损害赔偿基金的国际公约》之外的第三层次补偿。该议定书供所有的《1992 年油污损害民事责任国际公约》成员国选择参加。该议定书规定，加上现存的《1992 年油污损害民事责任国际公约》、《1992 年设立国

---

① International Maritime Organization：Status of Conventions Summary，http：//www.imo.org/About/Conventions/Status of Conventions/Pages/Default.aspx，2011 年 6 月 27 日 10：37 访问。

际油污损害赔偿基金的国际公约》的赔偿限额，对于每次事故的总的赔偿限额不超过 7500 万特别提款权。国际海事组织法律委员会以后对于该议定书责任限额的修订只要经 2/3 以上出席成员国同意就可以以默示接受的程序在通过后 24 个月后生效。该议定书于2005 年 3 月 3 日生效，截至 2011 年 3 月 15 日有 27 个成员国，占世界船舶总登记吨位的 21. 42%。①

7. 《1971 年设立国际油污损害赔偿基金的国际公约》的失效。

2000 年 9 月 27 日，《1971 年设立国际油污损害赔偿基金的国际公约》成员国签署协议同意 1971 年基金先期解散。同时由于成员国按照《1992 年设立国际油污损害赔偿基金的公约》的规定纷纷退出公约，《1971 年设立国际油污损害赔偿基金的国际公约》于2002 年 5 月 24 日失效。

（六）《1996 年关于海上运输有毒有害物质损害赔偿责任的国际公约》

在油污损害民事责任国际公约及设立国际油污损害赔偿基金的国际公约的基础上，国际海事组织通过《1996 年海上运输有毒有害物质损害赔偿责任的国际公约》（简称《1996 年 HNS 公约》），意欲进一步增强对船载有毒有害物质泄漏受害人的赔偿，这些有毒有害物质包括国际海事组织各种公约及规则中所指的危险物质，不仅包括油类，还包括其他散装或包装的液体、固体类危险、有毒物质。

该公约实施船舶所有人严格责任，建立了两层赔偿机制：第一层赔偿机制要求船舶所有人对承运有毒有害物质的船舶进行强制保险，一旦发生事故，受害人应当首先向船舶所有人索赔，船舶所有

---

① International Maritime Organization: Status of Conventions Summary, http://www. imo. org/About/Conventions/StatusOfConventions/Pages/Default. aspx, 2011 年 6 月 27日 10: 37 访问。

人的最大赔偿限额是 1 亿特别提款权；第二层赔偿机制要求有毒有害物质的进口商/收货人分摊基金，设立国际有毒有害物质基金。当船舶所有人对产生的损失免除赔偿责任或因财务原因无力满足受损方的赔偿要求，或者损害超出船舶所有人的责任限额时，基金对受损方予以补偿。基金的最高赔偿限额达 2.5 亿特别提款权（包括第一层的赔偿数额）。

有毒有害物质责任公约与油污损害民事责任国际公约、设立国际油污损害赔偿基金的国际公约之间对污染的赔偿是互相衔接的，油污损害民事责任国际公约、设立国际油污损害赔偿基金的国际公约针对的油污损害被排除在有毒有害物质责任公约范围外，然而有毒有害物质责任公约覆盖因油类火灾及爆炸引发的损害赔偿。

《1996 年 HNS 公约》通过后，尽管有 14 个国家批准了该公约，然而离该公约生效条件相去甚远。为了促使该公约尽快生效，2010 年 4 月国际海事组织外交大会通过了《1996 年关于海上运输有毒有害物质损害赔偿责任的国际公约之 2010 年议定书》。

该议定书解决了诸多阻碍各国批准公约的实际问题。按照该议定书规定，由散装有毒有害物质造成的损害，赔偿首先由船东承担，最高赔偿限额为 1 亿特别提款权（SDR），约合 1.5 亿美元；而当损害由包装有毒有害物质造成时，或者由散装和包装有毒有害物质共同造成时，船东的最高赔偿限额为 1.15 亿特别提款权，约合 1.725 亿美元。此次大会通过了建立 HNS 基金、促进技术合作与协作、避免在一种情况下有两种互相冲突的操作条约规定和实施《1996 年关于海上运输有毒有害物质损害赔偿责任的国际公约之议定书》4 项决议。该议定书又被称为《2010 年有毒有害物质责任公约》。

目前，该公约是否能够尽快生效前景尚不明朗，然而由于该公约规定了船东的严格责任，易于遭到船东国家的抵制，另外比较高的责任限额也令许多国家望而却步。

（七）《2001 年燃油污染损害民事责任国际公约》

之前制定的与油污泄漏有关的国际公约仅针对油轮造成的污染规定了赔偿机制，不能覆盖非油轮船舶在运营中燃油泄漏造成的损害。但是实际上，一旦发生海难，非油轮船舶上使用的燃油所造成的污染损害也是触目惊心的，为了弥补这一方面的缺憾，国际海事组织又推动通过了《2001 年燃油污染损害民事责任国际公约》。

该公约专门针对船舶燃油溢出或排放事故造成的污染损害，旨在为受害方提供迅速有效的赔偿，它借鉴了《1992 年油污损害民事责任国际公约》和《1992 年设立国际油污损害赔偿基金的国际公约》的成功经验，规定了船舶所有人等（包括光租人、管理人、经营人等）对由船上或源自船舶的任何燃油造成的污染损害负责，船舶所有人的责任为严格责任。与《1992 年油污损害民事责任国际公约》一样，对完全由于不可抗力、第三方故意行为、政府过错和受害人过错造成的损害船舶所有人可以免责。在受害人过错部分地造成损害的情况下，船舶所有人还可以相应地减轻自己的责任。在多艘船舶造成污染损害的情况下，对于无法区分开来的损害，由这些船舶的所有人负连带的严格责任。有关燃油污染损害赔偿的诉讼时效为 3 年，从损害发生之日起计算。但不管在何种情况下都不得在引起损害的事故发生之日起 6 年之后提起诉讼。

该公约模仿《1992 年油污损害民事责任国际公约》建立了强制保险和财务担保制度。当事国登记的总吨位大于 1000 总吨的船舶的登记所有人须进行保险或取得诸如银行或类似金融机构的担保等其他经济担保，以承担登记所有人的污染损害责任，其金额等于适用的国家或国际责任限制机制规定的责任限制，但在所有情况下均不应超过按照经修正的《1976 年海事赔偿责任限制公约》所计算的数额。可见该公约没有规定独立的责任限制制度，船舶所有人可以依照本国法或者本国参加的国际公约享受责任限制。

该公约无疑是成功的，它于 2008 年 11 月 21 日生效，得到了多数海运国家的认可。据国际海事组织的统计，截至 2011 年 3 月 15 日，该公约有 58 个成员国，占世界船舶总登记吨位的 88.06%。[1]

## 六、海事赔偿责任限制的未来

海上航运业的特点在于以海洋为舞台，以船舶为工具。浩瀚广阔的海洋自古以来就是人类征服的对象，船舶就是征服能力和水平的标志。千百年来，人类的造船技术经历了多次重大革命，船舶动力由帆船、蒸汽机船、机动船到核动力船；航海导航技术、通信技术的发展，造船材料的更新换代，船舶结构及功能的不断创新和发展，无不说明人类在海洋面前越来越有力量，几乎做到了乘风破浪、如履平地。同时，与航运有关的行业日益成熟，如保险业、金融业、通信、网络技术的发达无疑都促进了海运的繁荣。事情看起来很美好，航运业与航空业、陆路运输或其他陆上行业差别似乎越来越小，其高风险性、冒险性的色彩已然黯淡。那么，这是否意味着海事赔偿责任限制已经完成了它的历史使命，可以退出世界舞台了？恐怕不能轻率断言。

### （一）海事赔偿责任限制符合效率理念

从公平角度而言，海事赔偿责任限制确实如批评者所言，是难以服众的，然而对于一项法律制度（同时也是一种社会制度），仅仅从公平的角度（更确切地说是个案公正层面）评判其存在的正当性是远远不够的，因为指导人们立法或者坚持某一法律制度的基本原则不仅仅是公平，在商法领域，效率也是一个不容忽视的指导

---

[1] International Maritime Organization：Status of Conventions Summary，http：// www. imo. org/About/Conventions/StatusOfConventions/Pages/Default. aspx，2011 年 6 月 27 日 10：37 访问。

精神。海商法无疑是传统且典型的商事法，是一国或国际海运活动的规则。人们自古以来投身海运无不为了营利，因而海商法的制度是否能够促进海运效率的提高——让航运企业低成本高效地运营，并惠及与航运有关的行业，是衡量一项海商法制度是否合理，存在是否有正当性的标准。

海事赔偿责任限制制度就是这样一个以保护航运业为己任的制度。它的产生是基于商业的需要，刺激了资金向海运业的投入，使很多国家迅速建立和拥有自己的商船队，同时使运费保持低廉，从而增进了国际贸易整体繁荣。我们难以想象，如果没有低廉的运价，国际贸易在 19 世纪至 20 世纪的飞速发展是否可能实现。

海事赔偿责任限制还能促进其他行业的发展。它对于鼓励海难救助事业，缓解海上保险业的压力有着重要作用,① 海事赔偿责任限制制度的存在使得责任人的风险是可以提前预测的，因而更有助于通过保险这种方式分散风险。这样一来，对于个案中的索赔人而言，保险的普及大大增加了其获得赔偿的可能性，因而海事赔偿责任限制制度并非单向的偏袒航运企业的制度，它的存在有利于航运市场上的各方参与人，所以海事赔偿责任限制无疑是有效率的一种制度安排，正如英国的丹宁勋爵在"布赖姆雷·摩尔"（The Bramley Moore）案中所说：

> 责任限制的基本原理是责任人应当仅仅根据他的船舶价值承担责任。一艘小拖轮价值较小，相应地责任也较轻，即使它拖曳的是一艘大货轮、造成的损害巨大。我承认在该规则中没有多少公平可言；不过责任限制不是一个公平问题。它是一项有历史渊源的公共政策，它的正当性在于便利。②

---

① 傅廷中著：《海商法论》，法律出版社 2007 年版，第 398～399 页。
② [1963] 2 Lloyd's Rep. 429, at p. 437.

另外，从各国立法乃至国际公约的现状来看，没有一个国家的立法否定这一制度，现行有效的海上运输公约、责任限制公约或其他有关的国际公约也没有否定它；从近年来的相关国际公约发展趋势来看，国际社会的态度并没有转向要废除这一制度，而是根据形势的需要，对这一制度进行调整或者改进，如前述油污损害民事责任国际公约等就是这方面的例证。看来在今后一段时期内，海事赔偿责任限制会继续存在下去，不会遽然被废除。

（二）发展趋势与调适

古老的制度要适应现代社会，其内容需要随着经济的发展及社会思潮的变动而不断加以调整，才能够在潮流中屹立不倒，继续发挥其作用。从海事赔偿责任限制的立法与实践来看，该制度呈现以下发展的趋势：

1. 可以享受责任限制权利的主体范围逐渐扩大。

责任限制权利的主体随着船舶营运方式的变迁和立法精神的变化，由原来仅限于船舶所有人逐步扩展到船舶承租人、经营人、管理人，乃至将与船舶营运有关的救助人、责任保险人等利害关系人包括在内。相应地，船舶所有人责任限制演变为海事赔偿责任限制，可见传统海商法上的船舶所有人责任限制精神与时俱进，从以保护船舶所有人为中心转变为顺应航运营运模式变革，赋予船舶营运重要的利害相关方责任限制权利。

2. 赔偿限额不断提高，对受害人的补偿更加充分。

从《1924 年责任限制公约》至《修正〈1976 年海事赔偿责任限制公约〉的 1996 年议定书》，关于赔偿责任限额，一个不变的趋势是公约规定的赔偿限额不断提高，一方面反映了立法更加注重兼顾船货双方利益；另一方面，限额提高的结果是使受害人得到更充分的赔偿。

3. 可限制责任的海事请求项目范围逐渐缩小。

换句话说，无限责任的债权项目增多。这一趋势反映出逐步减少船舶所有人特权的立场，使海事赔偿责任限制更加缓和与公平。

4. 强制责任保险机制引入海事赔偿责任限制机制。

针对油污损害赔偿、船舶燃油损害、有毒有害物质污染所造成的巨额损害赔偿，相关国际公约均规定了强制保险机制，显示出面对船舶运营可能造成的严重环境、生态污染损害，法律机制与时俱进作出了调整，以分散风险，加强对受害者的赔偿。

## 七、中国法的立场

"一国两制"制度使我国一国之内存在四个不同的法域：中国内地、香港特别行政区、澳门特别行政区及台湾地区。以下分别阐述我国四个法域关于海事请求责任限制的立法情况。

### （一）中国内地

关于海事赔偿责任限制制度，中国内地于 1992 年 11 月 7 日通过的海商法第 11 章规定了海事赔偿责任限制制度；之后在 1999 年 12 月 15 日颁布的海事诉讼特别程序法第 9 章 "设立海事赔偿责任限制基金程序" 及第 10 章 "债权登记与受偿程序" 规定了海事赔偿责任限制诉讼的程序规则。

内地没有加入当前国际上有关海事赔偿责任限制 3 个有效国际公约中的任何一个，不过海商法中关于海事赔偿责任限制的规定，据立法者介绍，"是依照《1976 年海事赔偿责任限制公约》拟订的，责任限额与公约的规定相同"。① 同样，海事诉讼特别程序法中的责任限制程序规则是 "在总结实践经验的基础上，参照有关

---

① 杨景宇：《关于〈中华人民共和国海商法（草案）〉的说明》，载中国法律法规信息系统：http://law.npc.gov.cn：87/treecode/home.cbs? rid = code，2011 年 1 月 31 日 15：03 登录。

国际条约"制定的。①

由此可见，虽然在历史上（唐、宋、元、明朝）中国内地曾经出现过比较发达、繁荣的海上贸易，但遗憾的是，有关海上贸易的法律制度和习惯大多已经湮没，目前内地的海商法、海事诉讼特别程序法所建立的海事赔偿责任限制与传统没有什么关系，系移植自《1976 年海事赔偿责任限制公约》。应当指出的是，因为内地并没有加入该公约，因而该公约对内地没有约束力，其地位相当于国际惯例。

承运人责任限制方面，内地也没有加入或者批准现行任何一个有效的国际海上货物运输公约；然而在海商法中，关于承运人责任体系主要采纳了《海牙规则》、《海牙—维斯比规则》规定的承运人单位责任限制制度，对于承运人因迟延交付造成经济损失的赔偿限额，借鉴了《汉堡规则》的相关规定。

关于海上旅客运输的承运人责任限制，内地于 1994 年 3 月 5 日批准了 1974 年《雅典公约》及其 1976 年议定书，并将公约相关内容吸纳到海商法第五章"海上旅客运输合同"中。

在油污损害民事赔偿责任限制领域，内地于 1980 年 1 月 30 日向国际海事组织秘书长交存了《1969 年油污损害民事责任国际公约》接受书，1980 年 4 月 30 日该公约对大陆生效。之后我国又加入了其 1984 年、1992 年议定书。② 根据其 1992 年议定书的规定，凡是批准 1992 年议定书的国家强制退出《1969 年油污损害民事责任国际公约》，因而 1992 年议定书又被称为《1992 年油污损害民事责任国际公约》，自 2000 年 1 月 5 日起我国不再是《1969 年油污损害民事责任国际公约》的成员国，而是《1992 年油污损害民

---

① 李国光：《关于〈中华人民共和国海事诉讼特别程序法（草案）〉的说明》，载中国法律法规信息系统：http://law.npc.gov.cn:87/treecode/home.cbs?rid=code，2011 年 1 月 31 日 15:07 登录。

② 其 1984 年议定书未生效，后被 1992 年议定书取代。我国于 1999 年 1 月 5 日加入 1992 年议定书，2000 年 1 月 5 日起对我国生效。

事责任国际公约》的成员国。

此外，对于船舶燃油泄漏造成的污染损害，内地于 2008 年 11 月 17 日批准加入《2001 年燃油污染损害民事责任国际公约》，2009 年 3 月 9 日起对内地正式生效。因而在内地，船舶所有人（内河船舶所有人除外）就船舶燃油污染造成的损害可以依照海商法关于海事赔偿责任限制的规定享受责任限制。1000 总吨以上的外籍船舶自 2009 年 3 月 9 日起必须持有缔约国主管机关或其授权机构签发的《燃油污染损害民事责任保险或其他财务保证证书》（以下简称《证书》）后，才准进出中国港口。1000 总吨以上的中国籍国际航行船舶须依照公约规定投保并向海事机关申请办理《证书》。

（二）香港特别行政区

香港于 1997 年 7 月 1 日之前被英国占领。根据 1966 年《英国法律适用范围条例》的规定，英国普通法和衡平法自动适用于香港，而英国成文法须经由英国或香港立法机构通过，才适用于香港。

1997 年 7 月 1 日，中华人民共和国政府恢复对香港行使主权后，香港作为中华人民共和国不可分离的一部分，成为香港特别行政区。香港特别行政区基本法第 8 条规定："香港原有法律，即普通法、衡平法、条例、附属立法和习惯法，除同本法相抵触或经香港特别行政区的立法机关作出修改者外，予以保留。"因而香港回归后，以前在香港有效的法律，如普通法、衡平法、条例、附属立法和习惯法等仍然保留。另外，根据香港特别行政区基本法第 17 条的规定，香港特别行政区享有立法权，其立法机关——立法会可以制定、修改、废除法律，立法会也可以授权其他下级机构制定条规、命令等立法。

对于香港的海商法而言，其法源①主要有三类：立法（如条例）、判例法及国际公约。

在海事赔偿责任限制领域，香港立法机构于 1993 年制定的《商船（限制船东责任）条例》赋予 1974 年《雅典公约》及其 1976 年议定书、《1976 年海事赔偿责任限制公约》法律效力，即海上旅客运输中承运人责任限制采用 1974 年《雅典公约》的体制，海事赔偿责任限制方面采用《1976 年海事赔偿责任限制公约》的相关规则。

在海上货物运输承运人单位责任限制方面，香港于 1994 年颁布了《海上货物运输条例》，赋予经 1968 年及 1979 年布鲁塞尔议定书修订的《海牙规则》法律效力，因而其承运人责任限制的规定与《海牙—维斯比规则》相同。

关于油污损害责任限制问题，1991 年制定的《商船（油类污染的法律责任及补偿）条例》将《1992 年油污损害民事责任国际公约》、《1992 年设立国际油污损害赔偿基金的国际公约》采纳为法律，规定了因载油船舶排放或漏油造成污染的补偿及船东责任机制。2009 年公布的《燃油污染（法律责任及补偿）条例》赋予《2001 年燃油污染损害民事责任国际公约》法律效力。

另外，《高等法院规则》中的第 75 号令"（香港）法律程序"规定了有关责任限制诉讼的程序规则。

判例法是香港海商法的另一重要法源，指的是司法判例中所包含的法律规则。香港法律制度奉行"遵循先例"原则（stare decisis）。1997 年 7 月 1 日之前，香港接受了英国法院的判决，然而在这之后，英国法院的判决对香港法院不再有拘束力，然而英国法院的判决仍然可能继续有说服力。②

① 此处的法源指法的存在形式。

② Felix W H Chan, Jimmy J M Ng, Bobby K Y Wong, *Shipping and Logistics Law：Principles and Practice in Hong Kong*, Hong Kong University Press, 2002, p. 11.

至于海商法方面的国际公约，依据香港特别行政区基本法第151条规定："香港特别行政区可在经济、贸易、金融、航运、通讯、旅游、文化、体育等领域以'中国香港'的名义，单独地同世界各国、各地区及有关国际组织保持和发展关系，签订和履行有关协议。"第153条规定："中华人民共和国缔结的国际协议，中央人民政府可根据香港特别行政区的情况和需要，在征询香港特别行政区政府的意见后，决定是否适用于香港特别行政区。中华人民共和国尚未参加但已适用于香港的国际协议仍可继续适用。中央人民政府根据需要授权或协助香港特别行政区政府作出适当安排，使其他有关国际协议适用于香港特别行政区。"

具体地说，在海事请求责任限制领域，有以下国际公约适用于香港：① （1）《1969年油污损害民事责任国际公约之1992年议定书》；（2）《1971年设立国际油污损害赔偿基金的国际公约之1992年议定书》；（3）《2001年燃油污染损害民事责任国际公约》；② （4）1974年《雅典公约》及其1976年议定书；（5）1924年《海牙规则》及其1968年、1979年议定书；（6）《1976年海事赔偿责任限制公约》。

上述国际条约如前所述，大多通过香港的立法已经纳入香港法中。

### （三）澳门特别行政区

澳门自16世纪中叶以后被葡萄牙逐步占领，中华人民共和国政府于1999年12月20日恢复对澳门行使主权，澳门特别行政区是中华人民共和国不可分离的部分。与香港特别行政区的地位一

---

① （香港特别行政区）律政司双语法例资料系统：http://translate.legislation.gov.hk/gb/www.legislation.gov.hk/cinterlaw.htm，2010年9月3日登录。

② 《2001年燃油污染损害民事责任国际公约》中并没有规定独立的责任限制制度，其责任限制以《修正〈1976年海事赔偿责任限制公约〉的1996年议定书》为基础，然而并不是强制性要求，各国可根据国内法决定。

样，我国澳门特别行政区基本法第 8 条规定："澳门原有的法律、法令、行政法规和其他规范性文件，除同本法相抵触或经澳门特别行政区的立法机关或其他有关机关依照法定程序作出修改者外，予以保留。"

在国际经济贸易、航运等领域，澳门特别行政区基本法赋予澳门特别行政区"可在经济、贸易、金融、航运、通讯、旅游、文化、科技、体育等适当领域以'中国澳门'的名义，单独地同世界各国、各地区及有关国际组织保持和发展关系，签订和履行有关协议"。① 而回归后，"中华人民共和国缔结的国际协议，中央人民政府可根据情况和澳门特别行政区的需要，在征询澳门特别行政区政府的意见后，决定是否适用于澳门特别行政区，"至于回归前澳门已经参加的国际公约，"中华人民共和国尚未参加但已适用于澳门的国际协议仍可继续适用。中央人民政府根据情况和需要授权或协助澳门特别行政区政府作出适当安排，使其他与其有关的国际协议适用于澳门特别行政区"。②

1999 年 12 月 20 日之前，澳门接受及适用的是葡萄牙的相关法律。在海商法方面，原来由葡萄牙 1888 年商法典第 3 卷来规范，后因该法与现实脱节，难以适应实际情况，同时为配合澳门整个法律体系的改革及现代化，遂对海上商事有关法律制度进行改革和修订，1999 年 12 月 13 日澳门颁布《核准海上商事之法律制度》（第 109/99/M 号法令）取代了上述商法典第 3 卷，专门调整海上商事关系。该法中与海事请求责任限制有关的条款如下：

第一编"船舶"之第三章"所有人"之第 12 条"所有人对污染之民事责任"规定，《1969 年油污损害民事责任国际公约》及其 1976 年、1992 年议定书适用于澳门。

第一编"船舶"之第六章"责任限制"自第 29 条至第 44 条，

---

① 澳门特别行政区基本法第 136 条。
② 澳门特别行政区基本法第 138 条。

共 16 条，规定了船舶所有人、承租人等责任人的海事赔偿责任限制，采纳了《1976 年海事赔偿责任限制公约》的体制，同时还规定了责任限制诉讼的程序规则。

第二编"海上货物运送"之第四章"以提单运送货物之合同之概念"第 129 条规定了提单运输下承运人责任限制，内容与《海牙—维斯比规则》相同。另外，该章第 134 条规定了承运人责任限制的规定不影响国际公约对船舶所有人责任限制所作规定的适用；第 135 条规定本章承运人责任限制的规定不影响国际公约及法律有关核损害责任规定的适用。

截至 2009 年 4 月 28 日，有下列与海事请求责任限制有关的国际多边条约在澳门特别行政区适用：[①] （1）1924 年《海牙规则》；（2）《1957 年海船所有人责任限制国际公约》；1974 年《雅典公约》及其 1976 年议定书；《1969 年油污损害民事责任国际公约之 1992 年议定书》；《2001 年燃油污染损害民事责任国际公约》对内地生效的同时也适用于澳门特别行政区。

（四）台湾地区

台湾地区的"海商法"在 1999 年修订之前，关于船舶所有人责任限制的规定，采纳的是美国 1935 年 8 月 29 日之前的"船价主义"，即船舶所有人的责任以本次航行船舶的价值、运费及其他附属运费为限，船舶所有人不提供船舶价值而委弃其船舶的，亦同。[②]

1999 年全面修订"海商法"后，就海事赔偿责任限制扬弃了修订前的海商法的"船价主义"，兼采《1957 年海船所有人责任限

---

① 澳门特别行政区政府入口网站：适用于澳门特别行政区的多边条约，http://portal. gov. mo/web/guest/info_ detail？infoid = 8836，2010 年 9 月 3 日登录。

② 郑玉波著：《海商法》（增订第 13 版），林群弼修订，三民书局 2003 年版，第 73 页。

制国际公约》、《1976 年海事赔偿责任限制公约》的相关规定，改采"船价主义及金额主义并用主义"，① 即先依照船价主义计算责任限额，再依据金额主义的规定计算责任限额，二者相比较后，以

---

① 参见台湾地区"海商法"第 21 条、第 23 条。

第二十一条　船舶所有人对下列事项所负之责任，以本次航行之船舶价值、运费及其他附属费为限：

一、在船上、操作船舶或救助工作直接所致人身伤亡或财物毁损灭失之损害赔偿。

二、船舶操作或救助工作所致权益侵害之损害赔偿，但不包括因契约关系所生之损害赔偿。

三、沉船或落海之打捞移除所生之债务，但不包括依契约之报酬或给付。

四、为避免或减轻前二款责任所负之债务。

前项所称船舶所有人，包括船舶所有权人、船舶承租人、经理人及营运人。

第一项所称本次航行，指船舶自一港至次一港之航程；

所称运费，不包括依法或依约不能收取之运费及票价；

所称附属费，指船舶因受损害所得之赔偿，但不包括保险金。

第一项责任限制数额如低于下列标准者，船舶所有人应补足之：

一、对财物损害之赔偿，以船舶登记总吨为国际货币基金，特别提款权五四计算单位，计算其数额。

二、对人身伤亡之赔偿，以船舶登记总吨，每一总吨一六二计算单位计算其数额。

三、前二款同时发生者，以船舶登记总吨，每一总吨一六二计算单位计算其数额，但人身伤亡应优先以船舶登记总吨，每一总吨一〇八计算单位计算之数额内赔偿，如此数额不足以全部清偿时，其不足额再与财物之毁损灭失，共同在现存之责任限制数额内比例分配之。

四、船舶登记总不足三百吨者，以三百吨计算。

第二十三条　船舶所有人，如依第二十一条之规定限制其责任者，对于本次航行之船舶价值应证明之。

船舶价值之估计，以下列时期之船舶状态为准：

一、因碰撞或其他事变所生共同海损之债权，及事变后以迄于第一到达港时所生之一切债权，其估价依船于到达第一港时之状态。

二、关于船舶在停泊港内发生事变所生之债权，其估价依船舶在停泊港内事变发生后之状态。

三、关于货载之债权或本于载货证券而生之债权，除前二款情形外，其估价依船舶于到达货物之目的港时，或航行中断地之状态，如货载应送达于数个不同之港埠，而损害系因同一原因而生者，其估价依船舶于到达该数港中之第一港时之状态。

四、关于第二十一条所规定之其他债权，其估价依船舶航行完成时之状态。

较高者为准，决定船舶所有人的责任限制数额。关于海事赔偿责任限制适用的债权，台湾地区的"海商法"参酌《1957 年海船所有人责任限制国际公约》第 1 条第 1 项与《1976 年海事赔偿责任限制公约》第 2 条第 1 项的规定，结合台湾地区的情况及政策，规定了四类海事债权可限制船舶所有人的责任。

承运人责任限制方面，台湾地区 1999 年修订的"海商法"采用了《海牙—维斯比规则》的责任限制规则，[①] 币值则采用了《海牙—维斯比规则》1979 年议定书规定的国际货币基金组织的特别提款权（SDR），承运人单位责任限制以每件 666.7 特别提款权及每公斤 2 特别提款权计算。

## （五）可限制责任的海事请求

综上所述，在我国法律体系中，除了可以免责的责任，共计有以下海事请求可以限制责任：

（1）依据海商法第 207 条的规定可享受海事赔偿责任限制的海事请求；

（2）依据《防治船舶污染海洋环境管理条例》第 52 条的规定因船舶油污损害而产生的海事请求可享受我国参加的国际油污损害民事责任公约中规定的责任限额；

（3）依据《防治船舶污染海洋环境管理条例》第 52 条的规定

---

① 参见台湾地区"海商法"第 70 条规定，托运人于托运时故意虚报货物之性质或价值，运送人或船舶所有人对于其货物之毁损或灭失，不负赔偿责任。除货物之性质及价值于装载前，已经托运人声明并注明于载货证券者外，运送人或船舶所有人对于货物之毁损灭失，其赔偿责任，以每件特别提款权 325 单位或每公斤特别提款权 666.67 单位计算所得之金额，两者较高者为限。

前项所称件数，系指货物托运之包装单位。其以货柜、垫板或其他方式并装运送者，应以载货证券所载其内之包装单位为件数。其使用之货柜系由托运人提供者，货柜本身得作为一件计算。

由于运送人或船舶所有人之故意或重大过失所发生之毁损或灭失，运送人或船舶所有人不得主张第二项单位限制责任之利益。

因船舶燃油污染而产生的海事请求可依照我国参加的《2001 年燃油污染损害民事责任国际公约》的规定享受海商法规定的海事赔偿责任限制；

（4）依据海商法第 56 条、第 117 条的规定因货物及旅客海上运输而享有承运人单位责任限制。

# 第二章　海事赔偿责任限制
# 实体制度

## 一、谁有权享受海事赔偿责任限制

我国海商法第 204 条规定了有权享受限制责任的责任人的种类，与《1976 年海事赔偿责任限制公约》第 1 条的规定大致相同，包括船舶所有人、承租人、经营人、救助人。① 唯一不同之处在于海商法没有把船舶管理人单独列为有权享受责任限制的主体，其缘故详见下文所述。

（一）船舶所有人

我国海商法第 204 条规定："船舶所有人、救助人，对本法第二百零七条所列海事赔偿请求，可以依照本章规定限制赔偿责任。前款所称的船舶所有人，包括船舶承租人和船舶经营人。"这一条的规定显示，在本章中，船舶所有人（shipowner）的概念包含两种含义：其一是在船舶所有权主体的意义上使用，即船舶所有权人；其二是从船舶经营角度，把利用他人船舶供航海使用、以类似

---

① 《1924 年统一海船所有人责任限制若干规则的国际公约》规定只有船舶所有人才可以享受责任限制，自从《1957 年海船所有人责任限制国际公约》起，才将责任限制的主体扩展至船舶承租人、经营人、管理人及船舶所有人、管理人的船长、船员及其他雇员。而《1976 年海事赔偿责任限制公约》在《1957 年海船所有人责任限制国际公约》的基础上又把救助人、保险人加进来，目的是尽量将与航运有关的主体能够享受责任限制。参见 LLMC 1976 Article 1 Persons entitled to limit liability。

1. Shipowners and salvors, as hereinafter defined, may limit their liability in accordance with the rules of this Convention for claims set out in Article 2.

2. The term "shipowner" shall mean the owner, charterer, manager and operator of a seagoing ship.

3. Salvor shall mean any person rendering services in direct connexion with salvage operations. Salvage operations shall also include operations referred to in Article 2, paragraph 1 (d), (e) and (f).

4. If any claims set out in Article 2 are made against any person for whose act, neglect or default the shipowner or salvor is responsible; such person shall be entitled to avail himself of the limitation of liability provided for in this Convention.

5. In this Convention the liability of a shipowner shall include liability in an action brought against the vessel itself.

6. An insurer of liability for claims subject to limitation in accordance with the rules of this Convention shall be entitled to the benefits of this Convention to the same extent as the assured himself.

7. The act of invoking limitation of liability shall not constitute an admission of liability.

船舶所有人身份行事，但以自己的名义从事航运业务的船舶承租人和船舶经营人均视为船舶所有人；此条规定与海商法第2章"船舶"各法条中"船舶所有人"一语仅具有物权性质的含义不同。为避免混淆，以下所称"船舶所有人"指船舶所有权人。

船舶所有人，俗称船东，作为有权限制责任的主体，应当注意的是船舶所有权证书记载的所有权人与实际所有人不一致的问题。我国海商法采取船舶所有权变动登记对抗主义，① 船舶所有权的变动不以登记为生效要件，换言之，即使未经登记，所有权变动在当事人间有效，只是该变动的状况不能对抗第三人。这样当船舶所有权发生变动时，有可能产生所有权的实际状况和公示的状况之间不一致的现象。在船舶所有权发生转移而受让人未登记期间，针对不同的对象，船舶所有权人不同。对于转让人，船舶的所有人是受让人，尽管其尚不是登记船舶所有人；而对第三人而言，因其只能信赖船舶登记公示的内容，从而原所有人（转让人）是船舶所有人。

另一种登记所有人和实际所有人不一致的情况多见于国内沿海运输中的船舶"挂靠"经营现象。由于有关主管机关对于船舶沿海、内河营运资质管理严格，因此船舶所有人往往会选择将船舶挂靠到有资质的航运公司来经营。此时船舶登记证书记载的船舶所有人为船舶所挂靠的公司，而不是真正的船舶所有人。船舶所有人和船舶所挂靠的公司之间通常以协议的形式约定公司同意挂靠。

在上述两种情形下，若在实际船舶所有人实际使用并控制船舶期间发生船舶碰撞、货损等事故，登记船舶所有人和实际所有人（受让人）谁可申请海事赔偿责任限制？最高人民法院的立场是只有船舶证书上载明的所有人才可以以船舶所有人的身份申请责任限

---

① 参见海商法第9条。

制，设立海事赔偿责任限制基金。[①] 不过这并不意味着实际所有人的权利处于裸露状态，无法享受海商法赋予的责任限制权利，船舶实际所有人如果符合"接受船舶所有人委托实际使用和控制船舶并应当承担船舶责任的人"[②] 的条件，可以以船舶经营人的身份主张限制责任。

### （二）船舶承租人

船舶承租人（charterer）（或租船人，下同）作为有权限制责任的主体在海商法中包括航次租船合同中的船舶承租人、定期租船合同中的承租人和光船租赁合同中的承租人。[③]

承租人作为责任限制主体对海事请求人的限制性债权依法可以享受责任限制毋庸置疑，在司法审判实务中，关于承租人的责任限制权利有两个问题尚待探索：

1. 承租人对船舶所有人的索赔可否享受责任限制。

如果船舶在租赁期间发生海难事故，造成船上人身损害、货物损害及船舶自身受损或者全损，船舶所有人就其向第三人承担的赔偿责任及船舶自身的损失向承租人索赔时，[④] 承租人可否向船舶所

---

① 参见最高人民法院《关于适用〈中华人民共和国海事诉讼特别程序法〉若干问题的解释》（法释〔2003〕3 号）第 79 条规定："海事诉讼特别程序法第一百零一条规定的船舶所有人指有关船舶证书上载明的船舶所有人。"最高人民法院通过解释程序法而实际上限定只有登记公示的所有人可以船舶所有人的身份主张责任限制权利，实际所有人不得以船舶所有人名义申请责任限制。

② 参见最高人民法院《关于审理海事赔偿责任限制相关纠纷案件的若干规定》第12 条。

③ 参见海商法第 92 条关于航次租船合同的定义、第 129 条关于定期租船合同的定义、第 144 条关于光船租赁合同的定义，都涉及承租人这一概念，而海商法第 11 章第204 条对于船舶承租人并没有特别规定，可见其类别与海商法其他章节涉及的承租人没有差异。

④ 尽管在我国司法实践中尚未发现此类案例，然而在英国截至目前已经有"爱琴海"号轮案（The "Aegean Sea"）和"CMA 雅加达"号轮案（The "CMA Djakarta"）两个案例。

有人主张其享有责任限制权利?

英国高等法院在两个不同的案件中判决租船人在这种情形下无权限制责任。托马斯法官(Thomas J.)在"爱琴海"号轮(The "Aegean Sea")案中认为,①《1976 年海事赔偿责任限制公约》规定船舶所有人和救助人两类主体有权享受责任限制,该公约作出这样的区分主要是为了避免"东城丸"号轮(The "Tojo Maru")判决的效果,② 确保救助人无论是否是船舶所有人及是否以船舶所有人身份行事都能够限制责任。但是,对于租船人该公约没有做这样的区分,这显示当租船人以船舶所有人身份行事时(如签发提单)才有权享受责任限制。另外,该公约第 9 条规定责任限额适用于任何一个特定场合产生的针对第 1 条第 2 款所指的任何人的索赔总

① 在"爱琴海"轮案中,该船依据航次租船合同被租给赖普索尔石油国际有限公司装运原油至位于西班牙的卸货港,船舶进入卸货港时搁浅,折断为两截并爆炸,船舶全损,货物大部分泄漏到大海里并造成了严重污染。船舶所有人遭到索赔后即在伦敦提起仲裁,向租船人索赔:(1)船舶价值、燃油和未付运费;(2)船舶所有人对油轮油污责任基金(Cristal)可能承担的责任和对救助人特别赔偿的补偿;(3)根据油污民事责任公约负担的财产损害、清除污染费用以及防止污染费用的补偿。理由是租船人指示的港口是不安全港口及损失是由于遵循租船人指示的结果。船东对租船人的索赔总额达6500 万美元,而该船舶的责任限制基金大约为 1200 万美元。租船人否认责任,并主张即使其有责任,也有权依照《1976 年海事赔偿责任限制公约》限制责任。第一项索赔——船舶价值、燃油及未付运费属于船东自身的损失,因而船东不能够对之主张责任限制抗辩;第二、三项索赔——污染损害、防污费用补偿、对油轮油污责任基金和救助人的赔偿属于《1976 年海事赔偿责任限制公约》责任限制债权例外的债权项目,然而船舶所有人是以损害的形式向租船人索赔。法院要解决的问题是在船舶所有人不能主张责任限制的情况下,租船人可否依照《1976 年海事赔偿责任限制公约》主张享有责任限制权利。参见 Aegean Sea Traders Corporation v. Repol Petroleo S. A. and Another ( The "Aegean Sea")[1998]2 Lloyd's Rep. 39.

② 该案涉及救助打捞沉没的油轮"东城丸"号,为了浮起它,需要在油轮上打洞,救助人的潜水员潜到海底在油轮的船舱上打了一枪,但是潜水员操作之前没有查看油轮内是否有易燃气体,因而造成爆炸,船东遂向救助人索赔潜水员疏忽造成的损失。救助人主张责任限制,然而法院判决救助人不能享受责任限制,因为潜水员的行为不是"航行或者管船",也不是在船上的行为。参见"东城丸"号案(1971)劳氏法律报告(卷1)

额，该公约第 11 条规定设立的基金视为第 1 条第 2 款中所指的所有的人各自设立。从而托马斯法官认为《1976 年海事赔偿责任限制公约》没有规定并且也无意规定租船人有权对船舶所有人对之提起的索赔限制责任，否则就意味着基金限额可能会被船舶所有人对租船人的索赔耗尽，而基金本来是提供给货方或船舶运营之外的第三人的。也就是说只有当租船人以船舶所有人的身份行事/处于船舶所有人的地位（standing in the shoes of an owner／as if he was the owner.）被第三人索赔时，才能够限制责任。

在"CMA 雅加达"号轮案中，[①]"CMA 雅加达"号轮在距塞浦路斯海岸几百英里远时甲板上发生爆炸后接着引发火灾，由于火势无法控制，又引发了爆炸，船舶被弃，后来在埃及海岸附近搁浅，救助人在此处接管了船舶，扑灭了大火，接着船舶被拖往马耳他港避难，后被拖往克罗地亚修理。伦敦仲裁程序中查明，甲板上的火灾和爆炸由船上载运货物中的漂白粉引发，这种能自燃的危险物质或者是在制造过程中或者是在运输过程中混入。租船人被判对船舶所有人的船舶修理费用及其他全部费用（如救助费用、货物索赔支出等）负有责任，因为租船人违反了定期租船合同中关于船舶应用于运输除危险、有害、易燃、腐蚀性货物外的合法货物的约定，仲裁员拒绝了租船人的责任限制申请。租船人遂就责任限制问题上诉至英国高等法院。戴维·斯蒂尔（David Steel）法官同意托马斯法官关于"爱琴海"轮（"Aegean Sea"）案的决定，认为依据《1976 年海事赔偿责任限制公约》第 1 条第 2 款规定，租船人有权享受责任限制须以其以船舶所有人的身份行事为前提，即租船人要从事一种通常与船舶所有相关的经营或管理船舶的活动。

然而，英国上诉法院的法官朗莫尔（Longmore）勋爵并不同意斯蒂尔法官的上述看法，他也不同意托马斯法官关于"爱琴海"

---

① CMA CGM. S. A. v. Classica Shipping Co. Ltd. (The "CMA Djakarta") [2003] 2 Lloyd's Rep. 50.

轮案在该问题上的看法：

　　两个事实显而易见：其一，两类人被赋予责任限制权利：船舶所有人和救助人；其二，"船舶所有人"一词被定义为包含"海船的所有人、租船人、管理人和经营人"。托马斯法官与戴维·斯蒂尔法官基于这种二分法得出租船人只有当其以船舶所有人身份行事时或从事管理或者经营船舶活动时才能限制责任的结论。于是戴维·斯蒂尔法官认为未能阻止装载危险货物不是期租合同下的管理或者经营船舶的行为，因而不产生责任限制权利。在我看来这等于是在"租船人"一语上加了注解，而这个注解在措辞上绝非显而易见。当然二分法是事实，但是仅仅"租船人"包含在"船舶所有人"定义中这一事实本身并不意味着一个租船人（没有其他限定的一个措辞）要限制责任就必须以好像他是船东一样行事。我认为"租船人"一词的普通含义是租船人以租船人的身份行事，而不是以其他的身份行事……①

　　承租人限制责任的资格取决于对他提出的索赔的类型，而不是其责任发生时他以何种身份行事。②

　　英国上诉法院遂判决期租承租人从理论上来讲有权根据《1976年海事赔偿责任限制公约》向船东主张责任限制，租船人享有责任限制权利不是因为它以船东的身份行事，而是来自该公约适用的权利。从而在个案中决定租船人是否可以限制责任时，首要的是确定船东针对租船人的索赔是否属于该公约第2条规定的限制性债权。英国上诉法院认为本案中船东的索赔不属于该公约规定的限

---

① CMA CGM. S. A. v. Classica Shipping Co. Ltd. （The "CMA Djakarta"）〔2004〕1 Lloyd's Rep. 460. at p. 465.

② CMA CGM. S. A. v. Classica Shipping Co. Ltd. （The "CMA Djakarta"）〔2004〕1 Lloyd's Rep. 460. at p. 469.

制性债权，因而租船人对船东的索赔不能限制责任。

在实务中，鉴于船东在事故后针对租船人提出的常见的索赔类型，英国上诉法院判决租船人可以对船东主张责任限制实际意义不大。正如 D. C. 杰克逊指出的：[①]

实际上租船人必须以船东的身份行事方法与关注海事请求的性质方式之间在结果上差别甚微，二者殊途同归。

这一问题其实涉及的是某一事故的责任主体间相互索赔问题。这是《1976 年海事赔偿责任限制公约》的起草者没有考虑过的问题。该公约的"一个事故，一个限额"原则针对的是对责任主体以外的第三人的索赔，并没有考虑责任主体内部的追索。在同一责任限制诉讼程序中，若承认租船人可以对船舶所有人享有责任限制权利，无异于掏空基金或者大大削弱船舶经营关系外部第三人从基金受偿的机会，这种结果不符合海事赔偿责任限制制度的目的，实际上会起到大幅降低责任限额的效果，与上述公约提高责任限额，保证限制债权人得到更充分的赔偿的宗旨背道而驰，因而也是不可取的。

然而，如果船舶所有人在责任限制诉讼案件外另行起诉承租人，换句话说，船舶所有人针对承租人的请求无须从责任限制基金中受偿的话，如船舶所有人向租船人追索其对货方作出的赔偿，则没有必要否认租船人可享受责任限制的权利，只要船舶所有人有权限制其责任，则租船人同样有权限制责任。

2. 舱位租船人可否享受责任限制。

舱位租船人（slot charterer）指有权使用某一航次的船舶载货量一个特定部分（不是全部），并常签发自己提单的人。这类租船人仅仅租用船舶的一部分而不是整条船，而《1976 年海事赔偿责

---

[①]　D. C. Jackson, *Enforcement of Maritime Claims*, 4th edn. LLP, 2005, p. 619.

任限制公约》第 1 条第 2 款及我国海商法中提到的责任限制主体往往对整艘船享有利益，按照整条船的吨位计算责任限额，并没有规定舱位租船人可以根据他租用的船舶空间的比例限制其责任，因此看来如何对待舱位租船人有两种选择：（1）允许他根据整条船的吨位限制责任（尽管按照合同他仅能使用船舶的一部分）；（2）以其不是"一艘船舶"的租船人或经营人为由根本不允许其限制责任。①

按照格里格斯先生（Patrick Griggs）的见解，前一种观点更为可取，因为它更符合《1976 年海事赔偿责任限制公约》的宗旨。而且在舱位租船人的合同限制其可使用的货物空间时，他事实上也为了船舶其余部分的使用付费，以确保"他的"货物安全运输到卸货港。英国法院的判例也肯定租船人包括舱位租船人。②

在我国司法实务中，对于舱位租赁人，并不承认其有权享受责任限制，详情见下节的相关论述。

（三）船舶经营人

何谓船舶经营人（operator of a seagoing ship）在海商法及《1976 年海事赔偿责任限制公约》中并没有定义。正因为如此，实践中对这一概念的理解产生了不同的看法，其中特别是无船承运业务经营者（俗称"无船承运人"（Non – Vessel Operating Common Carrier，NVOCC））是否是船舶经营人，在我国的司法实务及海商法理论研究上一度存在分歧。

1. 无船承运人是否是船舶经营人。

在我国，无船承运人的概念来自《国际海运条例》的有关规

① Patrick Griggs, Richard Williams, Jeremy Farr, *Limitation of Liability for Maritime Claims*, 4th edn. , 2005, LLP, p. 11.

② The "Tychy" ［1999］2 Lloyds Rep. 11; See also D. C. Jackson, *Enforcement of Maritime Claims*, 4th edn. LLP, 2005, p. 617.

定。按照《国际海运条例》的规定，"无船承运业务"是"无船承运业务经营者以承运人身份接受托运人的货载，签发自己的提单或者其他运输单证，向托运人收取运费，通过国际船舶运输经营者完成国际海上货物运输，承担承运人责任的国际海上运输经营活动。"① 在实务中，无船承运人一般按照以下业务流程操作：

（1）托运人向无船承运人订舱；

（2）无船承运人根据托运人的订舱向实际承运人订舱；

（3）托运人将货物送交无船承运人；

（4）无船承运人为货物办理结关拼箱，作为托运人将货物交给实际承运人；

（5）实际承运人收到货物后出具自己的提单 Ocean B/L 给无船承运人；

（6）无船承运人签发 House B/L 给托运人；

（7）托运人凭无船承运人提单等单证到银行结汇；

（8）无船承运人将实际海运承运人签发的正本提单（Ocean B/L）和自己的副本提单转寄给自己在目的港/卸货港的代理人；

（9）实际承运人将货物运送到目的港后将货物交给自己在卸货港的代理；

（10）收货人付款后从银行赎出无船承运人提单（House B/L）；

（11）无船承运人卸货港代理人凭实际海运承运人提单（Ocean B/L）到实际海运承运人处或其代理处换取提货单（D/O）；

（12）实际承运人在卸货港代理给无船承运人在卸货港代理提货单；

（13）收货人到无船承运人代理处用无船承运人的提单换取提货单；

（14）无船承运人代理将提货单交收货人；

---

① 《国际海运条例》第7条。

（15）收货人凭提货单提取货物。

如下图所示：

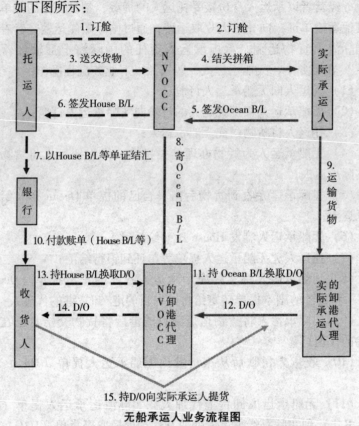

**无船承运人业务流程图**

> 注：1. House B/L 为无船承运人签发的无船承运人提单
>
> 2. Ocean B/L 为实际承运人签发的海运提单
>
> 3. D/O（Delivery Order）为实际承运人签发的提货单

无船承运人经营操作流程显示，一般情况下，无船承运人不会为承揽的货物租整条船运输，但是可能会通过向实际承运人（船舶所有人、期租人、光租人）订舱的方式，即通过租赁舱位的形式组织运输，换句话说，无船承运人可能会以舱位租船人的身份出现。

在山东省高级人民法院及青岛海事法院审理的"静水泉"轮案中，[①] A公司所属的"静水泉"轮装载集装箱货物（包括B公司所有的价值140.16万元的货物）由大连港驶往黄埔港途中，因机舱大量进水而沉没，船上装载货物全部灭失，造成损失达4000多万元。A公司在海事法院申请海事赔偿责任限制，法院裁定准许其设立433万元的责任限制基金。C公司是与B公司签订"门到门"运输合同（即国内多式联运合同）的承运人，就不同的运输区间委托相应的陆路和水路承运人（即A公司）承担运输B公司货物的任务。事故发生后，B公司向C公司、A公司索赔货物损失，一、二审法院就二被告的赔偿责任作出了判决，C公司赔付B公司货物损失，实际承运人A公司在赔偿限额内承担连带赔偿责任。二审判决生效后，在执行程序进行过程中，C公司向青岛海事法院提出海事赔偿责任限制申请。一审法院认为C公司为"静水泉"轮的经营人，因而有权享受海事赔偿责任限制。山东省高级人民法院在二审审理过程中就该问题向最高人民法院请示，最高人民法院在对该请示的批复中认为，C公司虽是涉案运输合同承运人，但不是船舶经营人，不具有申请限制赔偿责任的主体资格。[②]

另外，上海市高级人民法院及上海海事法院在本溪钢铁（集团）腾达股份有限公司诉中国人民财产保险股份有限公司厦门市分公司海上、通海水域货物运输合同纠纷案中也认为无船承运人不

---

① 山东省高级人民法院《关于招远市玲珑电池有限公司与烟台集洋集装箱货运有限责任公司海事赔偿责任限制申请一案请示》（鲁高法函〔2002〕49号）。

② 最高人民法院《关于招远市玲珑电池有限公司与烟台集洋集装箱货运有限责任公司海事赔偿责任限制申请一案请示的复函》（2003年6月9日〔2002〕民四他字第38号）。

能限制责任。①

既然最高人民法院认为无船承运人不是船舶经营人，那么何为船舶经营人呢？最高人民法院在 2010 年 8 月颁布的最高人民法院《关于审理海事赔偿责任限制相关纠纷案件的若干规定》第 12 条明确了船舶经营人的定义：

> 海商法第二百零四条规定的船舶经营人是指登记的船舶经营人，或者接受船舶所有人委托实际使用和控制船舶并应当承担船舶责任的人，但不包括无船承运业务经营者。

可见船舶经营人应当是实际控制并使用船舶的人，他以类似船舶所有人的身份行事，对外承担船舶所有人的责任，而无船承运人的典型特征是"经营"但是并不控制船舶，因而按照最高人民法院的标准，它自然不属于船舶经营人。

另外，鉴于无船承运人在实务中可能以舱位租船人的身份出现，从该司法解释的精神来看，最高人民法院的立场看来是不承认舱位租船人有权享受责任限制。

2. 船舶管理人为何未被列入责任限制主体的范围。

与船舶经营人相关的另一类主体是船舶管理人（manager）。在《1976 年海事赔偿责任限制公约》中，船舶管理人被明确列为有权享受责任限制的主体，而在海商法中则没有提及这一类主体，原因似乎有以下几点：

其一，船舶管理人在我国相关法律法规的定义中不是一类独立的航运市场主体，而是受托人。

根据交通部《国内船舶管理业规定》第 2 条第 2 款的规定，

---

① 参见上海市高级人民法院民事判决书，〔2009〕沪高民四（海）终字第 57 号，载北大法宝－中国法律检索系统，http：//bmla. chinalawinfo. com/NewLaw2002/SLC/SLC. asp？Db＝fnl&Gid＝117762063，2011 年 2 月 17 日 17：21 访问。

船舶管理业是指：

船舶管理经营人根据约定，为船舶所有人或者船舶承租人、船舶经营人提供下列船舶管理服务：

（一）船舶机务管理；

（二）船舶海务管理；

（三）船舶检修、保养；

（四）船舶买卖、租赁、营运及资产管理；

（五）其他船舶管理服务。

而国际船舶管理人则是指：

国际船舶管理经营者接受船舶所有人或者船舶承租人、船舶经营人的委托，可以经营下列业务：

（一）船舶买卖、租赁以及其他船舶资产管理；

（二）机务、海务和安排维修；

（三）船员招聘、训练和配备；

（四）保证船舶技术状况和正常航行的其他服务。①

可见无论是国内船舶还是国际船舶的船舶管理人与船舶所有人、承租人、经营人之间均为基于船舶管理合同而形成的委托关系，因而一般情况下船舶管理人不是以自己的名义，而是以委托人的名义行事。管理人在授权范围内从事船舶管理（包括狭义的船舶技术管理、船舶商务管理、船员管理等）的人，但此种活动的费用及权利、义务、后果等均由船舶所有人或者船舶承租人、船舶经营人承担。

其二，与船舶经营人相比，二者的经营范围不同。

---

① 《国际海运条例》第30条。

船舶经营人从事船舶的运输业务，《国际海运条例实施细则》第 3 条第 2 项明确指出：

国际船舶运输经营者，包括中国国际船舶运输经营者和外国国际船舶运输经营者。其中，中国国际船舶运输经营者是指依据《海运条例》和本实施细则规定取得《国际船舶运输经营许可证》经营国际船舶运输业务的中国企业法人；外国国际船舶运输经营者是指依据外国法律设立经营进出中国港口国际船舶运输业务的外国企业。

因而经营人可以取得船舶的营业利润，而船舶管理人从事的是管理业务，只能获取管理费用，不能获得船舶的营运收益。从这一点上看，船舶管理人的地位在我国不能等同于船舶经营人，因而不能与之并列成为有权享受责任限制权利的主体，然而他如果被诉，可以以船舶所有人、承租人、经营人的受托人的身份——它属于船舶所有人对其行为、过失负有责任的人员——主张享受责任限制。

（四）救助人

救助人（salvor）成为独立的一类可享受责任限制权利的主体是《1976 年海事赔偿责任限制公约》的革新。在《1957 年海船所有人责任限制国际公约》下，救助人被吸收在船舶所有人的范畴内，可以就其船舶驾驶和管理引发的损害赔偿与船舶所有人一样限制责任，但不在拖轮上或并未参与船舶管理的人的行为或疏忽引发的索赔并不包含在内。

《1976 年海事赔偿责任限制公约》所做的这一改进是英国上议院就东城丸（Tojo Maru）案作出判决后，在国际救助业的压力之下作出的。在东城丸案中，因东城丸油轮在波斯湾沉没，该轮船舶所有人与荷兰一家救助公司订立救助合同。为了起浮沉没的油轮，救助公司雇用的潜水员在水下用电光枪将铆钉打入船壳时，因油轮内有可燃气体未排净，发生爆炸，损失高达 33 万英镑，而救助报酬只有 12.5 万英镑。被救助人向救助人索赔潜水员疏忽造成的上述损失，救助人要求享受责任限制。法院认为救助人无权就潜水员的疏忽行为导致的损害限制责任，因为虽然潜水员是协助救助作业的，但是他在损害发生时远离救助人的船舶作业。英国上议院认为，潜水员的疏忽行为既不是在救助人拖轮管理或航行（the navigation or management of a ship）中发生的行为，也不是发生在拖轮"船上"（on board the ship）的行为，判救助人不得享受责任限制。这一判例遭到国际航运界的广泛批评。

为了鼓励救助业的发展，有必要使救助人享受责任限制的好处，于是《1976 年海事赔偿责任限制公约》扩大了责任限制主体的范围，明确把救助人作为船舶所有人之外的可享受责任限制权利的独立主体。

我国海商法也追随了上述公约的这一做法。海商法第 207 条第 1 款第 1 项、第 3 项规定，救助人可以对与救助作业直接相关的人身伤亡或者财产的灭失、损坏，包括对港口工程、港池、航道和助航设施造成的损坏，以及由此引起的相应损失的赔偿请求，侵犯非合同权利的行为造成其他损失的赔偿请求限制责任；如果救助人以自己的船舶实施救助，责任限额以其实施救助行为的船舶吨位计算责任限额；如果其不以船舶进行救助作业或者在被救船舶上进行救助作业，则其责任限额的计算按照总吨位为 1500 吨的船舶计算，并不按照被救船舶的吨位计算。[①]

**（五）其他人**

海商法第 205 条与《1976 年海事赔偿责任限制公约》相同，将责任限制权利延伸至船舶所有人、救助人"对其行为、过失负有责任的人员"，这些人员包括船长、船员及其他船舶所有人、承

---

① 海商法第 210 条第 1 款第 5 项。

租人、经营人或者救助人的雇员，如装卸工人、搬运工人、修理工人，代理人等。

此类主体可以限制责任主要是为了使船舶所有人、承租人、经营人及救助人能够享受责任限制的实际利益，避免索赔人为规避责任限制制度而绕过船舶所有人、承租人、经营人、救助人起诉其雇员或者代理人，导致责任限制制度虚置这样的情况出现。

### （六）责任保险人

责任保险人（liability insurer）指按照保险合同约定，对被保险人遭受保险事故而产生对第三人的责任负责赔偿的保险人。海商法第206条与《1976年海事赔偿责任限制公约》第1条第6款一样，赋予责任保险人与被保险人相同的责任限制权利。《1957年海船所有人责任限制国际公约》未涉及这一问题，同把救助人列入责任限制主体一样，这也是《1976年海事赔偿责任限制公约》的一项创新。

只要被保险人有权享受责任限制，那么责任保险人可以享受与被保险人同等限度的责任限制。由此可见，责任保险人享受责任限制的前提是被保险人有权享受责任限制；如果被保险人丧失责任限制权利，责任保险人也相应地无权享受责任限制。

赋予责任保险人责任限制的权利的主要目的是在索赔人（保险合同的第三人）依法或者依据合同约定直接向保险人索赔的时候，责任保险人不会处于比被保险人更弱的地位。[1] 关于第三人直接向责任保险人请求赔偿的规定见我国保险法（2009年2月修订）第65条第1款：

保险人对责任保险的被保险人给第三者造成的损害，可以依照法律的规定或者合同的约定，直接向该第三者赔偿保险金。

---

[1] Patrick Griggs, Richard Williams, Jeremy Farr, *Limitation of Liability for Maritime Claims*, 4th edn., 2005, LLP, p. 15.

责任保险的被保险人给第三者造成损害，被保险人对第三者应负的赔偿责任是确定的，根据被保险人的请求，保险人应当直接向该第三者赔偿保险金。被保险人怠于请求的，第三者有权就其应获赔偿部分直接向保险人请求赔偿保险金。

另外，就船舶造成油污损害的赔偿请求，受害人依据海事诉讼特别程序法第 97 条的规定，可以直接向责任保险人提出索赔：

对船舶造成油污损害的赔偿请求，受损害人可以向造成油污损害的船舶所有人提出，也可以直接向承担船舶所有人油污损害责任的保险人或者提供财务保证的其他人提出。

另外，保险人不仅对第三人的索赔享有与被保险人同等的责任限制权利，同时其针对被保险人的抗辩在第三人提起的直接诉讼中同样可以向第三人主张；针对被保险人的索赔，保险人在被保险人可以限制责任的前提下同样可以限制其对被保险人的赔付责任。

当被保险人因故意或者明知可能造成损失而轻率地作为或者不作为造成损害而丧失责任限制权利时，责任保险人可以依据海商法第 242 条规定及船舶保险条款的规定向被保险人或第三人提出其免于赔付的抗辩。[①]

（七）小结

依据海商法规定有权限制责任的主体包括：

（1）船舶所有人；

---

① 海商法第 242 条规定，对于被保险人故意造成的损失，保险人不负赔偿责任。关于船舶保险条款，如《中国人民财产保险股份有限公司船舶保险条款》（2009 版）规定，……二、除外责任本保险不负责下列原因所致的损失、责任或费用：……（二）被保险人及其代表的疏忽或故意行为……

（2）船舶承租人（光租人、期租人、航次租船人）；

（3）船舶经营人；

（4）救助人；

（5）任何船舶所有人（包含 1 - 4 项的主体），救助人对其行为、过失负有责任的人员；

（6）1 - 4 项主体的责任保险人。

不能限制责任的主体：

（1）无船承运人；①

（2）非海船的船舶所有人；

（3）船舶管理人。

## 二、适用责任限制的船舶

海商法并没有仿效《1976 年海事赔偿责任限制公约》对海事赔偿责任限制适用的船舶作明确的规定。一般认为海商法第 11 章规定的海事赔偿责任限制应根据海商法第 3 条的规定，适用于海船或者其他海上移动式装置。② 换句话说，船舶可否享受责任限制取决于它是否是一艘海船或者其他海上移动式装置。

### （一）气垫船、可移动的海上钻井平台可否限制责任

《1976 年海事赔偿责任限制公约》第 15 条第 5 款规定该公约不适用于气垫船（air - cushion vehicles）及为勘探或者开采海底自然资源或其底土而建造的浮动平台（floating platforms）。③ 对于气

---

① 最高人民法院《关于审理海事赔偿责任限制相关纠纷案件的若干规定》第 12 条。

② 傅廷中著：《海商法论》，法律出版社 2007 年版，第 412 页。

③ Article 15 (5) of LLMC This Convention shall not apply to：(a) air - cushion vehicles；(b) floating platforms constructed for the purpose of exploring or exploiting the natural resources of the sea - bed or the subsoil thereof.

垫船，我国海商法没有提及，因而在判断其是否可以适用责任限制时，需要判断它是否是海船，如果是海船，则可以享受责任限制，如果不是，则不可以享受责任限制。

对于可移动的海上钻井平台，海商法并没有像《1976 年海事赔偿责任限制公约》那样明确排除其适用海事赔偿责任限制，因而按照海商法第 3 条的规定，既然它属于"海上移动式装置"，因而应当可以限制责任。

### （二）　内河船舶可否适用海事赔偿责任限制

实践中屡屡出现内河船舶发生事故、内河船舶与海船发生碰撞时，内河船舶所有人主张享受海事赔偿责任限制，申请设立海事赔偿责任基金案件。[①] 内河船舶可否依照海商法的规定享受责任限制呢？对于该问题，目前存在两种观点：

一种观点认为，内河船舶可以享受责任限制。其理由是海商法中除第 3 条之外还有多个有关船舶的定义，海商法各条规定中提到的"船舶"应视其具体的法律关系来确定其法律含义，不能机械地一概认定仅指第 3 条定义的"船舶"；内河船舶在与海船发生碰撞时应适用海商法第 165 条中的"船舶"的定义，因此在此种情形海事赔偿责任限制规定中的船舶应包含内河船舶。[②]

另一种观点认为，内河船舶不是海事赔偿责任限制的适用船舶。海事赔偿责任限制依据海商法第 3 条的规定适用于海船和其他海上移动式装置，内河船舶不是海船，不受海商法调整，因此内河

---

① 例如，〔2002〕沪海法基字第 4 号，南京国际货运有限公司申请设立海事赔偿责任限制基金案，涉及内河船舶在码头泊位发生海损事故申请设立责任限制基金，参见郑肇芳主编：《涉外海事案例精选》，上海人民出版社 2004 年版，第 16～19 页。〔2004〕沪海法限字第 1 号，中国扬子江轮船股份有限公司申请设立海事赔偿责任限制基金案，涉及内河船舶与海船碰撞，内河船舶申请责任限制，设立责任限制基金。

② 赵劲松：《内河船就不能享受海事赔偿责任限制吗？——内河船舶法律适用问题之三》，http://www.chinacourt.org/html/article/200502/04/149502.shtml。

船舶在内河运输中发生事故不能依海商法和交通部《关于不满 300 总吨船舶及沿海运输、沿海作业船舶海事赔偿限额的规定》享受责任限制。例如，广西壮族自治区高级人民法院在广西贵港市荷城水路运输有限公司与广西农垦糖业集团黔江制糖有限公司等水路货物运输合同损害赔偿纠纷上诉案中认为：

> 虽然根据运单的约定，承运人、托运人的相关权利义务适用《国内水路货物运输规则》，而该规则并未对船舶海事赔偿责任限制制度作出规定。但鉴于内河运输亦为海事法律所调整的范围，对海事法律关系作出系统规定的《中华人民共和国海商法》的部分规则亦可适用内河运输，但需有该法的明确规定。《中华人民共和国海商法》第十一章规定了海事赔偿责任限制制度，但并未对何种类型的船舶能适用海事赔偿责任限制制度作出特别的规定，应当根据该法对船舶的定义而界定，《中华人民共和国海商法》第三条规定"本法所称船舶，是指海船和其他海上移动式装置，但是用于军事的、政府公务的船舶和 20 总吨以下的小型船艇除外"，由此可知，海事赔偿责任限制法律制度中的船舶仅指海船和其他海上移动式装置，本案承运船舶为从事水路货物运输的内河船舶，不能适用海事赔偿责任限制制度。上诉人认为承运人应当享受海事赔偿责任限制权利的主张于法无据，本院不予支持。①

---

① 参见广西贵港市荷城水路运输有限公司与广西农垦糖业集团黔江制糖有限公司等水路货物运输合同损害赔偿纠纷上诉案，广西壮族自治区高级人民法院民事判决书，〔2006〕桂民四终字第 14 号，北大法宝－中国法律检索系统，http：//bmla. chinalawinfo. com/New-Law2002/SLC/SLC. asp？Db = fnl&Gid = 117511820，2011 年 2 月 21 日 16：26 访问。另参见中国扬子江轮船股份有限公司申请设立海事赔偿责任限制基金案中上海海事法院及上海市高级人民法院的观点。其他参见傅廷中著：《海商法论》，法律出版社 2007 年版，第 456 页；饶中享、徐少林：《论海事赔偿船舶所有人责任限制国内法冲突》，载饶中享主编：《海事应用法学研究》，湖北人民出版社 2004 年版，第 29～30 页。

要适当回答这个问题，应考察海商法船舶定义中在何种情形下包含内河船舶。海商法对船舶给出定义的地方有三处，一处是"总则"第 3 条，它是对船舶在本法中一般含义的界定；第二处是第 8 章"船舶碰撞"第 165 条第 2 款，规定了船舶碰撞法律关系中船舶的含义；第三处是第 9 章"海难救助"第 172 条第 1 项的规定，指出了海难救助关系的客体。这些规定说明在解释船舶概念时应当遵循特别法优先的原则，海商法对于凡与总则第 3 条的定义不一致的意义上使用船舶概念时都作了特别说明，这种特别说明按照法律解释的规则理当优先于一般的定义；反之，按照体系解释的原则和法律概念一致性的原则，凡是海商法没有特别说明之处，应当视为船舶的含义与第 3 条一致。

海商法第 11 章并没有对船舶的定义做特别说明，这表明在海事赔偿责任限制中，船舶的定义与总则第 3 条没有差异，同样适用于 20 总吨以上的海船和其他海上移动式装置。这也符合我国海商法中海事赔偿责任限制所借鉴的《1976 年海事赔偿责任限制公约》适用船舶的规定。[①] 而第一种观点认为，在海事赔偿责任限制法律关系中应当适用"船舶碰撞"一章第 165 条中"船舶"的定义，[②]则不免张冠李戴，因为该条明确的是船舶碰撞的定义，其中一方当事船应当是海船，内河船舶在与第 3 条定义的海船发生碰撞时，适

---

① 交通部根据海商法第 210 条授权制定的《关于不满 300 总吨船舶及沿海运输、沿海作业船舶海事赔偿限额的规定》第 2 条规定："本规定适用于超过 20 总吨、不满 300 总吨的船舶及 300 总吨以上从事中华人民共和国港口之间货物运输或者沿海作业的船舶。"说明该规定是严格按照海商法关于船舶的适用范围来立法的，其中关于船舶的定义及外延等同于海商法第 3 条；尽管《1976 年海事赔偿责任限制公约》第 15 条第 2款规定："缔约国可以通过国内法的具体规定，调整适用于下列船舶的责任限制制度；（1）依照该国法律，意欲在内陆水域航行的船舶……"然而我国立法者在制定海商法时并没有明确规定海事赔偿责任限制适用于内河船舶。

② 海商法第 165 条规定："船舶碰撞，是指船舶在海上或者与海相通的可航水域发生接触造成损害的事故。前款所称船舶，包括与本法第三条所指船舶碰撞的任何其他非用于军事的或者政府公务的船艇。"

用海商法第 165 条中"船舶"的定义,应该说船舶碰撞概念的船舶外延,与海事赔偿责任限制适用的船舶并无必然的逻辑关系,目前尚没有立法例称符合船舶碰撞定义的船舶同样是海事赔偿责任限制适用的对象,因此这种联系是牵强的,没有根据的。从这里并不能推导出内河船舶应当适用海事赔偿责任限制的结论。

### (三)认定海船的标准

有观点认为海船的认定不应以船舶登记证书为准,当内河船舶可以到入海口等法定海上水域航行时,属于海商法第 3 条所指的"海船"。换言之,即使不援引海商法第 165 条第 2 款,可在海域内航行的内河船舶也可认为是海船,在这种情况下,内河船舶的船舶所有人可以享受责任限制。[①] 从司法实践来说,认定海船不能仅以船舶登记证书为准,这一点是正确的,因为登记证书仅是证明船舶性能及航行区域的初步证据。例如,一艘登记为海船的船舶一直被用于内河运输,从未用于海上运输,这艘船舶就不能仅根据船舶证书的登记认定其为海商法意义上的海船。然而主要用于内河运输的船舶,间或可以到达海域,在海域中航行,可否在此阶段认为它是海船?

先来看一下其他国家司法实践中如何认定一艘船舶是否是海船。美国法院判断某一船舶为"海船"的规则是:

1. 船舶活动的地理范围。

如果一艘船舶经常(regularly)在港口、江河或其他内水之外航行,它就是海船。

2. 船舶的设计、功能、目的和性能。

某一船舶是否具有在海上和界线外的航行性能不能确定其海船地位,因为很多内河船舶都具备这种性能;此外它当时的实际用途

---

① 赵劲松:《内河船就不是〈海商法〉第 3 条规定的船舶吗?——内河船舶法律适用问题之二》,http://www.chinacourt.org/html/article/200502/02/149063.shtml。

也不能作为判断标准，否则就会有当远洋班轮被用于内水时否认其为海船。[1]

由此可以看出，要成为海商法意义上的海船主要看两个要素：一是活动的地理范围，要符合在日常运营中经常在海域内航行的要求；二是船舶的设计要满足船舶通常在海上运营的目的。[2]

简言之，判断海船的尺度是特定船舶是否打算或者实际上在其日常营运中在海上或内水线之外航行，也许有时船舶可能在内水线两边运营，但是从船舶的设计、性能、目的及用途来看，该船被期待在海域内从事其大部分运营活动。[3]

以我国法院审判的案件为例，上述"中国扬子江轮船股份有限公司申请设立海事赔偿责任限制基金案"中涉及的船舶具备内河船舶所有权证书、内河船舶吨位证书和内河船舶适航证书，航行区域被规定为"A级"，其含义即为允许该轮航行于长江，直至长江口水域。从该船拥有的证书可以看出，该内河船舶主要设计用途是从事内河航运，因为其持有的是内河船舶适航证书，它的主要或者经常活动区域是长江，至于为了装卸货物而越过江海连线以下的法定海上水域，直至长江口，该船在这段海域的活动仅是为了完成内河运输所必经的一段，是在江海相通内水从事内河运输不可避免的，但它的通常活动区域及船舶设计的目的并不主要在此，如果说内河船舶只要可以航行到海域范围就可以视为海船，那么当海船经由江海相通的内河从事运输，是否可以说它是内河船舶呢？正如班尼迪克海商法中指出的，一艘船不仅要实际在海上，越过内水界

① Xia Chen, *Limitation of Liability for Maritime Claims*: *A Study of U. S. Law*, *Chinese Law and International Conventions*, Kluwer Law International, 2001, pp. 24 –25.

② 美国法院的观点，转引自 Thomas J. Schoenbaum, *Admiralty and Maritme Law*, 4th edn. , 2004, Thomson West, p. 825.

③ Schoenbaum Thomas J. , *Admiralty and Maritme Law*. 4th edn. , 2004, Thomson West. P. 825.

限，而且要有在海上的"目的"。① 缺乏在海上活动的目的，便不能因为其出现在海上而称为"海船"。

（四）结论

如上所述，从海商法及相关的授权立法来看，在现行法上内河船舶不适用海事赔偿责任限制，其船舶所有人不得申请海事赔偿责任限制。

除军事船舶、政府公务船和未满 20 总吨的小型船艇外，海船和其他海上移动式装置属于可以享受海事赔偿责任限制的船舶。20总吨以上不满 300 总吨从事我国港口之间货物运输或者沿海作业的船舶，属于责任限制船舶，但其责任限额根据国务院批准交通部发布的《关于不满 300 总吨船舶及沿海运输、沿海作业船舶海事赔偿责任限额的规定》。②

当内河船舶在与海相通的内水中与海船相碰撞，或者与外籍船舶相碰撞时，海船及外籍船舶所有人依照海商法可以享受责任限制，内河船舶却要负无限责任，从个案来看，这是不公平的。然而这类在江海相通水域从事经营的内河船舶仅是内河船舶的一部分，还有大量的船舶在与海相隔的内河中运营，仅因为一部分船舶可能遭受不利益而赋予内河船舶海事赔偿责任限制权利，是否有利于国内航运船方利益与货方利益的平衡，是一个需要立足于全局考量的问题。通过突破法律解释规则赋予现行法额外的含义而使部分内河船舶所有人可以享受责任限制，这样的解决方法会导致法律的

---

① Rodriguez Antonio J., Benedict on Admiralty: Limitation of Liability. 7th edn., 1997, Matthew Bender & CO., INC. Volume 3. chap. 5, §47, pp. 5-46.

② 最高人民法院民事审判第四庭：《涉外商事海事审判实务问题解答（一）》第二部分海事海商之 182，载中国涉外商事海事审判网，http://www.ccmt.org.cn/shownews.php? id = 5035, 2011 年 2 月 18 日 13：45 访问。

混乱。

这一问题应当通过立法途径来解决。有两种方式可以考虑：一是根据我国国情建立相应的内河船舶责任限制制度；二是通过修改海商法建立海船与内河船舶统一的海事赔偿责任限制制度。

### 三、责任限制权利的法律性质

从制度层面来说，海事赔偿责任限制不过是船舶所有人等责任人承担赔偿责任的一种方式，即符合法定条件下的有限责任；从责任人层面来说，责任限制属于法律赋予的一种权利。

我国海商法学界及司法实务界的传统观点认为海事赔偿责任限制权利属于抗辩权，[①] 对此几乎没有争议；但自 2003 年最高人民法院颁布《关于招远市玲珑电池有限公司与烟台集洋集装箱货运有限责任公司海事赔偿责任限制申请一案请示的复函》〔2002〕（民四他字第 38 号）（以下简称"静水泉"轮复函）后，一石激起千层浪，虽然该复函中仍然重申了抗辩权的立场，但是由于该函认为海事赔偿责任限制权利既然为抗辩权，权利人仅能于诉讼中针对海事请求人的海事请求行使，不能构成独立的诉讼请求，等于杜绝了权利人主动提起海事赔偿责任限制申请的可能性，由此引发了对于海事赔偿责任限制权利属性的广泛讨论。

（一）国内各种看法

梳理目前我国海商法学界的各种见解，主要可分为以下两大阵营：

---

[①] 据笔者考察，最早提出抗辩权说的是司玉琢先生。参见司玉琢、吴兆麟著：《船舶碰撞法》，大连海事大学出版社 1995 年版，第 243 页。李守芹：《全国海事法院第三届学术研讨会纪要》，载《中国海商法年刊》（1993 年第 4 卷），大连海运学院出版社1994 年版，第 463 页。

### 1. 程序权利说

程序权利说认为，海事赔偿责任限制权利是程序权利，只能在诉讼中提起和得到确认。理由是英美等国家的学说及司法实践认为海事赔偿责任限制有关的法律规范属于程序规范，责任限制法本质为程序法；在我国"确认赔偿责任限制权利是以海商法为实体法依据，如何行使权利由程序法调整"，这样看来似乎海事赔偿责任限制权利是实体法上的权利，但该论者又认为"海事赔偿责任限制属于当事人的诉讼权利，只有在诉讼中提出并请求确认"。① 这样一来，海事赔偿责任限制权利似乎又转而成为诉讼权利了。"只有在诉讼中提出并请求确认"的权利并非诉讼权利独有的特征，实体法上有的权利也具备这一特点。该观点存在含糊不清之处。问题在于：

（1）对于国外相关问题学说与判例的误解与误用。

在英美法系的海商法中，关于海事赔偿责任限制法为程序法还是实体法的问题，英美法系表现出与大陆法系不同的立场，传统上英美法系"从区别权利和救济方法出发，任何同权利本身有关的法律规则都属于实体法，而所有关于救济方法的法律规则都是程序规则"。② 损害赔偿属于救济方法，从而是程序问题，应适用法院地法；后来这一立场有所松动，认为赔偿范围属于实体问题，赔偿额的计算属于程序问题。③ 大陆法系国家一般认为损害赔偿是与当事人的权利义务直接有关的问题，因此是实体法问题，在国际民事诉讼中应当适用案件的准据法。海事赔偿责任限制正如上所述，从损害赔偿法视角看，是船东等承担赔偿责任的一种方式，因此不同的法系依据对损害赔偿的定性不同，相应地形成不同的立场。英美

---

① 刘寿杰：《海事赔偿责任限制程序问题研究》，载《人民司法》2004 年第 1 期。

② ［德］马丁·沃尔夫著：《国际私法》，李浩培、汤宗舜译，法律出版社 1988 版，第 337 页。

③ ［英］莫里斯主编：《戴西和莫里斯论冲突法》，李双元、胡振杰等译，中国大百科全书出版社 1998 年版，第 1709～1710 页。

法系一般认为海事赔偿责任限制属于救济方法，而适用法院地法。① 大陆法系认为属于实体问题，应适用船旗国法或侵权行为法。

（2）与责任限制权利相关法律规范的属性是由本国法决定的，不存在放之四海而皆准的普遍标准。

对于英美法系海商法而言，其学说及判例一般将有关责任限制国际公约从本质上视为程序性的，② 相应的本国有关责任限制的法律也是程序法，这与普通法视赔偿为救济方法的传统密切相关。而大陆法系海商法则处在与之不同的法律体系中，在大陆法系民商法体系下，损害赔偿是债法中的一个重要问题，与当事人的权利密切相关，因此对于责任限制权利，作为实体法上的权利对待。而对于实施责任限制权利的程序规则，则相应地属于程序法。可见因法律制度不同，对于同一问题的定性各国自出机杼，尽管法规的名称是一致的，如日本的船舶所有人责任限制法和美国相似，也称之为"船舶所有人等的责任限制法"，其中既包括实体规范，也包括责任限制程序规范，然而日本学说及判例从未出现该国责任限制法本质上是程序法的议论。责任限制权利法律属性应以本

---

① ［美］吉尔摩、布莱克著：《海商法》，杨召南等译，中国大百科全书出版社2000年版，第1227～1232页。

② 英国的通说，参见 Patrick Griggs, Richard Williams, Jeremy Farr, Limitation of Liability for Maritime Claims, 4th edn. , p. 80. 另参见 Stewart C. Body, Andrew S. Burrows：《SCRUTTON 租船合同与提单》，郭国汀译，法律出版社2001年版，第612页。美国法院视本国1851年船舶所有人责任限制法为程序法，因此一直以来，除了一个案例外，其他在美国起诉的责任限制案件均适用法院地法——美国法。但是在学说上也有观点认为责任限制权利是实体权利，参见 Kenneth H. Volk, Nicholas H. Cobbs, Admiralty Law Institute: *Symposium on American Law of Collision: Limitation of Liability*, Tulane Law Review June, 1977, 51 Tul. L. Rev. 953, p. 974. Graydon S. Staring, *Limitation Practice and Procedure*, Tulane Law Review, June, 1979, 53 Tul. L. Rev. 1134, p. 1155. 加拿大著名海商法学家泰特雷教授认为，责任限制权利从总体上说是实体权利，而责任限制基金的限额是程序问题。参见 W. Tetley, *Comment, A New Role for Interest Analysis in Admiralty Limitation of Liability Conflicts*, 21 Tex. Intl L. J. 495 (1986).

国的法律制度背景为起点讨论，不存在一个适用于世界各国的普遍原则。

（3）混淆了责任限制权利与责任限制权利实施之间的界限。

海事赔偿责任限制权利与责任限制权利的实施是两个不同的问题。换言之，权利与行使权利涉及的法律规范不相同：权利的成立条件、权利的范围、变更，以及权利消灭的条件一般由实体法规定；而行使权利的方式往往由程序法决定，但不能因此就使实体法上的权利变为程序法上的权利，因为后者具有特定含义，所谓诉讼权利指的是程序法规定的权利而言。"只有在诉讼中提出并请求确认"描述的是权利行使的方式，即海事赔偿责任限制权利必须要通过司法程序才能实施，这也就是传统观点"（海事赔偿责任限制）它的行使以请求为条件"的真正含义所在。① 这一概括是正确的，海事赔偿责任限制是法律赋予船东等的一种特殊权利，它不会自动产生，法院也不能依职权适用，权利人若想享有该权利，必须通过诉讼途径主张。② 程序法固然可以规定海事赔偿责任限制权利行使的规则，然而其本身并不设定该权利，可见不能因为实体权利

----

① 在这一点上，程序权利说可能对传统观点"海事赔偿责任限制权利的行使以请求为条件"有误解，从该论述的语境来看，司玉琢先生在对比海事赔偿责任限制与单位责任限制两种权利的行使方式时指出，海事赔偿责任限制权利不同于单位责任限制，单位责任限制的行使不以请求为条件，法院在确定责任时会自动适用；而海事赔偿责任限制权利则不同，需要以当事人（责任限制权利主体）的请求为条件，法院才可以审查是否适用。而且司玉琢先生还指出，即使在法院对责任作出判决后还可以申请责任限制。参见司玉琢、吴兆麟著：《船舶碰撞法》，大连海事大学出版社 1995 年版，第 243 页。可见诉讼权利说的论者似乎将此处的"请求"误解为海事债权人的请求，从而认为须在诉讼中以抗辩方式行使责任限制权利，其实偏离了原作者的观点。

② 这一点在最高人民法院《关于审理海事赔偿责任限制相关纠纷案件的若干规定》第 14 条得以明确：责任人未提出海事赔偿责任限制抗辩的，海事法院不应主动适用海商法关于海事赔偿责任限制的规定进行裁判。

有相应的程序实施保障而具备程序权利的性质,① 这会导致一个荒谬的结论：民商法上的实体权利一般而言都有相应的实施程序规则，假设这些权利在当事人实施时都摇身一变，成为诉讼权利了，那么民商法律权利大厦里还会剩下什么呢？

（4）混淆了诉讼法上的抗辩权与实体法上的抗辩权。

我国台湾地区民法学者郑玉波教授指出，"抗辩权依其所根据的法律，可分为程序法（诉讼法）上之抗辩，及实体法之抗辩"。②可见区分实体权利与诉讼权利的标准应该是权利所依据法律的性质。而责任限制权利显然是作为实体法的海商法规定的实体权利，并不是海事诉讼特别程序法上设定的权利，因此并不能因为它仅能通过诉讼行使就认为是诉讼权利。我国大陆诉讼法学者也认为，诉讼中的抗辩分为程序上的抗辩和实体上的抗辩，而实体上的抗辩依据抗辩对象为事实或权利，分为事实抗辩和权利抗辩。基于事实发生的抗辩为事实抗辩；基于特定权利发生的抗辩为权利抗辩。③ 从而实体法上的权利在诉讼程序中行使依然是实体上的抗辩，而不会变为程序上的抗辩。

（5）违背立法者的立法本意。

责任限制权利是海商法中规定的一项权利，对于海商法的定位，立法者认为属于"特别民事法律",④ 则海商法整体上属于实体法；与此相对照，在海事诉讼特别程序法起草过程中，立法者又一次指出，"海商法借鉴国际惯例和国际海事立法的有益经验，规

---

① 例如，民法中的抗辩权在诉讼中被告经常将之用作一种防御方法，但是其仍为实体法上的抗辩，并未因此变为诉讼法上的抗辩。参见郑玉波：《论抗辩权》，载《民商法问题研究》（四），台北三民书局1991年版，第44页。

② 郑玉波著：《民法总则》，中国政法大学出版社2003年版，第69页。

③ 陈刚著：《证明责任法研究》，中国人民大学出版社2000年版，第237页。

④ 杨景宇：《关于〈中华人民共和国海商法（草案）〉的说明》，载中国法律法规信息系统：http://law.npc.gov.cn：87/treecode/home.cbs? rid = code，2011年1月31日15：03登录。

定了诸如船舶优先权、船舶抵押权、海事赔偿责任限制……海事权利义务的实体制度",① 可见海事诉讼特别程序法的立法者也认为海商法中的责任限制权利属于实体权利,而关于这些实体制度的实施问题,"在海商法起草过程中,曾有几稿写入了'海事争议的处理'、'船舶所有人责任限制的程序'等海事诉讼程序性规定,后经讨论认为海商法是实体法,在实体法中规定程序法的内容虽部分解决了海事诉讼程序无法可依的问题,但仍不能解决所有海事诉讼程序问题,而且会带来立法分类不清,体系杂乱的不良后果,因此最后通过的海商法全部删除了有关程序性的规定"。② 因而在立法者看来海事诉讼特别程序法的相关规定不过是海商法规定的实体权利实施的程序法保障。

简言之,诉讼权利说不符合我国法律制度的基本精神,且在论证上存在明显缺陷,由此导致应者寥寥,批评者众多。

2. 实体权利说。

实体权利说肯定海事赔偿责任限制权利为实体权利,在此前提下各方观点见仁见智,主要有以下几种观点:

(1)抗辩权说

如前所述,抗辩权说是我国海商法学界及司法界对于海事赔偿责任限制权利属性的传统认识,虽然未明确指出其为实体法上的抗辩权还是诉讼法上的抗辩权,但是从上下文的含义来看,责任限制权利应当属于实体权利。这一学说在当前有了新发展。

持该观点的论者指出,海事赔偿责任限制权利为实体法上的抗

---

① 李国光:《关于〈中华人民共和国海事诉讼特别程序法(草案)〉的说明》,载中国法律法规信息系统:http://law.npc.gov.cn:87/treecode/home.cbs?rid=code,2011年1月31日15:07登录。

② 李国光:《关于〈中华人民共和国海事诉讼特别程序法(草案)〉的说明》,载中国法律法规信息系统:http://law.npc.gov.cn:87/treecode/home.cbs?rid=code,2011年1月31日15:07登录。

辩权的理由是：① 海事赔偿责任限制权利是责任人用以对抗限制性债权人超过责任限额的请求权的权利。责任人行使该权利，可使特定事故的限制性债权请求限制在法定限额内，对超出限额的限制性债权，责任人得以拒绝给付。责任人享有该权利不受时效限制，不会单纯因时间之经过而消灭。除法定消极条件成就可引起责任人丧失该权利外，该权利不可能受到他人侵权行为的侵害。而且，除非法定消极条件成就，责任人只需凭单方意思表示即可行使该权利。因而其完全符合抗辩权的防御性、永久性、无被侵害的可能性及无须相对人介入即可实现等特征。然而，它又具有特殊性，不完全等同于民法上的抗辩权，具有严格的法定性、权利实现上的程序性、公平性、综合性等特点。

　　抗辩权说"在限制性债权人已对责任人提起索赔诉讼，责任人抗辩自己不应承担全部赔偿责任，而只应承担部分赔偿责任的场合，该种权利属性的界定是有一定的意义的"。② 然而，责任限制权利与民法中的抗辩权是有差异的：其一，"责任限制权利人（责任人）对限制性债权诉求抗辩的着眼点，则不在于通过主张相对方的权利存在瑕疵等而对抗其诉求，而在于通过主张自己应享有责任限制权利的方式，达到减少相对方的诉求量的目的，在这一特定损害赔偿责任关系中，其既是责任人，又是权利人。其二，在多数

---

　　① 持该观点的论者理由基本相同，以下综合列举，不一一分别引述。详见王淑梅：《海事司法实践迫切要求尽快修改〈海商法〉》，载万鄂湘主编：《涉外商事海事审判指导》（2006 年第 1 辑），人民法院出版社 2006 年版，第 258 页；黄永申：《关于海事赔偿责任限制程序有待澄清的几个问题》，载《中国海商法年刊》（2004 年第 15 卷），大连海事大学出版社 2005 年版，第 287～288 页；许俊强：《析限制海事赔偿责任的诉讼程序》，载万鄂湘主编：《涉外商事海事审判指导》（2005 年第 2 辑），人民法院出版社 2006 年版，第 292～294 页；邓丽娟、王大荣：《海事赔偿责任限制抗辩权论》，载《中国海商法年刊》（2005 年第 16 卷），大连海事大学出版社 2006 年版，第 247～250 页。

　　② 李守芹：《我国海事赔偿责任限制及其程序问题散论》，载万鄂湘主编：《涉外商事海事审判指导》（2004 年第 2 辑），人民法院出版社 2004 年版，第 161 页。

情况下，责任人只有在面对众多的限制性债权诉求时，其抗辩权（亦即责任限制权利）才能成立，而在面对个别限制性债权诉求时，其抗辩权利不一定能成立，故其抗辩的对象在多数情况下不是个别的限制性债权人，而是全部或大部分限制性债权人。这是由责任限制制度本身即是一种'综合性'限制的性质决定的。责任限制权利只不过是带有抗辩权的某些特征而已"。① 这是一种准确的评价。

（2）请求权说

请求权说认为，责任人在索赔人提出索赔诉讼程序启动前向法院提起海事赔偿责任限制申请，主张海事赔偿责任限制权利，此时海事赔偿责任限制权利不是作为抗辩权提出，而是以独立之诉方式体现的请求权。简言之，在责任人主动申请责任限制场合，责任限制权利以请求权的面貌出现。②

请求权说意在解释责任限制权利人何以积极行使权利，要求法院裁决其可否享有责任限制权利，而无须以防御形式作为抗辩提出。然而请求权说的缺陷在于没有论证责任限制权利为何可以归入请求权范畴，仅指出作为请求权，其权利主体可以相应地享有诉权。

（二）比较法的考察

英国法院认为《1976年海事赔偿责任限制公约》中规定的责任限制权利是程序权利而不是实体权利，克拉克法官认为，基于以下几点，决定了责任限制权利本质上是程序性权利：③

---

① 李守芹：《我国海事赔偿责任限制及其程序问题散论》，载万鄂湘主编：《涉外商事海事审判指导》（2004年第2辑），人民法院出版社2004年版，第161页。

② 莫伟刚：《海事赔偿责任限制的程序问题》，载《广西政法管理干部学院学报》2005年第4期，第116页。

③ 克拉克法官（Clarke J.）在卡尔泰克斯新加坡公司等诉英国石油运输有限公司案中的观点，参见［1996］1 Lloyd's Rep. 286 p. 294.

（1）在有多个海事请求索赔人的情况下，责任限制权利不可能取决于认定船东责任的诉讼。

（2）损害赔偿的数量（不同于损害的因果关系及损害的项目）是程序问题，应适用法院地法，限制仅仅起到量化船东应支付赔偿总额的作用。

（3）责任限制权利既非限制或者附属于索赔人的权利，又非限制船东的义务。索赔人证明其针对船东的全部索赔，但是其索赔能够在何等程度上实现受限于基金的大小及其他索赔数量多少和索赔额大小。

（4）船东的责任限制权利可被视为一种部分免于扣押或执行程序的豁免权。通过设立责任限制基金船东可以使他的其他财产免于扣押或执行。

英国学者也赞同他的上述看法。① 美国法院及通说的立场与英国相同。② 澳大利亚有判例认为责任限制权利作为一种救济权利，是通过独立程序实施的实体权利。③

需要特别指出的是，在普通法背景下，有时学者谈论责任限制权利究竟是"权利"（right）还是"特权"（privilege）的问题。一般认为责任限制权利是制定法（statute）赋予船东等主体的一种特权，其与权利的区别在于，欲享有责任限制须向法院提起诉讼，符合法定条件后，经法院裁定才可以限制责任；而若是作为权利，可以自动生成，无须一定要通过司法途径。④ 换言之，作为特权的责

---

① Griggs Patrick, Richard Williams, Jeremy Farr. 2005. *Limitation of Liability for Maritime Claims*, 4th ed. London：LLP, p. 80.

② ［美］吉尔摩、布莱克著：《海商法》，杨召南等译，中国大百科全书出版社2000年版，第1228～1233页。

③ Dixon J. 在 James Patrick & Co. Ltd v. Union Steamship Co. of New Zealand Limited, (1938) 60 CLR 650, p. 673. 案中的看法。

④ Thomas Michael, *British Concepts of Limitation of Liability*, Tulane Law Review. 1979. 53 Tul. L. Rev. 1205：1231.

任限制，船东等要想享受这一好处，必须得到法院的许可；而若作为权利，在许多情况下不一定必经法院同意。① 然而这一区别是细微的，在多数场合学者们用权利来称呼责任限制，并没有严格区分二者。

日本的海商法在其商法典内，关于海事赔偿责任限制另有单行法"关于船舶所有人等的责任限制法"。目前，该国现行的责任限制法主要是执行《1976 年海事赔偿责任限制公约》，其第一、二章规定责任限制的有关实体内容，第三章"责任限制程序"专门针对责任限制权利的实现设置了相应的程序规定，内容包括责任限制案件的管辖、责任限制的申请及程序的开始、责任限制程序的扩张、管理人、限制债权的调查与确定、责任基金的分配等诉讼规则。从日本的海商法专著来看，学者一般将海事赔偿责任限制权利作为实体权利对待，有的学者将责任限制制度分为实体内容与程序内容两部分分别进行论述，② 可见责任限制权利不言而喻属于实体权利。

（三）结论

考虑到海商法本质上为实体法，损害赔偿是民法体系中责任法

---

① 对于权利与特权的区别，权利是指不经许可行为的自由；特权是需要许可才能为某事。权利"天赋"，特权是被授予的，可因为任何理由在任何时候被取消。参见 Michael Badnarik, *Good to Be King: The Foundation of Our Constitutional Freedom*, 2004, the Writers' Collective, pp. 8 – 9.

② 在日本关于船舶所有人等的责任限制法颁布之前，日本学者一般仅论述责任限制权利的实体内容，参见［日］石井照久：《海商法》，有斐阁 1964 年版，第 149～162 页；［日］户田修三著：《海商法》，李首春、张既义译，西南政法学院国际法教研室 1982 年版，第 24～36 页；而自从关于船舶所有人等的责任限制法颁布后，由于实体内容与程序制度各自完备，学者一般从责任限制权利实体与程序制度两方面阐述。参见［日］藤崎道好：《海商法概论》，张既义、王义源译，载《远洋运输》1980 年增刊，第 15～24 页；［日］重田晴生、中元启司、志津田一彦、伊藤敦司著：《海商法》，青林书院 1994 年版，第 54～70 页。

的构成部分，因此在我国责任限制程序权利说缺乏说服力与适应性；民法上的请求权一般有消灭时效，而责任限制权利则没有时效方面的规定，不能设想其为请求权且可以无限期地保持权利有效。此外在海事损害赔偿法律关系中，责任人同时又是权利人，其多数情况下行使权利并非针对某一债权人，而是针对多个债权人，并且不需要对方作为或者不作为，因此将其归类为请求权有些勉强。

从性质上而言，将海事赔偿责任限制权利定性为实体法上的抗辩权比较妥当。然而，承认海事赔偿责任限制为抗辩权并不意味着责任限制主体只能被动地以抗辩的形式主张权利，绝不能把实体法上的抗辩权与诉讼法上的抗辩画等号；他完全可以就该权利提起确认之诉，以确认自己在某一事故中是否享有该权利，而这一诉的类型在我国民事诉讼法上乃至海事诉讼特别程序法上并不存在障碍，只不过缺乏具体的程序规则而已。

责任限制权利在实体法上的法律效果是对其赔偿数额的限制，在单一索赔情况下，民法中的请求权与抗辩权相对立模式可以得到贯彻，责任限制权利可以抗辩的方式主张；在多方索赔的情况下，由于责任限制权利是对所有限制性债权索赔总额享有在一定限额内赔偿的权利，因此势必需要一种程序机制保障这种"一对多"对抗模式的实施。从海事赔偿责任限制的历史演进及各国的立法及司法实践经验来看，责任限制程序就是这样一个合适的程序工具，通过责任限制程序，责任人可以通过主动或者在海事索赔案件中以反诉的形式提起责任限制诉讼，设立责任限制基金，将特定事故有关的索赔集中审理，从而实施责任限制权利。离开了海事索赔的集中审理，"一对多"的责任限制权利就不可能真正实现。

从而不能将海事事故中很少出现的单一索赔场合下责任限制权利实现模式推广到存在多方索赔的场合，这样做的结果是造成责任人疲于应付多个法院中进行的诉讼，不仅浪费时间和金钱，而且往往导致其无法享受责任限制权利。因此，认为责任限制权利只能在海事索赔案件中作为抗辩提出的观点，在实体法上无法实现责任限制制度的目的，在程序法上不具有程序效益，其合理性无从谈起。

确认之诉的出现使实体法上权利的确认有了相应的诉的类型归属。随着民事诉讼类型的发展，各国的民事诉讼法逐渐承认确认之诉，① 在争议已经发生但是权利人尚未起诉的情况下，义务人可以先行起诉维护其利益。从而在实体法中作为抗辩权的权利，权利主体（民事法律关系中的义务人）往往可以在程序法中主动提起诉讼，要求法院确认其权利的存在（或者相应义务的不存在），② 这被称为预防性司法救济。

从现代民事诉讼法的发展来看，民事实体法上权利的实现手段日趋多样化，传统上仅容许民事法律关系中的权利人作为适格的原告；而现在随着对当事人程序利益的重视，民事法律关系中的义务人也可以作为原告请求法院保护其合法权益。换言之，诉权的拥有并不取决于当事人是否拥有实体法上的请求权，只要其有法律上承认和保护的权利即可。从而实体法上权利的实现方式不是单向度的，当事人可以有多种选择；认为民法上的抗辩权必须要在诉讼中针对请求权提起，在民事诉讼法中没有立法上及理论的根据，这一观点仅是诉讼法中过时的"私权诉权说"的体现而已。

再者，基于民事诉讼法上双方当事人"武器对等"的精神，看不出堵塞责任限制权利人主动提起诉讼的救济途径的合理理由。责任人为了确定自己在特定事故中是否享有责任限制权利，有权依法提起确认海事赔偿责任限制权利是否存在的确认之诉。

此外，海事诉讼特别程序法没有规定责任限制申请程序，不等于说责任限制申请就不具备诉的要素，不可以作为独立的诉提起，

---

① 德国于 1877 年制定的民事诉讼法第 231 条正式规定了确认之诉，这是世界上在国家立法中第一次规定确认之诉。参见段厚省著：《民事诉讼标的论》，中国人民公安大学出版社 2004 年版，第 127 页。

② 例如，民事诉讼法中的消极确认之诉往往以请求人要求法院确认其一定债务不存在或某权利不存在为诉讼标的，而在传统的给付之诉中，前述请求往往以抗辩的形式提出。

因为海事诉讼特别程序法没有规定的事项仍适用民事诉讼法，① 衡量责任限制程序是否可构成独立的诉，要用民事诉讼法的标准衡量。

## 四、可以限制责任的海事赔偿请求

对于船舶导致的损害，船舶所有人等并非都得以责任限制权利对抗之，只有法律规定的特定种类的海事赔偿请求，责任人才可以依法限制赔偿责任。海商法第 207 条第 1 款规定了下述四类海事请求，无论其责任的基础有何不同，即无论是基于合同或者侵权行为提出的，均为可限制责任的海事赔偿请求：

1. 在船上发生的或者与船舶营运、救助作业直接相关的人身伤亡或者财产的灭失、损坏，包括对港口工程、港池、航道和助航设施造成的损坏，以及由此引起的相应损失的赔偿请求。

（1）海事请求的种类。此类海事赔偿请求包括：人身伤亡的海事请求，财产灭失或损害的海事请求，其中财产灭失损害除了船上货物、他船的损害外还包括船舶或者船舶运营、救助作业过程中对港口工程、港池、航道和助航设施造成的损坏。

（2）发生的场合。海事请求发生的场合大体可划分为两种：一种是损害发生在责任船舶上；另一种是损害发生在责任船舶之外。"与船舶营运、救助作业直接相关"指的是发生在责任船舶外的人身及财产的损害。例如，船舶造成港池的损害、救助人的船员在离船实施救助作业时造成的人身或者财产损害，船舶碰撞造成的他船及他船上载运货物的损害等，这些损害的特点是海事请求的发生场合不在责任船舶上，而是在责任船舶以外；这类海事请求可以限制责任的前提是要与船舶的营运或者救助作业直接相关。

---

① 海事诉讼特别程序法第 2 条规定："在中华人民共和国领域内进行海事诉讼，适用《中华人民共和国民事诉讼法》和本法。本法有规定的，依照其规定。"

之所以有这样的规定，需要了解《1976 年海事赔偿责任限制公约》关于该条的立法背景。在《1976 年海事赔偿责任限制公约》之前的责任限制公约中，如《1957 年海船所有人责任限制国际公约》，要求人身伤亡或者财产损害或者发生在船上，如果它们未发生在船上，则只有船上的人导致的伤害或者损害，或者船舶航行或管理过程中引发的损害才可以限制责任。这一限制在实践中容易导致不公平的结果，如前文提到的"东城丸"轮救助作业中，救助人的潜水员在实施救助时，由于其不在船上，其行为也不属于管理船舶的行为，因而救助人被判决无权享受责任限制。为了克服这一弊端，《1976 年海事赔偿责任限制公约》给予可限制责任的海事请求更广泛的含义，使之既包括了在船上发生的伤亡及损害，又包括与船舶营运、救助直接相关的人身伤亡及财产的灭失、损坏。

（3）责任船舶自身的损害是否属于本款所指的"财产的灭失、损坏"。"财产的灭失、损坏"指的是除了责任船舶（据以计算基金限额的船舶）以外财产的灭失、损坏。与责任船舶自身相关的财产损害或者损失是否属于"财产的灭失、损坏"呢？目前尚未见到报导我国法院处理过涉及此类问题的案例。

在英国法院判例中，英国法针对此问题的立场是责任船舶的损害或者损失既不属于在船上发生的财产灭失或损害，也不属于与船舶营运、救助作业直接相关的财产损失、损坏，承租人不能对责任船舶的损失或者损坏索赔向船东主张享有责任限制。① 因为本款的本意针对的是责任船舶的运营导致的财产损失，因而责任船舶不可能成为伤害的对象。② 换句话说，加害者不可能同时又是受害者。从而因责任船舶自身的损害而导致的该船承租人的损失或者损害，

---

① Aleka Mandaraka – Sheppard, *Modern Maritime Law and Risk Management*, 2nd edn., 2007, Routledge – Cavendish, p. 870.

② 托马斯法官（Thomas J.）在"爱琴海"号轮案中的意见。详见［1998］2 Lloyd's Rep. 39 at Page 51.

如必要的卸货产生的装卸费用、转船费用、租替代船的费用等，船东就租船人的这类损失或损害索赔不能享受责任限制。① 同样，责任船舶自身的价值、燃油、未付运费、船舶修理费用等，也不属于本项所指的财产灭失或损害。

（4）"由此引起的相应损失的赔偿请求"。"由此引起的相应损失的赔偿请求"指的是实际损失（physical loss）以外的其他损失，如可得利益的损失，人身伤害引发的精神损害等。②

2. 海上货物运输因迟延交付或者旅客及其行李运输因迟延到达造成损失的赔偿请求。

该类海事请求被列入可限制责任的债权也是《1976 年海事赔偿责任限制公约》的一项创新。对于海上货物运输迟延交付造成的损失或者海上旅客及其行李运输迟延到达造成的损失，船东等可以享受责任限制。

对于国际海上货物运输，货物迟延交付的定义按照海商法第50 条的规定，只有货物未能在明确约定的时间内在约定的卸货港交付的，才构成迟延交付。需要注意的是，在对于迟延交付的定义上，海商法的规定与《汉堡规则》的规定不完全相同。《汉堡规则》第 5 条"责任基础"第 2 款给迟延交付所下的定义是"如果货物未能在明确议定的时间内，或虽无此项议定，但未能在考虑到实际情况对一个勤勉的承运人所能合理要求的时间内，在海上运输合同所规定的卸货港交货，即为延迟交货。"二者相比较，海商法定义的迟延交付仅覆盖运输合同当事人对于交付时间有明确约定的情形，而《汉堡规则》还进一步包含了未在合理期间内运抵目的港的情形。

---

① See generally D. C. Jackson, *Enforcement of Maritime Claims*, 4th edn. LLP, 2005, p. 619.

② 根据最高人民法院《关于审理人身损害赔偿案件适用法律若干问题的解释》第1 条及《关于审理涉外海上人身伤亡案件损害赔偿的具体规定（试行）》第 3 条的规定，除实际损失外，权利人有权请求精神损害赔偿。

另外，对于旅客及其行李的运输的迟延交付，海商法第 5 章"海上旅客运输合同"中没有相关规定，只能从合同法中寻找相关规定。

同时，不适用海商法第 4 章相关规定的沿海货物运输应适用合同法的相关规定。合同法中并没有明确的迟延交付的定义，然而其第 290 条规定："承运人应当在约定期间或者合理期间内将旅客、货物安全运输到约定地点。"由此似乎可以推知，在沿海货物运输和旅客及其行李的运输中，迟延交付的情形应包括船东等责任人未能在约定或者合理期间内将货物或者旅客及其行李运抵约定地点，这一含义与《汉堡规则》的规定一致。

货物迟延交付损失与货损货差造成的物质损失属于间接损失。对于国际海上货物运输而言，海商法第 57 条规定了货物迟延交付的承运人赔偿限额为迟延交付货物的运费额，这一规定乃是承运人责任限制制度下规定的承运人的最高赔偿限额，在此基础上，若迟延交付的索赔尚需与同一事故中的其他海事请求从海事赔偿责任限制基金中受偿的话，船东等责任人还可以享受海事赔偿责任限制，换句话说，若责任基金不足以满足所有海事债权人的索赔数额的话，货物迟延交付的索赔在先依承运人责任限制最高限额后，仍需按照比例与其他可限制责任的海事请求一起从基金中获得清偿。而对于沿海货物运输的迟延交付船东等责任人仅能够援引海事赔偿责任限制，不能够援引承运人责任限制，这是需要引起注意的。

对于旅客及其行李迟延交付的赔偿，船东等责任人可以先依据海商法第 5 章享受承运人责任限制，继而可以依据海商法第 11 章主张享有海事赔偿责任限制。

3. 与船舶营运或者救助作业直接相关的，侵犯非合同权利的行为造成其他损失的赔偿请求。

本项是针对第 1 项"人身伤亡或者财产的灭失、损坏"以外的受到侵害的权利所作的规定，而且"受到侵犯的权利"必须是非合同权利。举例来说，如因为船舶的运营或者救助等作业，致使渔民无法实施捕鱼作业遭受损失，养殖户养殖的鱼贝受到损害等，这类权利的特点是渔民或者养殖户与船舶所有人等责任人没有合同关系，然而其权利因船舶营运或者救助作业受到侵犯，船舶所有人等对他们提出的索赔可以享受责任限制。

4. 责任人以外的其他人，为避免或者减少责任人依照本章规定可以限制赔偿责任的损失而采取措施的赔偿请求，以及因此项措施造成进一步损失的赔偿请求。

本项规定的索赔必须具备以下条件：（1）该赔偿请求必须是因采取措施避免或者减少责任人可以限制赔偿责任的损失所致；（2）该索赔必须是责任人以外的其他人承担的损失或者其因采取某项措施而导致的进一步损失；（3）该"责任人以外的其他人"必须与责任人之间不存在合同关系。例如，对于依据救助合同实施救助的救助人的救助报酬请求，责任人不能主张享受责任限制。因为海商法第 207 条第 2 款的规定，本项涉及责任人以合同约定支付的报酬，责任人的支付责任不得援用责任限制的规定。

以上四类海事请求，无论以何种方式提出，即使以追偿索赔或者根据合同要求赔偿的方式或其他方式提出，① 责任人均可以限制赔偿责任。从而对于可限制责任的赔偿请求而言，重要的是其经济救济的属性，而不是其索赔的基础或者提出索赔的方式。

需要注意的是，海商法第 207 条规定的可以限制赔偿责任的海事请求不包括《1976 年海事赔偿责任限制公约》第 2 条第 1 款 d、

---

① 我国海商法第 207 条第 2 款笼统地指出"前款所列赔偿请求，无论提出的方式有何不同，均可以限制赔偿责任"，至于"提出的方式"是什么含义，并没有明示。与之相对应，《1976 年海事赔偿责任限制公约》第 2 条第 2 款明确规定："第 1 款所列的各项索赔，即使以追偿的方式或者根据合同要求赔偿或其他方式提出，也应受责任限制的制约……"考虑到我国海商法海事赔偿责任限制制度主要借鉴了上述公约的相关规定，因而海商法中的"提出的方式"含义应与上述公约相同。

e 项规定的海事请求，① 即因沉没、遇难、搁浅或者被弃船舶的起浮、清除、拆毁或者使之无害提起的索赔，或者因船上货物的清除、拆毁或者使之无害提起的索赔在我国海商法中不属于限制性海事请求。但是，由于船舶碰撞致使责任人遭受前述索赔，责任人就因此产生的损失向对方船舶追偿时，被请求人主张依据海商法第207 条的规定限制赔偿责任的，不在此限，被请求人可以享受责任限制。②

另外，为避免油轮装载的非持久性燃油、非油轮装载的燃油造

---

① LLMC 1976 Article 2 Claims subject to limitation

1. Subject to Articles 3 and 4 the following claims, whatever the basis of liability may be, shall be subject to limitation of liability:

(a) claims in respect of loss of life or personal injury or loss of or damage to property (including damage to harbour works, basins and waterways and aids to navigation), occurring on board or in direct connexion with the operation of the ship or with salvage operations, and consequential loss resulting there from;

(b) claims in respect of loss resulting from delay in the carriage by sea of cargo, passengers or their luggage;

(c) claims in respect of other loss resulting from infringement of rights other than contractual rights, occurring in direct connexion with the operation of the ship or salvage operations;

(d) claims in respect of the raising, removal, destruction or the rendering harmless of a ship which is sunk, wrecked, stranded or abandoned, including anything that is or has been on board such ship;

(e) claims in respect of the removal, destruction or the rendering harmless of the cargo of the ship;

(f) claims of a person other than the person liable in respect of measures taken in order to avert or minimize loss for which the person liable may limit his liability in accordance with this Convention, and further loss caused by such measures.

2. Claims set out in paragraph 1 shall be subject to limitation of liability even if brought by way of recourse or for indemnity under a contract or otherwise. However, claims set out under paragraph 1 (d), (e) and (f) shall not be subject to limitation of liability to the extent that they relate to remuneration under a contract with the person liable.

② 最高人民法院《关于审理海事赔偿责任限制相关纠纷案件的若干规定》第 17 条。

成油污损害，对沉没、搁浅、遇难船舶采取起浮、清除或者使之无害措施，船舶所有人对由此发生的费用不得主张依照海商法第 11 章的规定限制赔偿责任。①

例如，在郭水景等与南安市轮船有限公司船舶碰撞损害赔偿纠纷上诉案中，"新万兴"轮装载 135 个集装箱从福州港起航，开往上海港。在浙江大陈岛以西附近水域与 A 公司所属的"成功 62"轮发生碰撞。后"新万兴"轮沉没，"新万兴"轮的船东为打捞沉船支付了打捞费用，后"新万兴"轮的船东向 A 公司追索此项费用损失。在审理中，"新万兴"轮的船东索赔的打捞费用对于 A 公司而言是否属于海商法第 207 条规定的限制性债权是争议焦点。一审法院认为"新万兴"轮的船东作为沉没船舶的所有人、经营人对于承揽打捞的公司而言，因其为打捞费用的支付义务人，打捞费属于非限制债权，"新万兴"轮的船东不得就此享受责任限制；而对于 A 公司而言，这笔费用属于船舶碰撞造成的损害赔偿，因而属于第 207 条第 1 款第 1 项的限制性债权，可以享受责任限制。二审法院认为打捞费用属于船舶损失，A 公司既不是沉没船舶的所有人、经营人，也不是打捞合同的当事人，而是另一艘肇事船舶的所有人，应当依照责任比例承担碰撞责任，打捞费用对 A 船公司而言属于限制债权。②

船载有毒有害物质泄漏造成的环境、生态损害，虽然国际社会制定了《1996 年关于海上运输有毒有害物质损害赔偿责任的国际公约》以建立有毒有害物质民事责任制度，然而由于我国并没有签署该公约，并且至目前为止该公约的 2010 年议定书没有生效，因而就有毒有害物质的损害赔偿，在我国法律中尚没有独立的、专

---

① 最高人民法院《关于审理船舶油污损害赔偿纠纷案件若干问题的规定》第 20 条。

② 浙江省高级人民法院民事判决书，〔2006〕浙民三终字第 152 号，载北大法宝－中国法律检索系统，http://bmla.chinalawinfo.com/NewLaw2002/SLC/SLC.asp? Db = fnl&Gid = 117536961，2011 年 2 月 22 日 16：15 访问。

门的赔偿责任制度，一旦发生海事事故，法院一般将此类海事请求归入限制性债权的第一类及与船舶营运或者救助作业直接相关的，侵犯非合同权利的行为造成的其他损失的范畴。①

## 五、责任限制的例外

船舶所有人等须享受海事赔偿责任限制权利系为海商法的原则性规定，在此大原则下，尚有例外情况不适用海事赔偿责任限制，此类海事赔偿责任限制的例外被称为非限制性海事请求。海商法第208 条规定：

本章规定不适用于下列各项：
（一）对救助款项或者共同海损分摊的请求；
（二）中华人民共和国参加的国际油污损害民事责任公约规定的油污损害的赔偿请求；
（三）中华人民共和国参加的国际核能损害责任限制公约规定的核能损害的赔偿请求；
（四）核动力船舶造成的核能损害的赔偿请求；
（五）船舶所有人或者救助人的受雇人提出的赔偿请求，根据调整劳务合同的法律，船舶所有人或者救助人对该类赔偿请求无权

① 例如，上海海事法院及上海市高级人民法院在上海市环境保护局等不服上海海事法院准许 Sekwang Shipping Co.，Ltd. 公司设立海事赔偿责任限制基金的申请案中认为有毒化工品泄漏造成的污染损害所产生的民事赔偿属于限制性债权。参见上海市高级人民法院民事判决书，〔2002〕沪高民四（海）基字第 1 号，载北大法宝 – 中国法律检索系统，http：//bmla. chinalawinfo. com/NewLaw2002/SLC/SLC. asp？Db ＝ fnl&Gid ＝ 117446061，2011 年 2 月 21 日 16：06 访问。

限制赔偿责任，或者该项法律作了高于本章规定的赔偿限额的规定。①

依此规定，非限制性海事请求项目如下：

（一）对救助款项或者共同海损分摊的请求

救助款项是被救助方应当向救助方支付的任何救助报酬、酬金或者补偿。救助报酬因救助行为而发生，救助活动是维护海上安全的重要保障，具有公益性。如果允许受救助人对之主张责任限制，则无法贯彻海商法鼓励见义勇为、冒险救助的精神，同时也损害了海上贸易有关各方的利益，因而有必要将之列为非限制性债权，以鼓励海上救助。

共同海损系在同一海上航行中，船舶、货物和其他财产遭遇共同危险时，为了共同安全，有意地、合理地采取措施所直接造成的特殊牺牲、支付的特殊费用。与海上救助一样，共同海损这一古老

---

① 该规定与《1976 年海事赔偿责任限制公约》第 3 条一致。LLMC 1976 Article 3 Claims excepted from limitation

The rules of this Convention shall not apply to：

（a）claims for salvage or contribution in general average；

（b）claims for oil pollution damage within the meaning of the International Convention on Civil Liability for Oil Pollution Damage, dated 29 November 1969 or of any amendment or Protocol thereto which is in force；

（c）claims subject to any international convention or national legislation governing or prohibiting limitation of liability for nuclear damage；

（d）claims against the shipowner of a nuclear ship for nuclear damage；

（e）claims by servants of the shipowner or salvor whose duties are connected with the ship or the salvage operations, including claims of their heirs, dependants or other persons entitled to make such claims, if under the law governing the contract of service between the shipowner or salvor and such servants the shipowner or salvor is not entitled to limit his liability in respect of such claims, or if he is by such law only permitted to limit his liability to an amount greater than that provided for in Article 6.

的海商法固有制度是海商法分配航海风险的安排，如果在海事赔偿责任限制制度下船舶所有人可以主张责任限制，那么其他利害关系方的分摊负担就会增加，很不公平，因而立法上不允许对于共同海损分摊请求限制责任。

需要注意的是，本款仅仅排除了救助人或者承担了共同海损的当事方向责任人直接索赔的责任限制权利，并没有排除货方因支付了救助费用或者分摊了共同海损的牺牲或者费用后向责任人索赔时，责任人根据海商法第 207 条的规定享受责任限制权利，不过责任人需要证明该种索赔属于第 207 条规定的可限制责任的海事请求。

（二）我国参加的《1969 年油污损害民事责任国际公约》规定的油污损害的赔偿请求

油污损害可能给海洋环境、生态、人类生活、生产造成严重危害，因而损害的后果极其严重；海事赔偿责任限制制度以肇事船舶吨位为基础计算的责任限额往往远远低于索赔额，结果是若依照海事赔偿责任限制的体制解决油污损害纠纷，给受害人的赔偿较之其所遭受的损害无异于杯水车薪，显然是很不公平的，同时也不利于环境及生态的保护。针对船舶载运的散装持久性油类造成的油污损害，在海事赔偿责任制度外，国际社会专门建立了油污损害赔偿民事责任制度。

自《1969 年油污损害民事责任国际公约》开始，独立的油污损害民事责任制度开始形成，我国于 1980 年 1 月 30 日加入了该公约，自 1982 年 4 月 29 日起对我国生效。之后，1986 年 9 月 29 日我国加入了《1969 年油污损害民事责任国际公约之 1984 年议定书》，1999 年 1 月 5 日又加入了《1969 年油污损害民事责任国际公约之 1992 年议定书》，从而在持久性油类油污损害民事责任领域，"船舶载运的散装持久性油类物质造成中华人民共和国管辖海域污染的，赔偿限额依照中华人民共和国缔结或者参加的有关国际条约

的规定执行"，不适用海商法的海事赔偿责任限制制度；而适用
《1992 年油污损害民事责任国际公约》的责任制度。①

需要注意的是，对于非油轮的船舶燃油泄漏造成的油污损害，
根据我国参加的《2001 年燃油污染损害民事责任国际公约》的规
定，适用海商法中的海事赔偿责任限制制度。

（三）我国参加的《国际核能损害责任限制公约》规定的核能
损害的赔偿请求

核能损害与油污损害一样，具有损害后果严重的特点，传统的
海事赔偿责任限制确定的赔偿限额同样不能适应需要，因而有关的
损害赔偿制度应当不同于海事赔偿责任限制制度。

关于核能损害民事赔偿，国际社会现行有效的三个国际核能损
害赔偿责任公约分别是《1960 年核能领域第三方责任公约》（简称
《巴黎公约》）和《1963 年核损害民事责任维也纳公约》（简称
《维也纳公约》）及 1971 年《关于核材料海上运输领域的民事责任
公约》，我国目前尚未加入其中任何一个公约。这是否意味着在
我国批准或者加入此类公约之前，有关核材料运输过程中发生的
民事损害可以适用海商法中海事赔偿责任限制制度的相关规定？
回答这一问题需要先考察一下我国关于核损害赔偿的相关法律
法规。

我国现行法律对于核损害民事赔偿仅有国务院《关于核事故
损害赔偿责任问题的批复》（国函〔2007〕64 号）。该批复中
明确：

（1）何为营运者。

中华人民共和国境内，依法取得法人资格，营运核电站、民用
研究堆、民用工程实验反应堆的单位或者从事民用核燃料生产、运
输和乏燃料贮存、运输、后处理且拥有核设施的单位，为该核电站

---

① 《防治船舶污染海洋环境管理条例》第 52 条。

或者核设施的营运者。①

（2）责任人。

营运者应当对核事故造成的人身伤亡、财产损失或者环境受到的损害承担赔偿责任。营运者以外的其他人不承担赔偿责任。②

（3）赔偿限额。

核电站的营运者和乏燃料贮存、运输、后处理的营运者，对一次核事故所造成的核事故损害的最高赔偿额为 3 亿元人民币；其他营运者对一次核事故所造成的核事故损害的最高赔偿额为 1 亿元人民币。核事故损害的应赔总额超过规定的最高赔偿额的，国家提供最高限额为 8 亿元人民币的财政补偿。

对非常核事故造成的核事故损害赔偿，需要国家增加财政补偿金额的由国务院评估后决定。③

（4）赔偿责任的例外。

对直接由于武装冲突、敌对行动、战争或者暴乱所引起的核事故造成的核事故损害，营运者不承担赔偿责任。④

（5）财务保证。

营运者应当作出适当的财务保证安排，以确保发生核事故损害时能够及时、有效地履行核事故损害赔偿责任。在核电站运行之前或者乏燃料贮存、运输、后处理之前，营运者必须购买足以履行其责任限额的保险。⑤

---

① 国务院《关于核事故损害赔偿责任问题的批复》（国函〔2007〕64 号）第 1 条。

② 国务院《关于核事故损害赔偿责任问题的批复》（国函〔2007〕64 号）第 2 条。

③ 国务院《关于核事故损害赔偿责任问题的批复》（国函〔2007〕64 号）第 7 条。

④ 国务院《关于核事故损害赔偿责任问题的批复》（国函〔2007〕64 号）第 6 条。

⑤ 国务院《关于核事故损害赔偿责任问题的批复》（国函〔2007〕64 号）第 8 条。

该批复中所确立的核设施营运人的唯一责任和绝对责任、赔偿责任人的有限责任、免责条件等精神与《巴黎公约》、《维也纳公约》是一致的。从该批复确立的核设施营运人为唯一责任人及归责原则为绝对责任（无过错责任）来看，关于核材料运输的民事赔偿责任制度与海商法确立的责任人责任制度完全不同，因而在我国没有参加相关国际条约的情况下，一旦因为经由海上运输的核材料发生损害，不能适用海商法中的海事赔偿责任限制制度来处理，应适用上述国务院的批复文件。

国务院的批复文件从法律的位阶结构来看，地位太低；从内容来看，失之于内容简单，条文粗疏，可操作性差，诉讼时效、管辖等问题根本没有规定，因而应当及时出台原子能法，详细、系统地规定核能损害赔偿责任制度。

（四）核动力船舶造成的核能损害的赔偿请求

核动力船舶造成的核能损害也是非常严重的，赔偿数额巨大，因而核动力船舶造成的核能损害赔偿制度应当采取严格责任原则，不能采用海事赔偿责任限制制度的过失责任，赔偿限额也应远远高于海事赔偿责任限额，因而核动力的船舶所有人不得享受海事赔偿责任限制权利。

（五）基于劳务合同的赔偿请求

对于船舶所有人或者救助人的受雇人而言，因劳务合同产生的债权为维系其家庭、基本生活条件所必需，因而根据国家有关劳动法的规定，船舶所有人或救助人无权享受责任限制的，或者法律规定的责任限额高于海事赔偿责任限额的，船舶所有人或救助人不得主张责任限制。这一例外规定体现了保护劳动者权益的基本法律精神。

简言之，非限制性债权大致分为两类：一类是属于特定的国际公约或者国内法律专门调整的债权，如油污损害、救助报酬、核能损害、核动力船舶所致损害等债权；另一类是限制责任将与其他法律原则或者政策相违背，如共同海损分摊若适用责任限制则明显有悖公平原则，因劳务合同产生的索赔适用责任限制则与劳动法保护劳动者合法权益的精神相违背等。

## 六、丧失责任限制的行为

海事赔偿责任限制权利不是一种绝对的权利，在特定条件下，责任限制主体将丧失该权利。根据海商法第 209 条的规定，责任限制主体的责任限制权利在下述情况下丧失："经证明，引起赔偿请求的损失是由于责任人的故意或者明知可能造成损失而轻率地作为或者不作为造成的"，责任人就丧失了责任限制权利，进而应承担无限赔偿责任。该规定来自《1976 年海事赔偿责任限制公约》第 4 条，[①] 其含义可从以下四个方面理解：

### （一）责任人的范围

海商法的上述规定虽然来源于《1976 年海事赔偿责任限制公约》，然而与之有差异的地方在于，《1976 年海事赔偿责任限制公约》将丧失责任限制权利的行为限定于"责任人本人"的行为，而我国海商法没有作出这样的限制，在实务中容易引发争议，最高人民法院遂在《关于审理海事赔偿责任限制相关纠纷案件的若干规定》中特别澄清，这里所指的"责任人"系指"责任人本人"，[②] 从而杜绝了对于该规定理解的不一致。

何谓责任人？一般认为，责任人的范围与责任限制主体是一致的，包括船舶所有人（亦包括船舶承租人、经营人）、救助人。这

---

① LLMC 1976 Article 4 Conduct barring limitation A person liable shall not be entitled to limit his liability if it is proved that the loss resulted from his personal act or omission, committed with the intent to cause such loss, or recklessly and with knowledge that such loss would robably result.

② 《关于审理海事赔偿责任限制相关纠纷案件的若干规定》第 18 条。

在理解上一般不会产生问题。容易产生的问题是责任人之间及责任人与其他主体之间的关系。

（1）船舶所有人、救助人对其行为、过失负有责任的人的行为可否影响船舶所有人、救助人主张责任限制权利？

在目前船舶所有人或救助人一般以公司的形式出现的情况下，船舶所有人、救助人的雇员，如船长、船员等的行为可否使其雇主丧失责任限制的权利？海商法第 209 条规定，责任人本人有丧失责任限制的行为，才可以导致其责任限制权利的丧失，因而如果船舶所有人、救助人对其行为、过失负有责任的人对损害的发生有丧失责任限制的行为，其并不影响船舶所有人、救助人主张责任限制，除非此类人员的行为可以被认为是船舶所有人、救助人本人的行为。例如，在泉州某物流有限公司诉洞头县某船务有限公司通海水域货物运输合同纠纷案中，[①] 原告将一票橡胶交由被告从广东茂名运往浙江温州，船舶行至台湾海峡时触礁沉没，法院虽然认定涉事船舶的船员对于事故的发生存在过失，但以原告未提交充分证据证明本案损失是由于被告本人的故意或者明知可能造成损失而轻率地作为或者不作为造成的情况下，对原告提出的被告无权享受海事赔偿责任限制的主张不予支持。

另外，要判断这类主体的行为是否属于船舶所有人、救助人本人的行为，首先需要确定判断"责任人本人"行为的标准。在实践中，船务公司作为一种机构或者组织，只能通过其代表或者雇员行事，某个特定行为将被看做公司自身的行为还是仅仅作为它的雇员或代表的私人行为，这需要确定一个标准。一种标准是看行为人的身份或者地位。一般来说，行为人在公司中的地位越高，他的行为越容易被视为公司的行为；反之则容易被视为个人行为。从身份

---

① 广州海事法院民事判决书，〔2011〕广海法初字第 710 号，载北大法宝－中国法律检索系统，http: //bmla. chinalawinfo. com/newlaw2002/slc/slc. asp? db = fnl&gid = 118314495，2013 年 3 月 28 日 14：33 访问。

来看，公司法人中董事会的成员或者同等职位的人作出的行为一般被视为公司的行为；① 然而仅仅看身份有时是不够的，还需要看在作出某种行为时其是否在行使公司的决策权。例如，具有代表公司权限的高级职员的故意或重大过失，海运公司等代表人、经理人或者代理人，在职责范围内因其重大过失致船舶发生损害，即属于责任人的故意或重大过失所生债务，不得主张责任限制；反之，仅仅是公司雇员②甚至下级管理人员的行为，往往被视为个人行为，③ 在此种情况下，船长、船员等雇员（船舶所有人、救助人对其行为负有责任的人）因故意或者明知可能造成损失而轻率的作为或者不作为引发事故及损害的情况下，其丧失责任限制并不影响船舶所有人、救助人依法享有责任限制权利。

（2）一种责任限制主体的不当行为能否影响其他责任主体的责任限制权利？

例如，船舶所有人的不当行为是否会否定租船人、船舶经营人的责任限制权利？一般认为，一种责任限制主体的不当行为将阻碍其在针对本人的索赔中限制责任，并不会必然阻止其他责任主体在针对他们的索赔中限制责任。④

（3）被保险人的不当行为对责任保险人责任限制权利的影响。

被保险人（作为责任限制主体）可否妨碍其事故航次下的责任保险人享受责任限制权利？按照海商法的明确规定，责任保险人享受责任限制权利的前提是被保险人得享受责任限制，因此被保险人若丧失责任限制权利，责任保险人也相应地不得享受责任限制。

---

① See generally John F. Wilson, *Carriage of Goods by Sea*, 7th edn. 2010, Pearson Education Limited, p. 288.

② *The European Enterprise* [1989] 2 Lloyd's Rep 185.

③ John F. Wilson, *Carriage of Goods by Sea*, 7th edn., p. 288.

④ Patrick Griggs, Limitation of Liabilty for Maritime Claims, 4th edn. LLP, 2005, p. 35.

（二）丧失责任限制权利的主观标准

主观标准即责任人行为的心理要素。海商法的规定与《1976年海事赔偿责任限制公约》一样，确定的是"故意或者明知可能造成损失而轻率地作为或不作为"的标准。[①] 与《1957年海船所有人责任限制国际公约》的船舶所有人的"实际过失或知情"（actual fault or privity）标准相比，应当说这是一个比较低的标准，因为在正常情况下，责任人本人"故意造成损失"（intent to cause such loss）和"明知可能造成损失而轻率地"（recklessly and with knowledge that such loss would probably result）作为或不作为的情形比较少见。

1. 故意。

故意是指行为人在预见到自己行为结果或者认识到损害发生危险或者可能性的情况下，希望或者放任损害发生的心理状态。

2. 明知可能造成损失，轻率地作为或者不作为。

"明知"是指疏忽行为发生时行为人内心实际上能够预见到损害发生的可能，"轻率地"（recklessly）常指某种决定冒险或对风险的存在漠不关心。[②] 英国德韦林（Devlin）法官在里德有限公司诉伦敦罗切斯特贸易有限公司（Reed & Co. Ltd. v. London & Rochester Trading Company, Ltd.）案中认为，轻率或者鲁莽（recklessly）要比疏忽或者粗心大意严重，意味着故意冒不合理的风险，但

---

① 据说这一标准借鉴了《海牙—维斯比规则》、《雅典公约》和有关航空运输的华沙公约及其议定书的规定。See generally William Tetley, *International Maritime and Admiralty Law*, 2002, Les Editions Yvon Blais Inc. , p. 287.

② Stewart C. Body, Andrew S. Burrows：《SCRUTTON 租船合同与提单》，郭国汀译，法律出版社 2001 年版，第 612 页。

并不一定就是犯罪或者道德上应受谴责的故意冒不合理危险。[1] 这种标准相当于大陆法系中的重大过失。可见《1976 年海事赔偿责任限制公约》的这一过错标准较之《1957 年海船所有人责任限制国际公约》的"实际过失或知情"的标准要低许多。

"明知"虽然讲的是责任人的心理状态，然而心理活动隐秘而多变，外人无法窥见其真实状态，在司法实践中，我国法院在判断责任人主观心理状态是否构成"明知"时，一般采用客观标准，凡行为人的行为违反法律、法规的相关规定，就可推知其在主观心理上处于"明知"状态。

再如，承运人因预借提单或者倒签提单引起提单持有人或者收货人提起赔偿请求，承运人不得援引海商法关于海事赔偿责任限制的规定限制其赔偿责任，除非承运人能证明提单不是其本人签发。[2] 这是因为无论预借提单还是倒签提单，都是一种诈欺不法行为，承运人在作出这样的行为时，基于一般商人的商业知识，能够预见到或者明知这样的行为极有可能会给货方带来损害仍然为之，可见其主观心理状态上对于损害或损失的发生持放任或者漠视的态度，因而丧失享受责任限制权利。

判断责任人的作为或者不作为是否构成故意或者重大过失，需要根据个案的情形来确定。例如，在苏军勇与陈金顺船舶损害赔偿

---

[1] "The term "recklessly", I think, does not really give rise to much difficulty. It means something more than mere negligence or inadvertence. I think it means deliberately running an unjustifiable risk. There is not anything necessarily criminal, or even morally culpable, about running an unjustifiable risk; it depends in relation to what risk is run; it may be a big matter or it may be a small matter. " [1954] 2 Lloyd's Rep. 463 (Q. B.), pp. 475 – 476.

[2] 最高人民法院民事审判第四庭：《涉外商事海事审判实务问题解答（一）续》第 140 条。载中国涉外商事海事审判网，http: //www. ccmt. org. cn/shownews. php? id = 5035；2011 年 3 月 3 日 17：02 访问。

纠纷上诉案中,[①] "闽狮渔 5151" 船在海区作业时与 "浙岭渔 20620" 船碰撞, 法院认定两船对碰撞的发生互有过失, 其中 "闽狮渔 5151" 对事故应承担 60% 的主要责任。"闽狮渔 5151" 船的船舶所有人以海事赔偿责任限制抗辩, 法院认为, 在发生碰撞时, "闽狮渔 5151" 船值班驾驶船员系普通船员, 无驾驶员适任证书, 属无证驾驶船舶, 也是碰撞事故发生的原因。作为船东, 本人明知事故发生时值班船员没有驾驶资格, 由其驾驶可能会造成碰撞仍轻率地让其驾驶, 导致发生碰撞造成损失, 无权限制其赔偿责任。

这种情形中可探讨的问题是当承运人无正本提单交付货物造成正本提单持有人损失时, 承运人可否对正本提单持有人的索赔享有责任限制? 根据最高人民法院《关于审理无正本提单交付货物案件适用法律若干问题的规定》第 4 条 "承运人因无正本提单交付货物承担民事责任的, 不适用海商法第五十六条关于限制赔偿责任的规定" 的立场, 承运人无正本提单放货就丧失了单位责任限制权利; 尽管最高人民法院在这一司法解释中没有明确是否承运人也同时丧失享受海事赔偿责任限制的权利, 然而由于海商法第 59 条规定的丧失单位责任限制的条件与第 209 条规定的丧失海事赔偿责任限制权利的条件是一致的, 因而可以推论承运人一旦因无正本提单放货给正本提单持有人造成损害, 他同样丧失了海事赔偿责任限制权利。

## (三) 因果关系

仅证明主观标准的成立尚不能否定责任限制, 同时还要具备责任主体的故意或者重大过失与损害之间有因果关系, 即责任主体的故意或者重大过失所认知或者预见到的损害, 与实际发生的损害是

---

① 浙江省高级人民法院民事判决书,〔2009〕浙海终字第 49 号, 载北大法宝 - 中国法律检索系统, http://bmla. chinalawinfo. com/NewLaw2002/SLC/SLC. asp? Db = fnl&Gid = 117622381, 2011 年 2 月 23 日 13: 27 访问。

否具有同一性，决定了二者之间是否有因果关系。

例如，福建省高级人民法院审理的福建省泉州市丰泽船务有限公司与南京兴安航运有限公司船舶碰撞损害赔偿纠纷上诉案中，①涉案"兴安"轮与"泉丰轮369"轮在福建泉州围头湾水域发生碰撞，事故造成"泉丰轮369"轮沉没、5名船员死亡，"兴安"轮船首受损。根据泉州海事局的事故调查结论，"兴安"轮应承担此次事故的主要责任，"泉丰轮369"轮承担次要责任。其中，"兴安"轮船员配员不足，仅有轮机长、大管轮有适任证书，1名驾驶员持有500总吨以下的船长适任证书（"兴安"轮总吨885吨），其他船员均未持有船员适任证书，船员配备严重不符合配员规则要求，当班驾驶员不适任，导致未能在两船构成碰撞危险局面的情况下采取有效的避碰措施与该起事故有直接的因果关系，也是导致本起事故的重要原因。事故发生后，"泉丰轮369"轮的船舶所有人向"兴安"轮船舶所有人兴安公司索赔事故造成的损失，在诉讼进行过程中，兴安公司援引责任限制抗辩，一审法院认为涉案事故是由当班船员不适任所致，可以视为是船员轻率地作为或不作为造成的，兴安公司因对船舶船员更换及配员、持证情况不知情，因而责任人本人没有与船员相同的主观过错，故仍可以限制责任。

在二审中，福建省高级人民法院认为，兴安公司为最低安全配员的责任人，其不仅有为船舶配备合格船员、履行安全配员的义务，而且对船员的配备应当是知情的，若其不知情，因船员配备不足、船员不适任导致事故发生，证明兴安公司疏于船舶安全的监督管理，漠视船舶安全问题，是对碰撞事故发生的放任，符合海商法第209条规定的情形，丧失责任限制权利。简言之，福建最高人民法院认为由于兴安公司的重大过失导致船舶不适航，而船舶不适航

---

① 福建省高级人民法院民事判决书，〔2009〕闽民终字第655号，载北大法宝－中国法律检索系统，http：//bmla.chinalawinfo.com/NewLaw2002/SLC/SLC.asp？Db＝fnl&Gid＝117667040，2011年2月18日14：12访问。

情形的存在致使事故发生，因而兴安公司丧失责任限制权利。

与之相对应，有的案件中虽然船舶有不适航的情形，然而事故的发生与船舶的不适航之间没有因果关系，这样的话，若海事请求人仅能证明肇事船舶不适航，不能达到"证明引起赔偿请求的损失是由于责任人本人的故意或者明知可能造成损失而轻率地作为或者不作为造成的"的证明程度，[1] 就不能够否定责任人的责任限制权利。[2]

（四）举证责任

尽管海商法像《1976 年海事赔偿责任限制公约》一样，没有明确该由哪一方当事人承担举证责任，然而海商法第 209 条规定，"经证明"，引起赔偿请求的损失是由于责任人的故意或者明知可能造成损失而轻率地作为或者不作为造成的，责任人才丧失责任限制权利，该条的措辞明显是把证明责任分配给受害方，[3] 所以一般

---

① 最高人民法院《关于审理海事赔偿责任限制相关纠纷案件的若干规定》第 19 条。

② 例如，广州海事法院审理的林洪川等诉湛江市沧海船务有限公司等船舶碰撞货损赔偿纠纷案，在该案中，托运人委托沧海公司所属并经营的"银虹"轮运输 5 个集装箱的货物从海口新港码头起航前往广州黄埔外码头，在航行中与从广州黄埔开往香港的"穗港信 202"轮碰撞，"银虹"轮沉没，船上所载货物全部落水。法院经审理认定两船互有过失。其中"穗港信 202"轮按最低安全配员证书应当配备 7 人，其中应配备二副 1 人，对三副没有规定必须配备。该轮本航次实际配备 8 人，其中三副 1 人，未配备二副。三副不能代替二副，应认为该轮所配船员缺少二副，配员不当。"银虹"轮沿海船舶最低安全配员证书的最低安全配员为 11 人，该轮本次航行实际只有船员 9 人，没有达到规定的船舶最低配员标准。然而尽管如此，法院查明"银虹"轮虽然配员不足，但事故发生时有船长在驾驶台指挥船舶进港，大副操舵，另一船员协助瞭望，机舱配有适任值班员，因而"银虹"轮配员不足和本次碰撞事故没有因果关系。"穗港信 202"轮以三副代替二副属配员不当，但碰撞事故发生时船长操舵，水手瞭望，其配员不当和碰撞造成的损失也没有因果关系。故碰撞损失不是责任人本人的故意或明知可能造成损失而轻率地作为或不作为造成的，两轮的船东依法可以限制责任。参见广州海事法院民事判决书，〔2003〕广海法初字第 246 号，载北大法宝－中国法律检索系统，http: //bmla. chinalawinfo. com/NewLaw2002/SLC/SLC. asp? Db = fnl&Gid = 117454074，2011 年 2 月 22 日 22：29 访问。

③ 杨良宜著：《海事法》，大连海事大学出版社 1999 年版，第 223 页。

认为，举证责任在索赔人一方。[①] 要推翻责任限制权利，索赔人必须证明损失或损害由责任人本人行为或疏忽所致，且责任人的主观心理状态应当是故意或者重大过失。[②] 如果索赔人举证不充分，存在疑问的话，责任方仍可以主张责任限制。这样一来，索赔人要想否定责任限制是不太容易的，责任限制对于船舶所有人来说几乎是不可否认的。而在《1957年海船所有人责任限制国际公约》中，船舶所有人的"实际过失或知情"的举证责任由主张责任限制的船舶所有人承担，因而索赔人更容易否定责任限制。

在上海波蜜食品有限公司诉上海海华轮船有限公司水路货物运输合同纠纷案中，[③] 波蜜公司的6个集装箱饮料交由海华公司期租的"华顶山"轮由上海运至广东黄埔和蛇口，该轮由于违规装载危险品引发火灾和爆炸而在厦门海域沉没。波蜜公司主张海华公司对于载运违规危险品明知可能造成损失而轻率地作为造成的损失无权限制责任。法院认为：

关于海事赔偿责任限制的举证主体等，海商法第209条等均无明确规定。鉴于海商法与《1976年海事赔偿责任限制公约》的渊源并根据民事诉讼法和最高人民法院《关于民事诉讼证据的若干规定》所确立的举证责任的一般原则，本院认为，在此类案件中，赔偿请求人应负责举证证明其损失是由于被告"故意或者明知可能

---

① 详见傅廷中著：《海商法论》，法律出版社2007年版，第440页。与之相对照，《1924年责任限制公约》和《1957年海船所有人责任限制国际公约》的证明责任在申请责任限制的人一边，责任限制申请人有责任证明损失与其"实际过失或私谋无关"（without his actual fault or privity）。Privity 意味着知情或者同意。See William Tetley, International Maritime and Admiralty Law, Les Editions Yvon Blais Inc., 2002, p. 284.

② 最高人民法院《关于审理海事赔偿责任限制相关纠纷案件的若干规定》第19条。

③ 厦门海事法院民事判决书，〔2004〕厦海法商初字第408号，载北大法宝－中国法律检索系统，http://bmla. chinalawinfo. com/NewLaw2002/SLC/SLC. asp? Db = fnl&Gid = 117458486，2011年2月23日14：05访问。

造成损失而轻率地作为或者不作为造成的"。在原告初步完成其举证的情况下，即应由被告提出相反证据，证明自己不存在海商法第209条所规定的"故意或者明知可能造成损失而轻率地作为或者不作为造成"的行为，或证明自己虽有故意或明知行为，但与损害后果之间无因果关系。不能证明的，责任人便不能限制赔偿责任。

## 七、赔偿限额

赔偿限额是责任人依据海商法规定，根据船舶的总吨位以一定比例计算出的金额作为承担赔偿责任最高额度。海商法关于责任限额的规定与《1976年海事赔偿责任限制公约》相同：一是采取了以船舶的登记总吨位作为基准以一定比例计算限额；二是每吨位的增加额随着吨位的增加而递减；三是以国际货币基金组织的特别提款权（SDR）作为计算单位；四是在既有财产损害又有人身损害的情况下，分别计算人身损害的责任限额与财产损害的责任限额，人身损害的限额不够用的，差额部分还可以从财产损害的限额中按比例受偿，体现了人道主义优先的原则；五是针对国际海上旅客运输，为与《雅典公约》相协调，另行规定了旅客人身伤亡的责任限额；六是责任限额采用事故主义，即"一个事故，一个限额"。

### （一）海上货物运输赔偿限额

对于海上货物运输过程中的损害赔偿，海商法根据船舶吨位的大小及船舶是否从事国际航线运输或者作业，规定了不同的责任限额计算方法。一种是针对20总吨以上的从事国际航线运输的船舶；另一种是对于从事中华人民共和国港口之间或沿海运输的船舶根据我国实际情况另行规定一种标准。

具体来说，船舶的责任限额按照以下标准计算：

1. 国际航线船舶的责任限额。

对于航行于国际航线的船舶，海商法规定的责任限额与《1976 年海事赔偿责任限制公约》相同①：

---

① See LLMC 1976 Article 6 The general limits

1. The limits of liability for claims other than those mentioned in Article 7, arising on any distinct occasion, shall be calculated as follows:

(a) in respect of claims for loss of life or personal injury,

(i) 333, 000 Units of Account for a ship with a tonnage not exceeding 500 tons,

(ii) for a ship with a tonnage in excess thereof, the following amount in addition to that mentioned in (i):

for each ton from 501 to 3, 000 tons, 500 Units of Account;

for each ton from 3, 001 to 30, 000 tons, 333 Units of Account;

for each ton from 30, 001 to 70, 000 tons, 250 Units of Account; and

for each ton in excess of 70, 000 tons, 167 Units of Account,

(b) in respect of any other claims,

(i) 167, 000 Units of Account for a ship with a tonnage not exceeding 500 tons,

(ii) for a ship with a tonnage in excess thereof the following amount in addition to that mentioned in (i):

for each ton from 501 to 30, 000 tons, 167 Units of Account;

for each ton from 30, 001 to 70, 000 tons, 125 Units of Account; and

for each ton in excess of 70, 000 tons, 83 Units of Account.

2. Where the amount calculated in accordance with paragraph 1 (a) is insufficient to pay the claims mentioned therein in full, the amount calculated in accordance with paragraph 1 (b) shall be available for payment of the unpaid balance of claims under paragraph 1 (a) and such unpaid balance shall rank rateably with claims mentioned under paragraph 1 (b).

3. However, without prejudice to the right of claims for loss of life or personal injury according to paragraph 2, a State Party may provide in its national law that claims in respect of damage to harbour works, basins and waterways and aids to navigation shall have such priority over other claims under paragraph 1 (b) as is provided by that law.

4. The limits of liability for any salvor not operating from any ship or for any salvor operating solely on the ship to, or in respect of which he is rendering salvage services, shall be calculated according to a tonnage of 1, 500 tons.

5. For the purpose of this Convention the ship's tonnage shall be the gross tonnage calculated in accordance with the tonnage measurement rules contained in Annex I of the International Convention on Tonnage Measurement of Ships, 1969.

一、超过20总吨、不满300总吨的船舶[①]

（一）关于人身伤亡的赔偿请求：

1. 超过20总吨、21总吨以下的船舶，赔偿限额为54000计算单位；

2. 超过21总吨的船舶，超过部分每吨增加1000计算单位。

（二）关于非人身伤亡的赔偿请求：

1. 超过20总吨、21总吨以下的船舶，赔偿限额为27500计算单位；

2. 超过21总吨的船舶，超过部分每吨增加500计算单位。

二、300总吨以上船舶

海商法第210条第1款规定："除本法第二百一十一条另有规定外，海事赔偿责任限制，依照下列规定计算赔偿限额：

（一）关于人身伤亡的赔偿请求

1. 总吨位300吨至500吨的船舶，赔偿限额为333000计算单位；

2. 总吨位超过500吨的船舶，500吨以下部分适用本项第1目的规定，500吨以上的部分，应当增加下列数额：

501吨至3000吨的部分，每吨增加500计算单位；

3001吨至30000吨的部分，每吨增加333计算单位；

30001吨至70000吨的部分，每吨增加250计算单位；

超过70000吨的部分，每吨增加167计算单位。

（二）关于非人身伤亡的赔偿请求

1. 总吨位300吨至500吨的船舶，赔偿限额为167000计算单位；

2. 总吨位超过500吨的船舶，500吨以下部分适用本项第1目的规定，500吨以上的部分，应当增加下列数额：

---

[①]《关于不满300总吨船舶及沿海运输、沿海作业船舶海事赔偿限额的规定》第3条。

501 吨至 30000 吨的部分，每吨增加 167 计算单位；

30001 至 70000 吨的部分，每吨增加 125 计算单位；

超过 70000 吨的部分，每吨增加 83 计算单位。

（三）依照第（一）项规定的限额，不足以支付全部人身伤亡的赔偿请求的，其差额应当与非人身伤亡的赔偿请求并列，从第（二）项数额中按照比例受偿。

（四）在不影响第（三）项关于人身伤亡赔偿请求的情况下，就港口工程、港池、航道和助航设施的损害提出的赔偿请求，应当较第（二）项中的其他赔偿请求优先受偿。

（五）不以船舶进行救助作业或者在被救船舶上进行救助作业的救助人，其责任限额按照总吨位为 1500 吨的船舶计算。"

从上述条文可以看出，海商法与《1976 年海事赔偿责任限制公约》一样，对于人的损害与物的损害按照不同的标准分别计算责任限额，并且如果人身伤亡的基金限额不足以支付全部索赔时，其不足部分还可以与财产索赔一起参加物的损害的基金的分配，体现了保护人权优先的人道主义精神。

在海上（含通海水域）和港口作业过程中受害人因海事事故导致生命、健康受到侵害的，如果该纠纷中含有涉外因素，即案件的主体、客体和法律事实具有涉外因素的，针对这类涉外人身伤亡损害赔偿纠纷，最高人民法院于 1991 年 11 月 8 日通过的《关于审理涉外海上人身伤亡案件损害赔偿的具体规定（试行）》（法发〔1992〕16 号）第 7 条规定："海上人身伤亡损害赔偿的最高限额为每人 80 万元人民币。"这一规定与海商法第 11 章关于人身伤亡的责任限额之间是什么关系？它意味着海事事故中一旦有人身伤亡，每个受害人的赔偿限额限于 80 万元人民币，还是针对每个受害人没有最高赔偿限额，责任人仅能享受海商法第 210 条规定的总的赔偿限额？浙江省高级人民法院在巴拿马古德吉尔航运股份有限公司与俞某海上人身损害赔偿纠纷上诉案中对这一问题的看法是：

关于船东责任限制问题，在 1993 年 7 月 1 日实施的我国海商法中已有明确规定，最高人民法院 1991 年 11 月 8 日通过的《关于审理涉外海上人身伤亡案件损害赔偿的具体规定（试行）》与此后海商法的规定相抵触。根据最高人民法院 1992 年 11 月 18 日发布的《关于学习宣传和贯彻执行〈中华人民共和国海商法〉的通知》第 6 条规定，海商法施行后，最高人民法院对海事海商案件实体审理方面所作的规定、解释，凡与海商法相抵触的，今后不再适用。据此，对本案上诉人的赔偿责任限制的认定，应适用海商法第 11 章的规定。即使在上诉人享有赔偿责任限制的情况下，根据海商法第 210 条第 1 款的规定计算。[①]

应当说浙江省高级人民法院的这一解释立场是值得赞同的，一是因为最高人民法院《关于审理涉外海上人身伤亡案件损害赔偿的具体规定（试行）》颁布在海商法之前，因而它并不是对海商法的解释；二是在最高人民法院《关于审理涉外海上人身伤亡案件损害赔偿的具体规定（试行）》之后颁布和实施的海商法中，针对海上货物运输作业中发生的人身伤亡纠纷，并没有像海上旅客运输那样规定以受害人个人为标准的责任限额，仅规定了海事赔偿责任限制，因而在这种情况下，法律的规定应当优先于司法解释的规定，责任人可享受的责任限制是海商法第 210 条规定的责任限额，

---

① 浙江省高级人民法院民事判决书，〔2001〕浙经二终字第 96 号，载北大法宝 – 中国法律检索系统，http://bmla.chinalawinfo.com/NewLaw2002/SLC/SLC.asp? Db = fnl&Gid = 117455248，2011 年 2 月 17 日 16：31 访问。此案的基本事实是被上诉人（原审原告）俞某与同事沈某乘坐小艇准备登上上诉人所属的巴拿马籍的"春天商人"轮引航，该轮的右舷驾驶台前部放置了引航软梯，沈某先行登梯，当其登上 2.5 米左右，俞某随后登上软梯，此时该引航软梯的绳索突然断裂，沈某从高处摔落到业已登梯的被上诉人身上，使被上诉人跌落在小艇的舷墙上而致使其严重受伤。被上诉人遂向上诉人索赔受伤致残的损失 680 余万元。

不能援引《关于审理涉外海上人身伤亡案件损害赔偿的具体规定（试行）》规定的限额。

2. 航行于国内港口之间或沿海运输作业船舶的责任限额。

（1）不满 300 总吨的船舶。

从事中华人民共和国港口之间货物运输或者沿海作业的船舶，不满 300 总吨的，① 其海事赔偿限额依照国际航线船舶相对应吨位船舶的赔偿限额的 50% 计算。②

（2）300 总吨以上的船舶。

这类船舶的海事赔偿限额依照海商法第 210 条第 1 款规定的赔偿限额的 50% 计算。③

可见在我国，从事不同航线运输的船舶，其享受的责任限额标准是不一致的，船舶从事中华人民共和国港口之间的货物运输或者沿海运输或者作业，依照交通部《关于不满 300 总吨船舶及沿海运输、沿海作业船舶海事赔偿限额的规定》（以下简称《规定》）所规定的计算责任限额标准，这一赔偿限额的标准比较低；300 总

---

① 关于计算责任限额的船舶总吨位，海商法规定的计算责任限额的吨位单位为总吨，但并没有指明以何种丈量方法计算的总吨。对于外籍船舶而言，若船旗国或者船籍国是《1976 年海事赔偿责任限制公约》的成员国，或者是《1969 年国际船舶吨位丈量公约》（International Convention on Tonnage Measurement of Ships, 1969）的成员国，船舶总吨位按照《1969 年国际船舶吨位丈量公约》规定的丈量方法计算；对于中国籍或者悬挂中国国旗的船舶，按照中华人民共和国船舶检验局颁布的《船舶吨位丈量规范》规定的丈量方法计算总吨位。根据《船舶吨位丈量规范》，国际航行船舶按照《1969 年国际船舶吨位丈量公约》规定的丈量方法计算总吨位，国内航行船舶按照《船舶吨位丈量规范》规定的更为简单的丈量方法计算总吨位。我国于 1980 年 4 月 8 日交存了加入《1969 年国际船舶吨位丈量公约》的加入书，该公约于 1982 年 7 月 18 日对我国生效，我国政府于 2005 年 7 月 8 日以照会的方式通知国际海事组织秘书长公约适用于澳门特别行政区；有关通知书自 2005 年 7 月 18 日起产生效力。该公约于 1997 年 7 月 1 日之前已经适用于香港特别行政区，之后继续适用。

② 《关于不满 300 总吨船舶及沿海运输、沿海作业船舶海事赔偿限额的规定》第 4 条。

③ 《关于不满 300 总吨船舶及沿海运输、沿海作业船舶海事赔偿限额的规定》第 4 条。

吨以上的从事国际运输（我国港口与香港、澳门、台湾地区港口之间的运输视为国际运输）的船舶责任限额适用海商法第 210 条的规定，[①] 赔偿限额的标准与《1976 年海事赔偿责任限制公约》相同，而 20 总吨以上 300 总吨以下的船舶适用交通部《规定》第 3 条的限额计算标准。

关于一艘船舶是航行沿海航线还是远洋航线，判断的标准不是船舶所持有的船舶适航证书中载明的准予航行的区域及船舶有能力航行的区域，而应当以船舶营业运输证核定许可的经营范围为准，换句话说，不能以船舶自身设计的性能为准，而应当以船舶的经常营业航线为准。[②]

3. 计算责任限额实例。

假设针对一艘登记总吨位为 5354 总吨的国际航线船舶提出人身伤亡和财产损害索赔，责任限额应按照以下方法计算（见下表）：

---

[①] 龚婕：《广东外运佛山船务公司申请设立海事赔偿责任限制基金案》，载金正佳主编：《中国海事审判年刊（2003）》，人民交通出版社 2004 年版，第 563～569 页。

[②] 最高人民法院指导案例第 16 号：中海发展股份有限公司货轮公司申请设立海事赔偿责任限制基金案（最高人民法院审判委员会讨论通过，2013 年 1 月 31 日发布）。该案中涉及关于"宁安 11"轮是否属于海商法第 210 条第 2 款所规定的"从事中华人民共和国港口之间的运输的船舶"，进而应当适用何种限额的问题。法院认为，异议人提出"宁安 11"轮所准予航行的区域为近海，是一艘可以从事国际远洋运输的船舶。本院认为，判断船舶是否系"从事中华人民共和国港口之间的运输的船舶"，不应以船舶适航证书上所记载的可航行区域以及船舶有能力航行的区域来确定。涉案事故发生时"宁安 11"轮所从事的航次是从秦皇岛港至上海港，该轮营业运输证载明的核定经营范围为"国内沿海及长江中下游各港间普通货物运输"。因此，该轮属于海商法第 210 条第 2 款所规定的"从事中华人民共和国港口之间的运输的船舶"。申请人申请适用海商法第 210 条第 2 款和交通部《规定》第 4 条的规定计算涉案基金的数额，并无不当。异议人的相关异议理由，以及适用海商法第 210 条第 1 款第 2 项的规定计算涉案基金数额的主张，依据不足，不予采纳。

| 人身伤亡责任限额 | | |
|---|---|---|
| 吨位 | 每吨增加的 SDRs | 责任限额（SDRs） |
| 300～500 | — | 333000 |
| 501～3000 | 2500×500 | 1250000 |
| 3001～5354 | 2354×333 | 783882 |
| | | 2366882 |
| 财产损害责任限额 | | |
| 300～500 | — | 167000 |
| 501～5354 | 4854×167 | 810618 |
| | | 977618 |
| 总的责任限额 | | 3344500 |

（注：上述例证中的特别提款权换算成人民币时，按法院准予设立基金的裁定生效之日的特别提款权对人民币的换算办法计算得出的人民币数额。[①]）

4. 碰撞船舶责任限额标准的适用。

由于不同的计算责任限额的标准的存在，导致实践中可能会出现同一事故中发生碰撞的船舶各自适用不同的海事赔偿限额的情况，如有的船舶适用海商法第210条规定的责任限额标准，有的船舶适用《规定》第4条规定的较低的责任限额标准，这种情况应当如何处理，《规定》第5条规定了解决办法："同一事故中的当事船舶的海事赔偿限额，有适用《中华人民共和国海商法》第二百一十条或者本规定第三条规定的，其他当事船舶的海事赔偿限额应当同样适用。"实务界及理论界对于该处理办法的理解一直存在争议，交通部针对这一问题，在1997年10月9日发布的《关于厦

---

① 最高人民法院《关于审理海事赔偿责任限制相关纠纷案件的若干规定》第20条。

门海事法院有关碰撞船舶赔偿责任限额问题的复函》中指出：

> 同一海事事故（比如船舶碰撞）的当事船舶的海事赔偿责任限额，有适用海商法第210条第1款或《规定》第3条的，其他当事船舶的海事赔偿责任限额应当同样适用。即其他当事船舶的海事赔偿责任限额，应当按照吨位的大小，适用海商法第210条第1款或《规定》第3条的规定。

最高人民法院的立场倾向于"就高不就低"，即同一事故中若有的船舶适用较高标准的责任限额标准，其他船舶也应适用这一较高的标准。① 实务中法院也持同样立场。例如，在海口南青集装箱班轮公司与海南农垦电子商务交易中心等申请设立海事赔偿责任限制基金异议案中，"南青"轮与"中航902"轮在广东珠江水域发生碰撞，"南青"轮沉没。"南青"轮船东申请设立责任限制基金。"中航902"轮核定的货运航线为深圳、珠海及珠江三角洲各市所属口岸至香港、澳门，该船的海事赔偿限额适用海商法第210条第1款的规定。因此，同一事故中"南青"轮的海事赔偿限额应当同样适用海商法第210条第1款的规定，而不是按照第210条第1款

---

① 在田浩撰写的《解决实践难题　统一裁判尺度——最高人民法院民四庭负责人答记者问》（载《人民法院报》2010年9月1日第2版）一文中最高人民法院民四庭负责人认为："法律解释应当首先从法律规定的文义出发。从交通部《规定》第五条的文句来看，'当事船舶的海事赔偿责任限额'是根据船舶吨位计算得出的数据，不论当事船舶主观上是否主张责任限制，其始终客观存在。因此，当事船舶的限额有适用《中华人民共和国海商法》第二百一十条或者交通部《规定》第三条规定的，应当是指当事船舶的限额有应当依照《海商法》第二百一十条第一款或者交通部《规定》第三条规定计算的情况，亦即当事船舶之一为国际航线船舶的情况。在此种情况下，为避免发生船旗歧视的问题，沿海船舶的限额应当适用相同的标准。"

的 50%计算。①

然而对于前述观点仍然有异议,就《规定》第 5 条中的"有适用"一词是指船舶的责任限额应根据海商法第 210 条或者《规定》第 3 条计算,还是指"有申请适用"?实践中有的法院持后一种看法,如在中国人民财产保险股份有限公司厦门市分公司与泉州安盛船务有限公司等申请设立海事赔偿责任限制基金纠纷上诉案中,② 同一海事事故中的"CHON JI 2"轮应按照海商法第 210 条的规定计算责任限额,另一艘船舶"安盛集 6"轮系从事我国国内港口之间货物运输的船舶,应适用交通部《规定》第 4 条的规定,"安盛集 6"轮应当依据海商法第 210 条还是《规定》第 4 条来计算责任限额成为争议焦点。一审和二审法院认为,由于"CHON JI 2"轮船东并没有提出设立海事赔偿责任限制基金的申请或申请实施其责任限制权利,因此《规定》第 5 条不符合本案适用的情形,换句话说,该条规定中的"有适用"应理解为"有申请适用",故"安盛集 6"轮仍应适用《规定》第 4 条计算申请人海事赔偿责任限制基金限额。

5. 双方有责碰撞事故中责任限额的计算。

对于双方互有责任也互有损失的船舶碰撞事故,被告就同一事故向请求人提出反请求的,双方的请求金额应当先相互抵消,赔偿限额仅适用于两个请求金额之间的差额。③ 也就是说,在船舶碰撞

---

① 海口海事法院民事裁定书,〔2005〕海限字第 1 号,载北大法宝 - 中国法律检索系统,http://bmla.chinalawinfo.com/NewLaw2002/SLC/SLC.asp?Db = fnl&Gid = 117459206,2011 年 2 月 22 日 20:57 访问。

② 福建省高级人民法院民事裁定书,〔2010〕闽民终字第 111 号,载北大法宝 - 中国法律检索系统,http://bmla.chinalawinfo.com/NewLaw2002/SLC/SLC.asp?Db = fnl&Gid = 117746733,2011 年 2 月 23 日 15:52 访问。

③ 海商法第 215 条。See also LLMC 1976 Article 5 Counterclaims Where a person entitled to limitation of liability under the rules of this Convention has a claim against the claimant arising out of the same occurrence, Their respective claims shall be set off against each other and the provisions of this Convention shall only apply to the balance, if any.

事故中，两船都有责任且均受损的情况下，一方向另一方的索赔不能够先限制责任，之后再抵消，而是应当先将双方索赔的数额进行抵消，差额再适用责任限制。

注意海商法第 215 条规定的"先抵消，后限制"的规则仅适用于"同一事故"产生的请求，不同事故产生的请求不能够进行抵消。

同时，本条规定所涉及的请求与反请求均应属于海商法第 207 条规定的可限制责任的赔偿请求，若一方的请求为可限制责任的赔偿请求，另一方为不可限制责任的赔偿请求，则二者之间不能进行抵消，如船舶所有人对救助人救助作业中因疏忽造成损害提出的反请求，就不能够与救助人的救助报酬请求相抵消，因为救助报酬请求是责任限制的例外。[①]

（二）旅客运输责任赔偿限额

关于海上旅客运输的责任限额，与海上货物运输一样，以船舶运营的航线区域为标准，海商法规定了国际运输与沿海运输两个体系。

1. 国际海上旅客运输的责任限额。

海商法第 211 条第 1 款规定："海上旅客运输的旅客人身伤亡赔偿责任限制，按照 46666 计算单位乘以船舶证书规定的载客定额

---

① Nigel Meeson, *Admiralty Jurisdiction and Practice*, LLP, 3rd edn., 2003, p. 257.

计算赔偿限额，但是最高不超过 25000000 计算单位。"①

2. 沿海旅客运输的责任限额。

对于中华人民共和国港口之间海上旅客运输的责任限额，② 海商法第 211 条第 2 款规定："中华人民共和国港口之间海上旅客运输的旅客人身伤亡，赔偿限额由国务院交通主管部门制定，报国务院批准后施行。"依据交通部于 1993 年 12 月 17 日颁布的《港口间海上旅客运输赔偿责任限额规定》，承运人在每次海上旅客运输中的赔偿责任限额，按照下列规定执行：

（一）旅客人身伤亡的，每名旅客不超过 40000 元人民币；

（二）旅客自带行李灭失或者损坏的，每名旅客不超过 800 元人民币；

（三）旅客车辆包括该车辆所载行李灭失或者损坏的，每一车辆不超过 3200 元人民币；

（四）前述第（二）项、第（三）项以外的旅客其他行李灭失或者损坏的，每千克不超过 20 元人民币。

承运人和旅客可以书面约定高于本条第一款规定的赔偿责任限额。③

---

① 海商法关于国际海上旅客运输的责任限额规定与《1976 年海事赔偿责任限制公约》相同。See LLMC 1976 Article 7 The limit for passenger claims

1. In respect of claims arising on any distinct occasion for loss of life or personal injury to passengers of a ship, the limit of liability of the shipowner thereof shall be an amount of 46，666 Units of Account multiplied by the number of passengers which the ship is authorized to carry according to the ship's certificate, but not exceeding 25 million Units of Account.

2. For the purpose of this Article "claims for loss of life or personal injury to passengers of a ship" shall mean any such claims brought by or on behalf of any person carried in that ship：

（a）under a contract of passenger carriage, or

（b）who, with the consent of the carrier, is accompanying a vehicle or live animals which are covered by a contract for the carriage of goods.

② 《港口间海上旅客运输赔偿责任限额规定》第 2 条。

③ 《港口间海上旅客运输赔偿责任限额规定》第 3 条。

海上旅客运输的旅客人身伤亡赔偿责任限制，按照 4 万元人民币乘以船舶证书规定的载客定额计算赔偿限额，但是最高不超过 2100 万元人民币。[①]

该规定是 1993 年制定的，经过近 20 年后，考虑到通货膨胀、物价上升等因素，这一规定设定的责任限额明显过低，需要有关部门根据经济、社会情况的变迁，适时提高责任限额，以保护受害人的合法权益。

关于旅客运输责任限制，需要注意的是，它与海上货物运输责任限制的赔偿限额计算的不同之处在于，责任人的责任限额不是以船舶的吨位为基础而是以船舶的核定载客数量为基础计算。

(三) 计算单位

计算单位，是指国际货币基金组织规定的特别提款权;[②] 海事赔偿责任限制基金应当以人民币设立，其数额按法院准

---

[①]　《港口间海上旅客运输赔偿责任限额规定》第 4 条。

[②]　海商法第 277 条; See also LLMC 1976 Article 8 Unit of Account 1. The Unit of Account referred to in Articles 6 and 7 is the Special Drawing Right as defined by the International Monetary Fund. The amounts mentioned in Articles 6 and 7 shall be converted into the national currency of the State in which limitation is sought, according to the value of that currency at the date the limitation fund shall have been constituted, payment is made, or security is given which under the law of that State is equivalent to such payment. The value of a national currency in terms of the Special Drawing Right, of a State Party which is a member of the International monetary Fund, shall be calculated in accordance with the method of valuation applied by the International Monetary Fund in effect at the date in question for its operations and transactions. The value of a national currency in terms of the Special Drawing Right, of a State Party which is not a member of the International Monetary Fund, shall be calculated in a manner determined by that State Party.

# 予设立基金的裁定生效之日的特别提款权对人民币的换算办法

（接上注）2. Nevertheless, those States which are not members of the International Monetary Fund and whose law does not permit the application of the provisions of paragraph 1 may, at the time of signature without reservation as to ratification, acceptance or approval or at the time of ratification, acceptance, approval or accession or at any time thereafter, declare that the limits of liability provided for in this Convention to be applied in their territories shall be fixed as follow: (a) in respect of Article 6, paragraph 1 (a), at an amount of: (i) 5 million monetary units for a ship with a tonnage not exceeding 500 tons; (ii) for a ship with a tonnage in excess thereof, the following amount in addition to that mentioned in (i): for each ton from 501 to 3, 000 tons, 7, 500 monetary units; for each ton from 3, 001 to 30, 000 tons, 5, 000 monetary units; for each ton from 30, 001 to 70, 000 tons, 3, 750 monetary units; and for each ton in excess of 70, 000 tons, 2, 500 monetary units; and (b) in respect of Article 6, paragraph 1 (b), at an amount of: (i) 2. 5 million monetary units for a ship with a tonnage not exceeding 500 tons; (ii) for a ship with a tonnage in excess thereof, the following amount in addition to that mentioned in (i): for each ton from 501 to 30, 000 tons, 2, 500 monetary units; for each ton from 30, 001 to 70, 000 tons, 1, 850 monetary units; and for each ton in excess of 70, 000 tons, 1, 250 monetary units; and (c) in respect of Article 7, paragraph 1, at an amount of 700, 000 monetary units multiplied by the number of passengers which the ship is authorized to carry according to its certificate, but not exceeding 375 million monetary units.

Paragraphs 2 and 3 of Article 6 apply correspondingly to subparagraphs (a) and (b) of this paragraph.

3. The monetary unit referred to in paragraph 2 corresponds to sixty – five and a half milligrams of gold of millesimal fineness nine hundred. The conversion of the amounts referred to in paragraph 2 into the national currency shall be made according to the law of the State concerned.

4. The calculation mentioned in the last sentence of paragraph 1 and the conversion mentioned in paragraph 3 shall be made in such a manner as to express in the national currency of the State Party as far as possible the same real value for the amounts in Articles 6 and 7 as is expressed there in units of account. States Parties shall communicate to the depositary the manner of calculation pursuant to paragraph 1, or the result of the conversion in paragraph 3, as the case may be, at the time of the signature without reservation as to ratification, acceptance or approval, or when depositing an instrument referred to in Article 16 and whenever there is a change in either.

计算。①

### (四) 责任限额的适用范围

根据前述方法计算出来的责任限额适用于特定场合发生的全部限制性债权人的索赔总额。海商法第 212 条规定:"本法第二百一十条和第二百一十一条规定的赔偿限额,适用于特定场合发生的事故引起的,向船舶所有人、救助人本人和他们对其行为、过失负有责任的人员提出的请求的总额。"② 所谓"特定场合发生的事故"是指:③

在特定的时间和特定的地点因同一原因而发生的事故。同一航次中,基于不同的原因而发生的或者相互之间没有因果关系的数个

---

① 最高人民法院《关于审理海事赔偿责任限制相关纠纷案件的若干规定》第 20 条。

② 这一规定来源于《1976 年海事赔偿责任限制公约》第 9 条。See LLMC 1976 Article 9 Aggregation of claims

1. The limits of liability determined in accordance with Article 6 shall apply to the aggregate of all claims which arise on any distinct occasion:

(a) against the person or persons mentioned in paragraph 2 of Article 1 and any person for whose act, neglect or default he or they are responsible; or

(b) against the shipowner of a ship rendering salvage services from that ship and the salvor or salvors operating from such ship and any person for whose act, neglect or default he or they are responsible; or

(c) against the salvor or salvors who are not operating from a ship or who are operating solely on the ship to, or in respect of which, the salvage services are rendered and any person for whose act, neglect or default he or they are responsible.

2. The limits of liability determined in accordance with Article 7 shall apply to the aggregate of all claims subject thereto which may arise on any distinct occasion against the person or persons mentioned in paragraph 2 of Article 1 in respect of the ship referred to in Article 7 and any person for whose act, neglect or default he or they are responsible.

③ 最高人民法院民事审判第四庭:《涉外商事海事审判实务问题解答(一)续》第 181 条,参见中国涉外商事海事审判网:http://www.ccmt.org.cn/shownews.php? id =5035;2011 年 3 月 3 日 17:03 访问。

事故，即使时间上相隔很短，也属于两个特定场合发生的事故，责任人须承担相当于两个责任限额的赔偿责任。

因而，"就一个特定的事故所产生的、属于海商法第 207 条规定的所有海事请求，即使对这些海事请求应当负责的人有两个或多个，所有债权人实际受偿金额之和不能超过一个责任限额。据此，当一个事故发生后，只要当事船舶责任方中的一个责任人设立了基金，无论该基金是为多个责任人共同设立还是为一个责任人单独设立，其他与该船舶有关的责任人均可以共同享受该基金设立后的利益"。[①] 此即所谓"一次事故，一个限额"的原则。

（五）拖航、拖带运输的赔偿限额计算

海上拖航，又称拖带，是指承拖方用拖轮将被拖物经海路从一地拖至另一地，而由被拖方支付拖航费的提供劳务的活动。在拖航作业中，拖轮以其动力拖带被拖物驳船或者其他没有动力的船舶，被拖船舶上还可能装载货物等。

在海上拖航过程中，可能发生船舶碰撞，如拖航的船队与其他船舶相撞，也可能发生拖航船队触碰岸上设施的情况，因而造成第三人受到损害，船队内部的船舶也有可能发生碰撞，造成拖轮或者被拖物的损害。对于后一种情况，海商法规定，如果是承拖方或者被拖方遭受损失，该损失由一方的过失造成的，有过失的一方应当负赔偿责任；由双方过失造成的，各方按照过失程度的比例负赔偿责任。[②] 但是，如果当事人之间没有合同约定或者没有不同约定，在被拖方受损害的情况下，承托方对于因拖轮船长、船员、引航员

---

① 长葛市康业废旧物资有限公司诉泰州市生松船务有限公司等船舶碰撞损害赔偿纠纷案，上海海事法院民事判决书，〔2007〕沪海法商初字第 549 号，载北大法宝－中国法律检索系统，http: //bmla. chinalawinfo. com/NewLaw2002/SLC/SLC. asp? Db = fnl&Gid = 117615790，2011 年 2 月 13 日 20：47 访问。

② 海商法第 162 条。

或者承拖方的其他受雇人、代理人在驾驶拖轮或者管理拖轮过程中的过失，拖轮在海上救助或者企图救助人命或者财产时的过失造成的被拖方损失不负赔偿责任。[①] 换句话说，承托方在不符合海商法第 162 条规定的免责条件时，需要根据其过失比例对被拖方的损失承担赔偿责任。

在海上拖航过程中，由于承拖方或者被拖方的过失，造成第三人人身伤亡或者财产损失的，承拖方和被拖方对第三人负连带赔偿责任。[②] 在依法承担对第三人责任时，鉴于海上拖航一般是由拖轮与被拖物组成船队，与一般的海上运输仅用单条船进行运输不同，因而一旦发生海难事故，需要确定责任人的赔偿责任时，应当以拖轮的吨位、被拖物的吨位，还是拖轮与被拖物吨位的总和计算责任限额呢？这一点在海商法中并没有明确。

在英美海商法实务中，针对此种情况，传统上有所谓的船队原则（flotilla principle），即当发生损害时，船舶处于拖航状态，多艘船舶形成船队，如果船舶属于同一船舶所有人所有，即以船队中全部船舶的吨位计算责任限额。

不过这一原则到了 20 世纪中叶以后并不很受欢迎。英国的丹宁勋爵在"布赖姆雷摩尔"号轮（The Bramley Moore）案中就拒绝适用船队原则，[③] 认为应当以导致碰撞发生的有过失的拖轮的吨位计算责任限额，而不是以船队船舶的全部吨位计算，尽管后者能够产生一个大得多的限额。只有导致损害的行为部分发生在被拖物船上时，才可以把被拖船舶的吨位加进来。这是英国法院目前采用的严格适用船队原则的立场。而英国法看来并不注重船队中船舶是否属于同一船舶所有人所有，而是更注意考察造成损害的作为或者

---

① 海商法第 162 条。

② 海商法第 163 条。

③ The Bramley Moore, [1963] 2 Lloyd's Rep. 429 at p. 436，在本案中拖轮和被拖轮属于不同的船舶所有人。

不作为具体发生在哪一艘船上，换句话说，就是哪一艘船有过失。①

加拿大法院在这一问题上的立场较之英国法院更为宽松。如果船队中的船舶属于同一船舶所有人所有，且实际损害是由船队共同造成的，即使造成损害的疏忽或者过失仅发生在拖轮之上，也可以以船队整体吨位计算责任限额。例如，如果拖轮和被拖船属于同一船舶所有人，被拖船碰撞他船或者对岸上设施造成损害，即使造成碰撞的疏忽仅发生在拖轮上，也可以将被拖船的吨位加上拖轮的吨位计算责任限额。因为拖轮和被拖物都在实际上导致或者促成损害，于是拖轮与被拖船形成"不法行为集体"（wrongdoing mass）。可见在加拿大海商法中，船队原则在符合两个条件时可以适用：（1）船队中的全部船舶为一个船舶所有人所有；（2）船队中的全部船舶实际上造成了损害的发生。②

美国法院对此问题的判决并不一致，总的来说，较早的案例支持在单一侵权（pure tort）情形下，以有过失的拖轮估价；然而较晚的案例在此情形下依然要求以从事同一作业的船舶整体的价值设立责任限制基金。与此相对照，当船舶所有人与索赔方之间存在合同关系时，则要适用船队原则，以拖轮和被拖船舶的价值计算责任基金的数额。但是美国法院对于单一侵权与合同关系之间的主要区别尚无定论，于是法院就将船队原则限于全部船舶属同一所有人并且受共同的控制，在海事事故发生时受雇于同一企业的情形。③

在实践中，我国法院处理过拖轮所有人拖带其所有的或者经营

① See William Tetley, *International Maritime and Admiralty Law*, Les Editions Yvon Blais Inc., 2002, p. 304.

② See William Tetley, *International Maritime and Admiralty Law*, Les Editions Yvon Blais Inc., 2002, p. 305.

③ Thomas J. Schoenbaum, *Admiralty and Maritime Law*, 4th edn., 2004, Thomson West, pp. 824 – 825; see also Robert Force, *Admiralty and Maritime Law*, Federal Judicial Center 2004, pp. 137 – 138.

的驳船载运货物，对第三人造成损害的案例。需要指出的是，这种情形下的海上拖航在我国海商法中被视为海上货物运输。[①] 在这一案件中，拖轮及其拖带的驳船在事发之时均为同一责任人所有，拖轮所有人运用拖轮及其拖带的驳船承运托运人托运的货物，在中途停靠港发生货损事故，拖轮及驳船的所有人遂申请设立海事赔偿责任限制基金。在审理利害关系人对申请人提出的异议时，法院认为，本案运输系拖轮拖带驳船进行的运输，由于本案驳船并无动力装置，需要依靠拖轮完成航行和运输过程，因此应将拖轮以及拖轮所拖带的驳船视为一个整体，不应将二者割裂，其船舶总吨位应予合并计算，并在此基础上计算有关赔偿责任限制金额。[②] 可见，实践中我国法院也认为对于船队原则应当严格把握其条件而适用。

## 八、责任限制与船舶优先权

海事赔偿责任限制制度给责任人设定了一个发生重大海难事故时最大的经济赔偿限额，然而同时海商法为了保护特定海事请求人的债权，还规定有船舶优先权制度。船舶优先权（maritime lien）是指海事请求人就法律规定种类的债权向船舶所有人、光船承租人、船舶经营人提出海事请求，对产生该海事请求的船舶具有优先受偿的权利。[③] 换句话说，属于法定优先权债权项目的海事请求人享有船舶优先权的担保，可以就船舶拍卖价款有优先受偿的权利。

一般来说，船舶营运中发生的人身伤亡赔偿请求、因侵权行为产生的财产赔偿请求等海事债权往往被相关国际公约或者国内法规

---

① 海商法第 164 条。

② 交通部上海打捞局与中国平安保险股份有限公司上海分公司海事赔偿责任限制基金申请案，上海海事法院民事裁定书，〔2004〕沪海法限字第 2 号，载北大法宝 - 中国法律检索系统，http://bmla.chinalawinfo.com/NewLaw2002/SLC/SLC.asp？Db = fnl&Gid = 117480192，2011 年 2 月 13 日 22：09 访问。

③ 海商法第 21 条。

定为船舶优先权项目，而此类项目在海事赔偿责任限制制度中属于可限制性债权，船东等人对海事请求人的此类索赔可以享受责任限制，于是当船舶优先权担保的海事债权与海事赔偿责任限制制度中的可限制性海事债权重合时，债权人的优先权与船东等人的责任限制权利二者之间应当如何处理呢？

（一）船舶优先权与抵押权国际公约中的规定

目前，国际上有 1926 年、1967 年、1993 年三个船舶优先权与抵押权国际公约。这三个公约均提到了海事赔偿责任限制制度。

《1926 年统一船舶优先权与抵押权若干规则的国际公约》于 1931 年 6 月 2 日生效，截至 2010 年年底有 24 个成员国。该公约第 7 条提到，分配出售船舶价款时，船舶优先权项目的债权人有权提出全额请求，而不必根据责任限制的规定相应扣减其索赔额，但是其应分配所得的数额不可以超过根据责任限制规定其应得的数额。①

《1967 年统一船舶优先权与抵押权若干规则的国际公约》至今尚未生效。公约的第 14 条规定："任何缔约国可在签署，批准或加入本公约时，作如下保留……2. 适用 1957 年 10 月 10 日在布鲁塞尔签订的海船所有人责任限制的国际公约。"②

---

① International Convention for the unification of cetain rules relating to Maritime Liens and Mortgeges, 1926 Article 7 As regards the distribution of the sum resulting from the sale of the property subject to a lien, the creditors whose claims are secured by a lien have the right to put forward their claims in full, without any deduction on account of the rules relating to limitation of liability provided, however, that the sum apportioned to them may not exceed the sum due having regard to the said rules.

② International Convention for the unification of cetain rules relating to Maritime Liens and Mortgeges, 1967 Article 14 Any Contracting Party may at the time of signing, ratifying or acceding to this Convention make the following eservations: ……2. to apply the International Convention relating to the limitation of the liability of owners of sea - going ships, signed at Brussels on 10 October 1957.

《1993 年船舶优先权与抵押权国际公约》于 2004 年 9 月 5 日生效，截至 2010 年年底共有 12 个成员国，我国于 1994 年 8 月 18 日签署了该公约，但是目前并没有履行批准手续，因而我国尚不是该公约的成员国。关于船舶优先权与责任限制之间的关系，该公约第 15 条"公约的冲突"明确规定："本公约的任何规定不得影响规定责任限制的任何国际公约或使其生效的国内法律的适用。"①

从上述国际公约的规定来看，当船舶优先权担保的海事请求同时也是可限制责任的海事请求时，船舶优先权制度才与海事赔偿责任限制相关联。对于这样的海事请求，三个国际公约采取了一致的立场：一方面，海事债权人享有船舶优先权作为实现债权的担保；另一方面，责任人依法享有责任限制，因而海事债权人可得的赔偿总额受到限制，而后者的责任限制权利要优先于船舶优先权担保的海事请求。

从本质上而言，船舶优先权固然是对法律列明的海事请求的担保，责任限制基金也可以视为是对可限制性海事债权的担保，由船舶优先权担保的海事请求可以向责任基金求偿。不过船舶优先权与抵押权公约中规定了不同海事债权优先受偿的顺位，而责任限制公约中对于向责任基金求偿的债权清偿优先顺位的规定与船舶优先权与抵押权公约的规定不同，这种情况下应当按照责任限制制度规定的清偿顺序分配基金。

（二）海商法规定的责任限制权利与船舶优先权的关系

如果在同一事故中，某些限制性债权同时又属于海商法第 22 条规定的受船舶优先权担保的海事请求，如在船舶营运中发生的人身伤亡的赔偿请求、因侵权行为产生的财产赔偿请求既属于海商法

---

① International Convention on Maritime liens and mortgages, 1993 Article 15 Conflict of Conventions Nothing in this convention shall affect the application of any international convention providing for limitation of liability or of national legislation giving effect thereto.

规定的船舶优先权担保的债权项目，又属于海商法第 207 条规定的限制性债权，若在某一事故中，存在此类限制性债权，则如何处理债权人享有的船舶优先权与责任人享有的海事赔偿责任限制权利呢？海商法采纳了《1993 年船舶优先权与抵押权国际公约》的立场，第 30 条规定船舶优先权不得影响海事赔偿责任限制的实施，因而如果在海事赔偿责任限制基金设立后，海事请求人就同一海事事故产生的属于海商法第 207 条规定的可以限制赔偿责任的海事赔偿请求，以行使船舶优先权为由申请扣押船舶的，人民法院不予支持。[①]

另外，在分配基金时，也应当按照海事赔偿责任限制债权分配的规则进行，而不能够按照船舶优先权的清偿顺位分配。这是海事赔偿责任限制制度优先于船舶优先权制度的必然结果。例如，宁波海事法院在广西钦州市桂钦船务有限责任公司诉厦门鸿祥轮船有限公司船舶碰撞损害赔偿纠纷案中指出：

> 对原告主张的船舶优先权，由于被告已经设立了海事赔偿责任限制基金，而《中华人民共和国海商法》对海事赔偿责任限制基金的分配顺序进行了专门规定，故对船舶优先权不再适用。[②]

---

[①] 最高人民法院《关于审理海事赔偿责任限制相关纠纷案件的若干规定》第 9 条。

[②] 宁波海事法院民事判决书，〔2007〕甬海法事初字第 17 号，载北大法宝 - 中国法律检索系统，http：//bmla. chinalawinfo. com/NewLaw2002/SLC/SLC. asp? Db = fnl&Gid =117700059，2011 年 2 月 21 日 16：41 访问。

# 第三章  海事赔偿责任限制程序

海事赔偿责任限制权利的实现只能通过诉讼途径。最高人民法院明确指出，责任人未提出海事赔偿责任限制抗辩的，海事法院不应主动适用海商法关于海事赔偿责任限制的规定进行裁判。[①]

海事诉讼特别程序法规定的相关程序规则是处理海事赔偿责任限制的基本框架。[②] 在我国相关法律中，责任人只能通过在限制性债权的海事请求人提起的海事纠纷诉讼中主张责任限制抗辩的方式行使权利，且该抗辩只能在一审判决之前提出，否则在二审、再审期间提出的，法院不予支持。[③] 具体的做法如下：

## 一、海事赔偿责任限制基金的设立

海事诉讼特别程序法规定了责任人通过海事赔偿责任限制基金清偿就特定事故产生的所有限制性债权、以实现责任限制权利的程序机制。责任限制基金即责任人对特定事故所引发的限制性债权的最高赔偿限额和赔偿担保，一旦设立责任限制基金，限制性债权人

---

[①] 最高人民法院《关于审理海事赔偿责任限制相关纠纷案件的若干规定》第 14 条。

[②] 关于船舶油污损害责任限制程序，海事诉讼特别程序法第 101 条规定申请责任限制的人也需要设立油污损害的海事赔偿责任限制基金。

[③] 最高人民法院《关于审理海事赔偿责任限制相关纠纷案件的若干规定》第 15 条。

的限制性债权只能从基金中得到赔付，若基金分配完毕，限制性债权不能得到全部清偿，就余额部分，海事请求人不得另行向责任人索赔。

（一）申请设立海事赔偿责任限制基金及其管辖

船舶所有人、承租人、经营人、救助人、保险人在发生海事事故后，依法申请责任限制的，可以向海事法院申请设立海事赔偿责任限制基金。① 设立责任限制基金的申请既可以在相关海事纠纷的诉讼提起前作出，也可以在诉讼中作出，但是最迟应当在一审判决作出前提出。②

申请人应当向海事法院提交书面申请。申请书中应载明申请设立海事赔偿责任限制基金的理由、数额，以及已知的利害关系人的名称、地址和通信方法，随附相关证据。③

1. 起诉前申请设立基金的管辖。

当事人在相关海事纠纷的索赔人起诉前申请设立海事赔偿责任限制基金的，应当向事故发生地、合同履行地或者船舶扣押地海事法院提出。④ 其中，如果海事事故发生在中华人民共和国领域外的，船舶发生事故后进入中华人民共和国领域内的第一到达港视为事故发生地。⑤ 如果合同的约定履行地与实际履行地不相符的，合同的实际履行地为合同履行地。

应当注意的是，设立海事赔偿责任限制基金，不受当事人之间

---

① 设立海事赔偿责任限制基金案件属于作为专门法院的海事法院受案范围，参见最高人民法院《关于海事法院受理案件范围的若干规定》法释〔2001〕27号。

② 海事诉讼特别程序法第101条。

③ 海事诉讼特别程序法第104条。

④ 海事诉讼特别程序法第102条。

⑤ 最高人民法院《关于适用〈中华人民共和国海事诉讼特别程序法〉若干问题的解释》第80条。

关于诉讼管辖协议或者仲裁协议的约束。①

同一海事事故中可能涉及多个责任人，若不同的责任人在起诉前依据海事诉讼特别程序法第 102 条的规定向不同的海事法院申请设立海事赔偿责任限制基金的，后立案的海事法院应当依照民事诉讼法的规定，将案件移送先立案的海事法院管辖。② 这样的规定保证了同一事故引发的海事赔偿责任限制案件由一个海事法院进行审理，避免了多个海事法院同时处理可能出现的责任人奔波于不同的法院应诉及裁决结果不一致的弊端。

2. 诉讼中申请设立基金的管辖。

当事人在诉讼中申请设立海事赔偿责任限制基金的，应当向受理相关海事纠纷案件的海事法院提出，但当事人之间订有有效诉讼管辖协议或者仲裁协议的除外。③ 相关海事纠纷由不同海事法院受理，责任人申请设立海事赔偿责任限制基金的，应当依据诉讼管辖协议向最先立案的海事法院提出；当事人之间未订立诉讼管辖协议的，向最先立案的海事法院提出。④

（二）受理与公告

法院（指海事法院，下同）受理设立海事赔偿责任限制基金申请后，应在 7 日内向已知的利害关系人发出通知，同时通过报纸或者其他新闻媒体发布公告，如果涉及的船舶是可以航行于国际航线的，应当通过对外发行的报纸或者其他新闻媒体发布公告。公告

---

① 海事诉讼特别程序法第 103 条。
② 最高人民法院《关于审理海事赔偿责任限制相关纠纷案件的若干规定》第 2 条。
③ 最高人民法院《关于适用〈中华人民共和国海事诉讼特别程序法〉若干问题的解释》第 81 条。
④ 最高人民法院《关于审理海事赔偿责任限制相关纠纷案件的若干规定》第 3 条。

应当连续 3 日。① 通知与公告中应当载明申请人的名称、申请事实和理由、设立海事赔偿责任限制基金事项、办理债权登记事项及需要告知的其他事项。②

（三）异议及裁定

利害关系人对申请人申请设立海事赔偿责任限制基金有异议的，应当在收到通知之日起 7 日内、未收到通知的在公告之日起 30 日内，以书面形式向海事法院提出。

海事法院收到利害关系人提出的书面异议后，应当进行审查，海事法院应当对设立基金申请人的主体资格、事故所涉及的债权性质和申请设立基金的数额进行审查。③ 对于利害关系人提出的申请人实体上应否享有海事赔偿责任限制，以及事故所涉债权除限制性债权外是否同时存在其他非限制性债权等问题，不影响法院依法作出准予设立海事赔偿责任限制基金的裁定。④

审查应当迅速进行，在 15 日内作出裁定。

若有多名利害关系人分别提出异议，法院一般不会对异议逐一单独审理，而是合并审查，一次性决定，法院对于异议的 15 日审查和裁定期限，应当自海事法院受理设立海事赔偿责任限制基金申请的最后一次公告发布之次日起第 30 日开始计算。⑤ 这样处理的合理性显而易见，便于法院将多个利害关系人的异议合并审理，避

---

① 最高人民法院《关于适用〈中华人民共和国海事诉讼特别程序法〉若干问题的解释》第 82 条。

② 海事诉讼特别程序法第 105 条。

③ 最高人民法院《关于适用〈中华人民共和国海事诉讼特别程序法〉若干问题的解释》第 83 条。

④ 最高人民法院指导案例第 16 号：中海发展股份有限公司货轮公司申请设立海事赔偿责任限制基金案（最高人民法院审判委员会讨论通过，2013 年 1 月 31 日发布）。

⑤ 最高人民法院《关于审理海事赔偿责任限制相关纠纷案件的若干规定》第 5 条。

免了程序上的繁复和裁决结果的互相冲突。①

异议成立的，裁定驳回申请人的申请；异议不成立的，裁定准予申请人设立海事赔偿责任限制基金。

当事人对裁定不服的，可以在收到裁定书之日起 7 日内提起上诉。第二审人民法院应当在收到上诉状之日起 15 日内作出裁定。②

（四）基金设立

利害关系人在规定期间内没有提出异议，③ 或者提出异议但是被法院裁定驳回的，法院裁定准予申请人设立责任限制基金。

准予申请人设立责任限制基金的裁定生效后，申请人应在 3 日内在海事法院设立责任限制基金。基金既可以现金形式，也可以提供经海事法院认可的担保。

担保指中华人民共和国境内的银行或者其他金融机构所出具的担保，④ 因而责任人若提供中华人民共和国境外银行或者其他金融机构的担保，不会被海事法院接受，只有境外银行或者其他金融机构的担保委托我国境内的银行或者其他金融机构出具担保后，才是

---

① 例如，在海口海事法院审理的"海口南青集装箱班轮公司与海南农垦电子商务交易中心等申请设立海事赔偿责任限制基金异议案"中，在公告期间内有 4 名利害关系人于不同时间分别提出异议，法院将 4 名异议人的异议一并审理，作出裁定。参见海口海事法院民事裁定书，〔2005〕海限字第 01 号，载北大法宝－中国法律检索系统，http：//bmla. chinalawinfo. com/NewLaw2002/SLC/SLC. asp？Db ＝ fnl&Gid ＝ 117459206，2011 年 2 月 13 日 21：20 访问；其他法院的做法相同，如厦门海事法院审理的大诺控股有限公司申请设立海事赔偿责任限制基金案，参见中华人民共和国厦门海事法院民事裁定书〔2005〕厦海法限字第 5 号，载北大法宝－中国法律检索系统，http：//bmla. chinalawinfo. com/NewLaw2002/SLC/SLC. asp？Db＝fnl&Gid＝117482838，2011 年 2 月 13 日 21：31 访问；上海海事法院审理的韩国 SEKWANG 船务公司申请设立海事赔偿责任限制基金案，参见《最高人民法院公报》2003 年第 5 期，第 33～35 页。

② 海事诉讼特别程序法第 106 条。

③ 海事诉讼特别程序法第 107 条。

④ 最高人民法院《关于适用〈中华人民共和国海事诉讼特别程序法〉若干问题的解释》（法释〔2003〕3 号）第 85 条。

能为法院认可和接受的有效担保。

海事赔偿责任限制基金的数额，为海事赔偿责任限额和自事故发生之日起至基金设立之日止的利息。海事赔偿责任限制基金应当以人民币设立，其数额按法院准予设立基金的裁定生效之日的特别提款权对人民币的换算办法计算。[1] 利息按中国人民银行确定的金融机构同期一年期贷款基准利率计算。[2]

以担保方式设立基金的，担保数额为基金数额及其在基金设立期间的利息。[3] 利息同样按中国人民银行确定的金融机构同期一年期贷款基准利率计算。[4]

以现金设立基金的，基金到达海事法院指定账户之日为基金设立之日。以担保设立基金的，海事法院接受担保之日为基金设立之日。[5]

申请人逾期未设立基金的，按自动撤回申请处理。[6]

(五) 责任限制基金设立的效果

责任限制基金设立后，对于责任人而言，其效果是：

1. 向责任人提出请求的任何人不得对责任人的任何财产行使任何权利；已设立责任限制基金的责任人的船舶或者其他财产已经被扣押，或者基金设立人已经提交抵押物的，法院应当及时下令释

---

[1] 最高人民法院《关于审理海事赔偿责任限制相关纠纷案件的若干规定》第 20 条。

[2] 最高人民法院《关于审理海事赔偿责任限制相关纠纷案件的若干规定》第 21 条。

[3] 海事诉讼特别程序法第 108 条。

[4] 最高人民法院《关于审理海事赔偿责任限制相关纠纷案件的若干规定》第 21 条。

[5] 海事诉讼特别程序法第 108 条。

[6] 海事诉讼特别程序法第 108 条；最高人民法院《关于适用〈中华人民共和国海事诉讼特别程序法〉若干问题的解释》第 84 条。

放或者责令退还。①

这里的"向责任人提出请求的任何人"在实践中产生了不同的解释，比如，非限制性债权人是否属于"向责任人提出请求的任何人"？海商法的这一用语确实失之宽泛，最高人民法院《关于适用〈中华人民共和国海事诉讼特别程序法〉若干问题的解释》将之限定为"向基金提出请求的任何人"，② 这一司法解释立场系根据《1976年海事赔偿责任限制公约》第13条第1款作出的澄清，体现了立法的本意，因而是妥当的，因为责任限制基金仅用于支付限制性债权，因而非限制性债权请求人仍然有权利依法扣押或者查封、冻结责任人的财产。

2. 申请人申请设立海事赔偿责任限制基金错误的，应当赔偿

---

① 海商法第214条，这条规定来自《1976年海事赔偿责任限制公约》第13条。
See LLMC 1976 Article 13 Bar to other actions

1. Where a limitation fund has been constituted in accordance with Article 11, any person having made a claim against the fund shall be barred from exercising any right in respect of such claim against any other assets of a person by or on behalf of whom the fund has been constituted.

2. After a limitation fund has been constituted in accordance with Article 11, any ship or other property, belonging to a person on behalf of whom the fund has been constituted, which has been arrested or attached within the jurisdiction of a State Party for a claim which may be raised against the fund, or any security given, may be released by order of the Court or other competent authority of such State. However, such release shall always be ordered if the limitation fund has been constituted:

(a) at the port where the occurrence took place, or, if it took place out of port, at the first port of call thereafter; or

(b) at the port of disembarkation in respect of claims for loss of life or personal injury; or

(c) at the port of discharge in respect of damage to cargo; or

(d) in the State where the arrest is made.

3. The rules of paragraphs 1 and 2 shall apply only if the claimant may bring a claim against the limitation fund before the Court administering that fund and the fund is actually available and freely transferable in respect of that claim.

② 最高人民法院《关于适用〈中华人民共和国海事诉讼特别程序法〉若干问题的解释》第86条。

利害关系人因此所遭受的损失。[①]

责任限制基金设立在管辖方面的效果是：责任限制基金一旦设立，当事人就有关海事纠纷应当向设立责任限制基金的法院提起诉讼，海事请求人向其他海事法院提起诉讼的，受理案件的海事法院应当依照民事诉讼法的规定，将案件移送设立海事赔偿责任限制基金的海事法院，但当事人之间订有诉讼管辖协议或者仲裁协议的除外。[②]

简言之，一旦责任限制基金设立，与此次海事事故有关的海事纠纷除当事人之间有管辖协议或仲裁协议以外，将全部集中到设立基金的法院统一审理，这实际上是一种以海事赔偿责任限制基金为核心的集中管辖安排，其优点在于可以统一、集中、完全、彻底地解决某特定事故产生的全部纠纷。如果没有这样一种集中管辖的制度安排，就有可能出现不同的限制债权人在不同的海事法院提起诉讼的情况，这样一来，就可能造成不同的法院对于责任认定判决不一致的情况，同时也会影响责任人依法享受责任限制权利。为了避免法院之间判决的矛盾，法律及司法解释通过管辖权的设置，努力实现海事赔偿限制纠纷案件集中于一个法院管辖和审判的集中管辖制度。

## 二、债权登记、确认

责任人申请设立责任限制基金的目的就是以基金清偿所涉事故的全部限制性债权，因而一旦开始设立责任限制基金程序，与特定场合发生的事故有关的限制性债权的确认就成为重要问题。

---

① 海事诉讼特别程序法第 110 条

② 海事诉讼特别程序法第 109 条，最高人民法院《关于审理海事赔偿责任限制相关纠纷案件的若干规定》第 4 条。

（一）债权登记

从债权人角度来看，债权登记实际上是向海事法院申报债权。法院受理设立责任限制基金的公告发布后，债权人应当在公告期间就与特定场合发生的海事事故有关的债权申请登记。期间届满不登记的，视为放弃债权。[1] 这里的"债权"并非指一般的民事债权，而是指海事债权。同时，"债权"也不应理解为一般意义上的包括限制性债权和非限制性债权的海事债权，因为就责任限制程序的规范目的而言，其要集中处理和清偿的债权仅限于限制性债权，因此应从规范目的出发，采用目的限缩的解释方法，将此处的"债权"解释为限制性海事债权，非限制性海事债权不受影响。申请债权登记期间的届满之日为海事法院受理设立海事赔偿责任限制基金申请的最后一次公告发布之次日起第 60 日。[2]

债权人向海事法院申请登记债权的，应当提交书面申请，并提供有关债权证据。债权证据，包括证明债权的具有法律效力的判决书、裁定书、调解书、仲裁裁决书和公证债权文书，以及其他证明具有海事请求的证据材料。[3]

海事法院应对申报的债权进行审查，提供债权证据的，予以登记；不提供债权证据的，裁定驳回申请。[4]

（二）债权确认

债权确认分两种情况。一种情况是债权人提供证明债权的判决书、裁定书、调解书、仲裁裁决书或者公证债权文书等法律文书，如果前述判决书、裁定书、调解书、仲裁裁决书是我国国内法院或

---

[1]　海事诉讼特别程序法第 112 条。
[2]　最高人民法院《关于审理海事赔偿责任限制相关纠纷案件的若干规定》第 6 条。
[3]　海事诉讼特别程序法第 113 条。
[4]　海事诉讼特别程序法第 114 条。

者仲裁机构作出的，海事法院经审查认定上述文书真实合法的，裁定予以确认。① 然而如果债权人提供的是国外的判决书、裁定书、调解书和仲裁裁决书，应适用民事诉讼法承认与执行外国法院判决、裁定、国外仲裁机构仲裁裁决的相关程序审查。②

另一种情况是债权人提供其他海事请求证据的，债权人应当在债权登记后 7 日内，在受理债权登记的法院提起确权诉讼；③ 当事人间有仲裁协议的，应及时申请仲裁。

在债权登记前，债权人已向受理债权登记的海事法院以外的海事法院起诉的，受理案件的海事法院应当将案件移送至登记债权的海事法院一并审理，但案件已经进入二审的除外。④ 海事法院对确权诉讼作出的判决、裁定具有法律效力，不得上诉，⑤ 即确权诉讼实行一审终审。

确权诉讼的一审终审有两个例外：

1. 确权诉讼中审理责任人是否有权限制责任的。

债权人提起确权诉讼时，依据海商法第 209 条的规定主张责任人无权限制赔偿责任的，应当以书面形式提出。此种情况下案件的

---

① 海事诉讼特别程序法第 115 条。

② 民事诉讼法第 282 条规定，人民法院对申请或者请求承认和执行的外国法院作出的发生法律效力的判决、裁定，依照中华人民共和国缔结或者参加的国际条约，或者按照互惠原则进行审查后，认为不违反中华人民共和国法律的基本原则或者国家主权、安全、社会公共利益的，裁定承认其效力，需要执行的，发出执行令，依照本法的有关规定执行。违反中华人民共和国法律的基本原则或者国家主权、安全、社会公共利益的，不予承认和执行。第 283 条规定，国外仲裁机构的裁决，需要中华人民共和国人民法院承认和执行的，应当由当事人直接向被执行人住所地或者其财产所在地的中级人民法院申请，人民法院应当依照中华人民共和国缔结或者参加的国际条约，或者按照互惠原则办理。

③ 最高人民法院《关于适用〈中华人民共和国海事诉讼特别程序法〉若干问题的解释》第 90 条。

④ 最高人民法院《关于适用〈中华人民共和国海事诉讼特别程序法〉若干问题的解释》第 89 条。

⑤ 海事诉讼特别程序法第 116 条。

审理不适用海事诉讼特别程序法规定的确权诉讼程序，当事人对海事法院作出的判决、裁定可以依法提起上诉。[①] 两个以上债权人主张责任人无权限制赔偿责任的，海事法院可以将相关案件合并审理。这是因为案件已经不单纯是确定债权是否为限制性债权及其数额是多少，还涉及责任人可否享受责任限制问题，这一重大问题并不是确权诉讼所能够涵盖的问题，因而不能够采用一审终审的做法。

2. 确权诉讼中需要判定碰撞船舶过失程度比例的。

债权人依据海事诉讼特别程序法第 116 条第 1 款的规定提起确权诉讼后，案件审理中需要判定碰撞船舶过失程度比例的，案件的审理不适用海事诉讼特别程序法规定的确权诉讼程序，当事人对海事法院作出的判决、裁定可以依法提起上诉。[②] 因为确定碰撞船舶过失程度比例实际上是责任的判定问题，不仅仅是限制性海事请求的数额问题，因而对于责任人而言，这是其核心利益所在，此种情形下若因为在确权诉讼中处理这一问题而使其丧失了上诉的救济权利，一者不公平，二者会鼓励海事请求人绕开正常的索赔渠道，而将针对责任人的索赔都以确权诉讼的方式提起，这样就背离确权诉讼主要为快速确认债权数额的宗旨了。

## 三、责任限制基金分配

债权确认完毕后，法院应向债权人发出债权人会议通知书，组织召开债权人会议。债权人会议可以协商提出责任限制基金的分配方案，签订受偿协议。受偿协议经海事法院裁定认可，具有法律效

---

① 最高人民法院《关于审理海事赔偿责任限制相关纠纷案件的若干规定》第 10 条。

② 最高人民法院《关于审理海事赔偿责任限制相关纠纷案件的若干规定》第 11 条。

力。债权人会议协商不成的，由海事法院依照海商法以及其他有关法律规定的受偿顺序，裁定船舶价款或者海事赔偿责任限制基金的分配方案。①

责任限制基金及利息应当一并分配，清偿债务后的余款，应当退还基金设立人。② 可见，即使债权总额低于责任限制基金的限额，责任限制基金仍然要进行分配。

由上述介绍可见，海事诉讼特别程序法关于责任限制程序中的责任限制基金设立、债权登记、确认及基金分配环节构成我国法上责任限制程序的基本框架，其特点是责任限制基金是集中审理、解决多方索赔的基础和核心。那么，责任的认定及如果索赔人对责任人的责任限制提出挑战，应当在什么环节解决这两个关键问题呢？在实践中一般把这两个重要问题放在索赔人针对责任人提起的索赔诉讼中解决。

## 四、未申请设立责任限制基金

责任人援引责任限制，并不以设立责任限制基金为必要条件。《1976 年海事赔偿责任限制公约》第 10 条规定，尽管未设立责任

---

① 海事诉讼特别程序法第 117、118 条。
② 海事诉讼特别程序法第 119 条。

限制基金，责任人也可以援引责任限制。① 海商法第 213 条规定："责任人要求依照本法规定限制赔偿责任的，可以在有管辖权的法院设立责任限制基金……"该规定并没有要求责任人必须设立基金，于是最高人民法院明确责任人未申请设立海事赔偿责任限制基金，不影响其在诉讼中对海商法第 207 条规定的海事请求提出海事赔偿责任限制抗辩。②

　　然而海事诉讼特别程序法及相关司法解释并没有针对这种情形规定集中管辖的规则，这样的话，如果特定场合的海事事故只有单一的索赔，问题不大；若存在多个纠纷，只能按照海事诉讼特别程序法及民事诉讼法规定的海事纠纷管辖的一般规则确定管辖法院，就极有可能出现海事请求人在不同的海事法院提起诉讼，而责任人势必在不同法院多个案件中分别主张责任限制抗辩的局面。在此种情形下，责任人既不能避免限制债权人对其财产采取保全、扣押等强制措施，又由于是在多个案件中针对个别债权人提起责任限制抗辩，因而还要承担最终可能不能实际享受责任限制利益的风险——因为可能出现在每个个案中索赔人的索赔额都低于责任限额，因而责任人以责任限制抗辩毫无意义，然而若多个案件的索赔额累计，就会远远超出责任限额的情况。

---

① Article 10 Limitation of liability without constitution of a limitation fund

1. Limitation of liability may be invoked notwithstanding that a limitation fund as mentioned in Article 11 has not been constituted. However, a State Party may provide in its national law that, where an action is brought in its Courts to enforce a claim subject to limitation, a person liable may only invoke the right to limit liability if a limitation fund has been constituted in accordance with the provisions of this Convention or is constituted when the right to limit liability is invoked.

2. If limitation of liability is invoked without the constitution of a limitation fund, the provisions of Article 12 shall apply correspondingly.

3. Questions of procedure arising under the rules of this Article shall be decided in accordance with the national law of the State Party in which action is brought.

② 最高人民法院《关于审理海事赔偿责任限制相关纠纷案件的若干规定》第 13 条。

正因为有上述不利，在绝大多数情况下，责任人都会选择设立责任限制基金。因为根据海事诉讼特别程序法及相关司法解释的规定，一旦责任限制基金设立，相关的海事纠纷应当集中到一个法院合并审理，这样责任人就不必奔波于多个法院应诉，也省时、省力、省金钱。

另外，若当事人仅在诉讼中申请海事赔偿责任限制而不设立海事赔偿责任限制基金的，不适用海事诉讼特别程序法规定的公告程序。[①]

## 五、其他海运国家海事赔偿责任限制程序

世界主要海运国家立法例和司法实践中责任限制权利的行使途径及具体的制度设计对于我国的立法及司法实践具有参照作用，检讨该程序机制中各组成部分的功能及其相互作用对于责任限制程序整体功能的影响，有利于加深对我国海事赔偿责任限制程序规则的理解。

### （一）概说

纵观世界主要海运国家的立法及诉讼实务，根据索赔方的多寡，责任限制权利的实现一般有两种基本路径：一是在只有单一索赔的情形下，在海事索赔案件（责任案件）中以抗辩方式主张责任限制；二是在存在多方索赔的场合，通过责任限制程序（责任限制诉讼）集中清偿所有限制性债权。这里所指的责任限制程序（limitation proceedings），是指由决定海难事故责任、责任限制权利、限制债权申报及确认、基金设立及分配等问题的子程序所构成

---

① 最高人民法院民事审判第四庭：《涉外商事海事审判实务问题解答》第119条，载中国涉外商事海事审判网，http：//www. ccmt. org. cn/shownews. php？ id = 5035，2011年3月1日15：10访问。

的整体诉讼程序。有的国家立法中称之为责任限制诉讼（limitation action），有的称为责任限制程序（limitation proceedings）。它是海商法中的一个专门术语，是实施责任限制权利的程序机制，一般包括责任限制申请程序（主张或者申请责任限制）、设立责任限制基金程序、债权登记与确认程序、基金分配程序等。

（二）以抗辩方式援引责任限制

在海事索赔案件中，责任人/被告援引责任限制权利作为抗辩手段反对债权人/原告的海事请求权，即在债权人提出索赔请求的情况下，责任限制权利以责任人反对债权人海事请求的防御方法出现。这种被动实施责任限制权利的权利行使方式得到诸多国家立法及诉讼实践的认可。

例如，英国民事诉讼规则规定"当事人可主张责任限制，而对任何诉讼请求提出抗辩"。[①] 在实务中，如果仅有一个索赔，那么船东可以抗辩的形式主张责任限制。事实上，在英国海事法院法官看来，在这种情况下船东应当以抗辩申请责任限制，而不得在损害赔偿案件后再主张责任限制，因为这违反"已决事项不再理原则"。[②] 如果损害超过责任限额，那么法院将仅作出责任限制判决。在此种方式下，在判决作出前，权利主体没有义务设立责任限制基金。责任限制仅作为普通责任案件中的抗辩，其弊端在于不能将同一事故中发生的针对同一人的所有索赔集中在一个案件中，而是仅在个别案件中针对个别请求的抗辩。这样就造成如果其他的索赔人就同一事故中的损害和损失向船东提起另外的诉讼，如果损害超过责任限额，被告可能有责任重复支付责任限额。可见，仅以抗辩的形式在索赔案件中援引责任限制，在英国法上的法律效果是，法院的责任限制判决仅对该案的当事人有约束力，对于未参加诉讼的其

---

① The Civil Procedure Rules 2000, Practice Direction, Chapter 49F, 9.1 (1).

② Christopher Hill, *Maritime Law*, 6th edn. 2003, LLP, p. 397.

他限制债权人没有影响。①

其他受英国海商法影响的英联邦国家,诸如澳大利亚和新西兰,责任限制请求通常可以在索赔案件中以抗辩方式提出。② 印度最高法院认为船东在针对他的索赔案件中可以采用抗辩手段限制其责任。③ 加拿大 2001 年海事责任法明确责任限制权利主体可以"以提起抗辩的方式主张责任限制权利"。④

在美国法院的司法实践中,以抗辩形式主张责任限制是公认的援引责任限制的方式之一,作为积极抗辩(affirmative defense),权利主体可以在任何法院主张这一抗辩。⑤ 在单一索赔的情况下,限制债权人根据"诉讼保留条款"(saving to suitors clause)享有诉诸"普通法救济"的权利,包括陪审团审理的权利和对人诉讼的权利,⑥ 可以选择在州法院起诉,这种情况作为责任限制法赋予海事法院对于责任限制案件的排他性管辖权的例外之一,船东等仅能以抗辩的形式主张责任限制权利,而不能迫使限制债权人参加海事

① Christopher Hill, *Maritime Law*, 6th edn. 2003, LLP, p. 414.

② Francesco Berlingieri, Gregory Timagenis, *Analysis of the Responses to the Questionnaire* // 2006, CMI YEARBOOK 2005 – 2006, pp. 305 – 306.

③ Shardul Thacker. *India* // Patrick Griggs, Richard Williams, Jeremy Farr, *Limitation of Liability for Maritime Claims*, 4th edn. , 2005, LLP, p. 269.

④ Marine Liability Act 2001, article 32 (2), Right to assert limitation defence: where a claim is made or apprehended against a person in respect of liability that is limited by section 28, 29 or 30 of this Act or paragraph 1 of Article 6 or 7 of the Convention, that person may assert the right to limitation of lialbility in a defence filed, or by way of action or counterclaim for declaratory relief, in any court of competent jurisdiction in Canada.

⑤ Xia Chen, *Limitation of Liability for Maritime Claims: A Study of U. S. Law*, *Chinese Law and International Conventions*, 2001, Kluwer Law International, p. 105.

⑥ 28 U. S. C. 1333 (1) (1994). 该条款起初是 1789 年司法条例 (the Judiciary Act of 1789) 第 9 条。

法院的责任限制诉讼了。① 此外，船东也可以在联邦法院审理的不受 6 个月时效限制的索赔案件中作为抗辩援引责任限制权利。②

挪威、瑞典、丹麦、芬兰的海商法典中规定在不设立责任限制基金的情况下可以援引责任限制。即在海事索赔案件中，未设立基金的情况下，责任人以抗辩形式主张责任限制，法院仅应考虑案件中涉及的限制债权。此时，作为被告的责任人/责任限制权利主体若想其他限制债权受责任限额约束，可以请求在判决中作出保留。换言之，在海事索赔案件中，责任人可以以抗辩主张责任限制，然而法院的判决一般情况下仅对本案涉及的债权有效，只有限制权利主体要求保留，判决也作出保留时才对其他限制债权有约束力。③

德国是《1976 年海事赔偿责任限制公约》的缔约国，德国商法典第 486 条规定公约在德国直接适用。责任限制权利可于未设立基金时在索赔案件中主张，责任人作为被告可以援引责任限制权

---

① 具体法院判例及学者分析参见 George Tadross, The Saving to Suitors Clause vs. The Limitation of Liability Act: A Compromise as Found in Lewis v. Lewis & Clark Marine, Inc. , p.698. Xia Chen, Limitation of Liability for Maritime Claims: A Study of U. S. Law, Chinese Law and International Conventions, Kluwer Law International, 2001, p.113.

② Langnes v. Green, 282 U. S. 531, 1931 AMC 511 (1931).

③ 瑞典、丹麦、芬兰、挪威四国的海商法典内容是一致的，仅章节编排不同。例如，关于责任限制权利的行使方式，The Norwegian Maritime Code (of 24 June. 1994, No. 39 with later amendments up to and including Act of 2 August. 1996, No. 2) Section 180 Limitaion of liability without constituting a limitation fund: Limitation of liability can be invoked although no limitation fund has been constituted. In actions concerning claims which subject to limitation; the Court shall in applying the provisions of the present Chapter only consider those claims which are brought before it. 1994 年瑞典海商法第 9 章第 9 条、1994 年芬兰海商法第 9 章第 9 条，丹麦商船法的相应规定措辞与上述法条完全一致。参见韩立新、王秀芬编译：《各国（地区）海商法汇编》（下卷），大连海事大学出版社 2003 年版，第 776 页；Peter Wetterstein, Finland//Patrick Griggs, Richard Williams, Jeremy Farr, *Limitation of Liability for Maritime Claims*, p.232. Bent Nielsen, *Denmark*//Patrick Griggs, Richard Williams, Jeremy Farr, *Limitation of Liability for Maritime Claims*, p.225. Haakon Stang Lund and Gaute Kr. Gjelsten, *Norway*//Patrick Griggs, Richard Williams, Jeremy Farr, *Limitation of Liability for Maritime Claims*, p.344.

利，法院需要决定责任人是否有权享受责任限制，然而如果法院认为这将延误对于该事故产生索赔的审理，法院在判决中对责任限制权利可以不予考虑，作出全部赔偿的判决，若已设立基金，判决被告可以保留主张限制责任的权利，① 在责任限制案件中提出责任限制请求。

在希腊，责任限制可以由责任人先发制人地提出或者以抗辩方式提出。对于责任限制主张没有时间限制，至迟可以在对债务人的财产执行阶段提出。②

法国法上的责任限制权利也可以以抗辩的手段提出，即使责任限制基金并没有设立。③

《1976 年海事赔偿责任限制公约》允许被告不设立责任限制基金援引责任限制权利作为抗辩。④

可见，在各国海事赔偿责任限制权利以抗辩的形式行使是不言而喻的，因为作为对赔偿额的限制，责任限制权利从属性上具备对于请求权的限制和削弱功能。然而，这种方式一般应用于仅存在单一索赔人的场合。通过抗辩途径行使责任限制权利，在程序上与其他损害赔偿案件没有什么区别，适用普通的民事诉讼规则。然而需要注意的是，在法律效果上，在一般情况下，通过这种方式主张责任限制获得的责任限制判决不具有"对世"效力，仅对本案债权人有拘束力，除非法律允许责任人请求保留其他限制债权的份额，否则法院的责任限制判决仅对本案所涉限制债权有拘束力，从而导

---

① 该种情形规定在德国民事诉讼法第 305 条之一。参见谢怀栻译：《德意志联邦共和国民事诉讼法》，中国法制出版社 2001 年版，第 74～75 页。

② Deucalion G. Rediadis, *Greece* // Patrick Griggs, Richard Williams, Jeremy Farr, *Limitation of Liability for Maritime Claims*, 4th edn. , 2005, LLP, p. 253.

③ CMI. *Digest of the Responses Received from France* // CMI YEARBOOK 2005 – 2006, p. 317.

④ LLMC 1976 art. 10; see alsoWilliam Tetley, *International Maritime and Admiralty Law*, Les Editions Yvon Blais Inc. , 2002, p. 302.

致以抗辩方式行使责任限制权利的显著弊端是当存在一个以上限制债权时，责任人可能不能享受或者不能充分享受责任限制。

（三）责任人积极主张限制责任

在多方索赔的场合，责任人要想一劳永逸地解决特定场合某一事故产生的所有损害赔偿，享受责任限额，就需要诉诸责任限制程序。

与抗辩方式相对照，责任人主动向法院申请责任限制，通过责任限制诉讼来实现责任限制权利，是独具特色的海事程序，与普通民事诉讼规则不同。正如美国著名海商法专著《班尼迪克海商法》中指出的，

> 海事赔偿责任限制程序是特别的法定程序。它是自成一体的。它不过是对救济的限制，是海商法中实现公平的程序。申请人启动的责任限制诉讼不是船东与其他当事方之间的纠纷，而是法定权利的确定。[①]

其特殊性具体体现在以下方面：

1. 在程序结构及程序规范原理上，责任限制程序包容和吸收了民事诉讼中多种程序的规则与原理。

其一，责任限制程序整体结构中既包含简易程序又包含普通程序，在责任限制申请子程序中，往往将简易判决与普通程序相结合，并在适用条件上结合责任限制案件的处理做了修改，不同于专用于特定法院的简易程序；其二，责任限制程序中既有判决程序又有执行程序、破产程序的特征；其三，责任限制程序中既有确认之诉，又有给付之诉，还有集团诉讼的特征。另外，责任限制程序还

---

① Antonio J. Rodriguez. , *Benedict on Admiralty*: *Limitation of Liability*. 7th edn. , 1997, Matthew Bender & CO. , INC. Volume 3, chap 2, §11, 2 - 3.

包容了诉讼程序与非诉讼程序的适用，如债权登记是典型的非诉讼程序；责任限制权利确认与确权诉讼是诉讼程序。

责任限制程序作为诉讼规则群，结合并吸收了程序法中多种程序的法理，加以适当的变更和改造，使责任限制程序成为集约型的程序机制，民事诉讼法中任何个别的程序制度如诉讼程序、非诉讼程序、执行程序难以完整体现和完成责任限制程序的目的和功能。

2. 在法源的表现形式上，责任限制程序也具有特殊性。

在立法例上，有的国家制定专门的责任限制法或责任限制程序法调整责任限制程序，如韩国的船舶所有人责任限制诉讼法，日本的关于船舶所有人等的责任限制法，德国的责任限制诉讼程序法等；有的国家在海事诉讼规则中规定专门的责任限制程序，如澳大利亚 1988 年制定的海事条例（Admiralty Act 1988），我国的海事诉讼特别程序法；有的国家在民事诉讼法中规定责任限制程序，如荷兰、英国、美国；有的国家直接将责任限制程序编入海商法典、商法典、航运法、商船法中，如北欧四国、智利等国。无论在立法体系中处于何种地位，责任限制程序总是以特别法或者特别规定的形式出现，不与其他的普通民事或商事诉讼混用相同的规则，由此体现出责任限制程序是一种独具特色的特殊诉讼程序。

（四）责任限制程序的规范目的

责任限制程序作为一种有别于普通民事诉讼程序的独特程序机制，其主要目的或者功能有以下三点。

1. 实现海事赔偿责任限制权利。

海事赔偿责任限制权利是海商法所规定的一项实体权利，此时该权利内容仅处于"应然"状态。正如日本著名诉讼法学家兼子一教授指出的，实体权利只有经过一定程序产生出来的确定性判决，权利义务才得以实现真正意义上的实体化或实定化。① 责任限制权利主体要想享受责任限制权利，需要通过司法程序主张，才能够实现，因此在英美法上学者往往称其为船东的"特权"。作为特权，其与权利的区别是权利的来源及实现方式。权利的来源属于法理问题，在此姑且不论；在实现方式上，作为权利，可以有多种实现方式（如自愿履行、抵消等），诉讼救济仅是其中的一种备选手段；而责任限制权利不同，鉴于它是法律给予船东等的一种超出其他一般主体的特殊的利益与好处，必须通过诉讼来实现，这是海事赔偿责任限制权利的特点。② 从而责任限制程序负担了实现责任制权利的任务，这一程序能为责任限制权利的实现作出多大贡献，取决于程序的设计及构成，若通过该程序可以迅速、正确确定责任和责任限制权利并清偿全部限制性债权，即尽快解决重大海损事故引发的多方纠纷，实现责任人的责任限制权利，就达到了责任限制程序的根本目的。

2. 程序保障功能。

在民事诉讼法中，程序保障的主要含义是保证当事人的诉讼权利，保障当事人平等参加程序的机会。对于责任限制程序，最重要的是当事人诉权的平等。在许多国家立法中，责任限制程序赋予海损事故中的责任人诉权，使其可以主动向法院主张责任限制权利，或者在限制债权人提起的责任诉讼中提起反诉，从而使责任人与限制债权人一样享有诉权，在程序上二者享有的诉讼救济手段平等，机会平等。这是一种具有海事诉讼特色的程序设计，是基于海损事

---

① ［日］谷口安平著：《程序的正义与诉讼》（增补本），王亚新、刘荣军译，中国政法大学出版2002年版，第6页。

② 这里的通过诉讼，是指必须经由公力救济的方式实施，与有的学者认为的责任限制"只有在诉讼中提出并得到确认"的观点不是同一含义。该学者所主张观点的真正意思是责任限制权利的行使以海事索赔人的索赔诉讼存在为前提，非在此索赔诉讼中，责任限制权利人不得主张并请求确认责任限制权利。参见刘寿杰：《海事赔偿责任限制程序问题研究》，载《人民司法》2004年第1期，第33页。

故纠纷的特点及保护鼓励航运业的公共政策考量作出的制度选择。而诉权无疑是当事人极为重要的诉讼权利，关系到实体权利的实现途径和可能性。责任限制程序通过诉权配置、安排不同环节的顺序、步骤，采用公告、债权人会议等方式保证当事人及其他诉讼参与人有充分的时间和机会参与诉讼，以实现对于程序参与者的程序利益保障。

3. 集中、快速、彻底解决多方索赔纠纷。

责任限制程序的另一个特点是适于解决责任人面临多方索赔情形下的债务清偿。它发明的特定事故产生的索赔由一个法院集中审理，并通过基金分配得到清偿，进而终局性解决所有债务的赔付，具有诉讼经济与效率价值，并且能够有效防止和避免多个索赔在不同法院审理产生不同结果的局面。

责任限制程序以上目的的实现受制于多种因素，如程序规则的科学性、诉权的配置优化程度、审判权的合理行使等。

考察各国责任限制程序原理，其制度目的无一例外地强调彻底、公正、迅速解决一次事故中产生的索赔纠纷。责任限制程序中的各子程序无不为此目的服务，同时责任限制程序的整体结构也受到各个组成部分的制约。责任限制程序各个组成部分及其相互之间的有机运作对于整体责任限制程序机制所产生的功用或者效能，即是责任限制程序的功能。从而责任限制程序功能的发挥取决于各组成部分的功用及相互之间的关系，以及其相互作用对于整体程序机制的影响。

（五）世界主要海运国家责任限制程序立法例及实践

各国的责任限制程序虽然在基本原理上大致相同，但是具体的样态各有特色，以下简要介绍各国立法例及司法实践中责任限制程序的规定及做法。

1. 英国。

英国的海事赔偿责任限制程序一开始规定在最高法院规则第

75 号令（R. S. C Order 75）中。1999 年 4 月 26 日，随着英国新民事诉讼规则（Civil Procedure Rules，CPR）的生效，最高法院规则被取代。经过修正，目前海事诉讼规则在民事诉讼规则的第 61 章第 11 节，[①] 以及《诉讼指引—海事诉讼》（Practice Direction – Admiralty Claims）第 61 章第 11 节第 10 段。[②] 英国的责任限制程序规则设置比较详尽、合理，在责任限制程序立法例中具有代表性：

（1）责任限制申请。

船舶所有人可以在事故后的任何时间在有管辖权的法院提起责任限制申请，[③] 责任限制案件是一种对人诉讼，申请责任限制的人是原告，对原告有请求权的人是被告。原告提起诉讼必须使用法定格式的起诉令状，至少要在起诉令状中明确一个被告的名称，其他的被告可以一般性地描述。起诉令状必须送达给确定名称的被告。在起诉令状送达后或法律视为送达后，在 7 日内原告须送达法院签发的开庭传票（summons for decree）或缺席审理的指示传票（summons for direction）。

责任限制案件的开始不以原告承认责任或者责任确定为前提。尽管通说认为如果没有别的原因，在责任限制判决作出前，承认责任是必需的。虽然在早期援引责任限制不构成承认责任，没有什么损失，但既然最终判决的是责任被限制，而不是责任的可能性被限制，逻辑上要求责任必须在某一阶段被承认。[④] 从而（不是必然的）责任限制案件通常在责任问题被判决之后、损害确定之前审理。[⑤] 然而英国新民事诉讼规则第 61 章的脚注规定："可以在责任

---

① 英国司法部网站：http：//www. justice. gov. uk/civil/procrules_ fin/contents/parts/part61. htm#rule61_ 11，2010 年 12 月 12 日 19∶48 访问。

② 英国司法部网站：http：//www. justice. gov. uk/civil/procrules_ fin/contents/practice_ directions/pd_ part61. htm#IDAWYGFF，2010 年 12 月 12 日 19∶48 访问。

③ The "Western Regent"（2005）2 Lloyd's Rep. 359.

④ Christopher Hill，*Maritime Law*，6th edn. ，2003，LLP，p. 414.

⑤ Christopher Hill，*Maritime Law*，6th edn. ，2003，LLP，p. 396.

确定之前作出责任限制判决或者宣告（declaration）。通过审判或者协议确定责任并不是申请或者作出责任限制判决或者宣告的前提条件。"①

近年来，英国法院在这一问题上的做法变得日益激进。里海湾专业紧急打捞局等诉布格斯近海运输公司等（Caspian Basin Specialised Emergency Salvage Administration and Another v. Bouygues Offshore SA and Others（No. 4））案表明，② 即使责任尚未被承认或者确定，责任限制诉讼也可以提起。此案还显示一个法院审理纠纷（责任问题），同时另一个法院决定责任限制权利问题是可能的。不过这很可能会产生问题。③ 最近的案件中，英国海事法院甚至允许当索赔尚未对之提起的情况下，责任限制权利主体可以先发制人（pre‐emptive strike）地提起责任限制诉讼。④

根据英国相关法规定，在申请责任限制判决之前不必设立责任限制基金。但是，为了保护责任限制权利主体，早些时候在法院设立基金是明智的，以避免拖延日久，基金的数目增加的风险。

（2）责任限制判决申请。

第一种情况是原告申请法院作出受限责任限制判决。若一名或一名以上确定名称的被告承认原告的责任限制权利的，或者已确定名称的被告未在指定期间提交答辩状的，原告可申请（海事法院）登记处作出受限责任限制判决（a restricted limitation decree），受限责任限制判决无须公告，但必须送达判决适用的被告。受限责任判

---

① Part 61 footnote："… a limitation decree or declaration can be granted before liability is established. The establishment of liability either by trial or agreement is not a pre‐condition to the seeking and granting of a limitation decree or declaration".

② [1997] 2 Lloyd's Rep. 507.

③ Susan Hodges, Christopher Hill, *Principle of Maritme Law.*, 2001, LLP, pp. 526 - 527.

④ 具体案件参见 Paul Dean and Winnie Mah, *Limitation ‐ a sword or a shield*? Lloyd's List, 6 April 2005, Seismic Shipping Inc and another v Total E&P UK plc [2005] EWHC 460 (Admlty).

决仅限于名称确定的被告。

第二种情况是原告申请法院作出全面责任限制判决。若被告对原告责任限制权利有争议，或所有名称确定的被告承认责任限制权利，原告可以请求作出全面责任限制判决（a general limitation decree）。海事登记官（registar）在案件管理会议上应就程序的继续进行作出指示。若对原告的责任限制权利一直有争议，则按普通海事案件由海事法官审理，如果原告成功，则作出责任限制判决。

（3）公告。

原告应依法院命令发布责任限制判决公告，在公告允许的期间内（通常不少于两个月），在起诉令状中没有确定名称或者虽然列明了名称但是没有送达，也不知道法院签发了令状的对原告享有索赔权的人可以要求撤销责任限制判决。

公告中应说明被告必须在责任限制基金成立后的 75 天之内向该基金提出索赔，否则基金失效，会把该基金退还给付款的船东。①

（4）其他诉讼的中止。

作出责任限制判决后，法院可以中止特定场合发生的有关索赔的任何案件，命令原告设立责任限制基金，就债权的支付作出安排，或者（在作出受限责任限制判决的情况下）分配责任限制基金。

在英国相关法律中，在对申请人责任限制没有争议或争议不大的情况下，法院在审前程序中多以即决判决（summary judgment）确认船东的责任限制权利，在有争议的情况下才会按普通程序确认

---

① CPR 61.11（20）.

责任限制权利，其特点是简易程序与普通程序相结合，注重效率。①

可见在英国责任限制申请不以设立基金为条件，责任限制权利得到法院确认后，才以责任限制基金为基础，将同一事故产生的全部索赔集中到一个法院审理，分配基金，清偿限制债权。

若事故发生后只有一个海事请求人，则责任人可以以抗辩或者反请求（a defence or counterclaim）的方式援引责任限制，这种情形下责任人的责任限制抗辩或者反请求被当做海事索赔诉讼的一部分，而不是责任限制程序（诉讼），此外责任人可以主张海事索赔诉讼中的判决对其他诉讼有既判力。②

2. 美国。

美国的责任限制诉讼程序原来主要由 1851 年船舶所有人责任限制法〔现编纂在美国法典第 46 卷（46 U. S. C）中〕及联邦最高法院制定的海事规则（Admiralty Rules）调整；1966 年海事规则并入《联邦民事诉讼规则》（the Federal Rules of Civil Procedure），该

---

① 国内有论者认为英国对于责任限制申请的即决判决（简易判决）属于"非诉讼程序"。参见刘寿杰：《海事赔偿责任限制程序问题研究》，载《人民司法》2004 年第 1 期，第 33 页。这是对英美法系即决判决的误解。例如，《布莱克法律辞典》对即决判决的解释是：联邦民事诉讼规则允许民事案件中的当事人当其认为对于重要的事实不存在真正的争点时，可以就一项诉讼请求、反诉、交叉请求申请即决判决，而且申请人有权获得关于法律问题的判决。参见 Black's Law Dictionary, 5th edition, p. 1287. 《英国民事诉讼规则》（CPR）将即决判决定义为："法院无须经审理程序而径行裁决诉讼请求或特定争点之程序。"徐昕译：《英国民事诉讼规则》，中国法制出版社 2001 年版，第 157 页。因此，即决判决是在审前程序中对当事人无争议或者争议不大的事项的判决，只不过相对于经过完全审理作出的判决而言，省去了审理的过程，因此尽管即决判决是在开庭审理前作出的，仍然具有解决纠纷的效果，属于诉讼程序无疑。另外，英美法系的民事诉讼中不区分诉讼事件与非诉讼事件。参见江伟主编：《民事诉讼法专论》，中国人民大学出版社 2005 年版，第 431 页。相应的也就没有诉讼程序与非诉讼程序的区分。即使在大陆法系国家，申请责任限制属于诉讼事件，因为其属于民事权益纠纷，而非非诉讼事件。

② D. C. Jackson, *Enforcement of Maritime Claims*, 4th edn. , 2005, LLP, p. 606.

规则中有关责任限制诉讼的内容实质上没有多少变更，仅经过编纂时的修正就并入"某些海事诉讼补充规则"（Supplemental Rules for Certain Admiralty and Maritime Claims ：Rule F Limitation of Liability）的规则 F 中。因此，责任限制诉讼今天由《联邦民事诉讼规则》调整，就像适用于联邦法院的其他诉讼一样，很多联邦民事诉讼规则已经适用于处理责任限制诉讼了。然而其中根本和有特色的部分由规则 F 支配。规则 F 对于一些重要的程序问题规定得并不充分，理论和实务不得不解决这些问题。可以说，美国的责任限制程序几乎完全建立在判例和实务的基础之上。①

美国责任限制诉讼的特征在于责任限制法给船东提供了一个有价值的程序工具："集中审理程序"（concursus），这一程序的作用类似于现代的破产原则：船东通常以担保的形式将相当于船舶价值和其未挣得运费的金额存入法院，所有因事故而对船东享有损害赔偿请求的索赔人必须在法院规定的期间内在集中审理程序中提出其索赔请求。一旦所有的潜在索赔人都向责任限制案件法院提出请求，法院将判决：第一，是否实际上发生了损失；第二，损失是否由船东的疏忽或者不适航所致；第三，对于损失的发生船东是否知情。如果判决船东可享有责任限制权利，法院会将责任限制基金按照比例在索赔人之间分配。可见，通过"集中审理"程序，船东可以通过在联邦法院提起责任限制诉讼，要求所有索赔人在责任限制案件中提起对船东的责任限制法下的索赔。"集中审理程序"给船东提供了在对其通常更有利的联邦法院解决全部针对他的索赔的能力。②

（1）责任限制申请及责任限制基金的设立。

---

① Graydon S. Staring, *Limitation Practice and Procedure*, Tulane Law Review, 1979, June, 53 Tul. L. Rev. p. 1138.

② Jill A. Schaa, *The Shipowners' Limitation of Liability Act*：*Still Afloat or Sinking Fast*?, Tulane Maritime Law Journal. 2000. 24 Tul. Mar. L. J. p . 663.

根据美国的责任限制法第 185 条及《联邦民事诉讼规则》规则 F，船东（或者光租人，下同）必须在适当的联邦地区法院提起责任限制申请（联邦法院对于责任限制案件拥有排他性管辖权）。在不迟于收到索赔人的书面索赔通知起的 6 个月内，船东应当提起责任限制诉讼。① 这一期间要求是为了督促船东尽快行使责任限制法定权利。若船东未能在期间内提起诉讼，法院可以以此为由驳回责任限制请求。对于责任限制诉讼中所涉事故，6 个月的期间自收到第一个索赔通知起算，之后的其他索赔通知不产生单独的 6 个月期间。在起诉令状中，原告应阐明主张责任限制权利的事实根据，详细说明事故航次的具体情况，事故航次开始的日期和地点，说明当时已知的与该航次有关的具体索赔及其类型。如果船东/原告宣称事故和索赔由船东以外的当事人的过失所致，那必须具体说明其他当事人或者船舶的上述不适当行为。船东仅笼统地主张其他当事人的疏忽是不够的。

规则 F 规定在提起责任限制申请时，船东应将等同于船东在船舶和运费上利益价值的金钱或者经法院批准的担保金缴存法院。② 规则 F 还要求原告具体陈述所涉事故发生航次终了时船舶的价值，船舶在何处，在何人的占有之下。同时，船东应特别说明该航次收取的实际运费数额和仍待收取的运费数额。

（2）其他诉讼的中止及公告。

一旦责任限制诉讼被提起，其他一切程序要求就绪，法院将发布一个中止在其他法院进行的因该事故提出的诉讼的命令。

---

① 尽管规则 F 有 6 个月的期间规定，然而在美国法院的实践及学者看来，索赔人提出索赔请求并不是船东申请责任限制的前提条件，若船东在"接到书面通知"之前提起责任限制诉讼，"很难看出有任何人因责任限制申请过早提出而受到歧视"。参见〔美〕G. 吉尔摩、C. L. 布莱克著：《海商法》，杨召南等译，中国大百科全书出版社2000 年版，第 1155～1156 页。

② The Federal Rules of Civil Procedure Supplemental Rules for Certain Admiralty and MaritimeClaims：Rule F Limitation of Liability：(1)．

当中止令生效时，联邦法院会发布一则针对所有可能因伤亡而拥有请求权的人的公告，以便于其在联邦地区法院审理的责任限制诉讼中提出各自的索赔。提出索赔的期限不应少于公告发布之日起30天，然而法院可以延长提出索赔的时间。接着法院会要求船东在当地报纸或联邦法院的官方出版物上公告其责任限制诉讼。该公告要在法院规定的提起索赔之日前连续四周，每周一次，并且船东还必须将公告邮寄到所有已知的索赔人。①

（3）审理与判决。

一旦所有的索赔都已经提出，联邦法院将决定提出的索赔是否会超过责任限制基金。如果很明显索赔的数额未超过责任限制基金，法院有权决定撤销中止诉讼令，并允许案件移送到州法院。联邦地区法院将要求所有当事方订立某种协议，表示以后在州法院和联邦法院将适当保护船舶所有人。②

如果所有当事方不能达成协议，或者索赔的数额将超过基金数额，联邦地区法院将继续决定船舶所有人是否享有责任限制。责任限制程序包括两个步骤。第一，索赔人须证实船东的责任，即可归因于船东的过失是索赔人损害的近因。如果船舶是适航的，或者船东没有疏忽，或者索赔人不能表明船东疏忽与索赔人损害之间的因果关系，船东不承担责任。第二，如果满足了疏忽/不适航和因果关系的条件，举证责任转移到船东，他应证明其没有故意、疏忽、私谋或对疏忽行为和不适航情形的知情。如果船东成功，它有权将其责任限制在赔偿责任限制基金的数额内。另外，如果船东未能证明自己不可归责，它将对州法院或联邦法院判决的赔偿全额负责。③

---

① Jason A. Schoenfeld, Michael M. Butterworth. *Limitation of Liability*：*The Defense Perspective*，Tulane Maritime Law Journal. 2004. 28 Tul. Mar. L. J. p. 223.

② Jason A. Schoenfeld, Michael M. Butterworth. *Limitation of Liability*：*The Defense Perspective*，Tulane Maritime Law Journal. 2004. 28 Tul. Mar. L. J, p. 224.

③ Jason A. Schoenfeld, Michael M. Butterworth. *Limitation of Liability*：*The Defense Perspective*，Tulane Maritime Law Journal. 2004. 28 Tul. Mar. L. J. p. 223.

综上所述，"集中审理"（concursus）是美国责任限制程序的核心，是实现实体权利的主要工具。正如法兰克福（Frankfurter）法官指出的：

（责任限制）的核心是将所有的请求集中在一起，以保证快速、经济地解决经常涉及多个请求人的争议……①

无论是在实体层面还是程序层面，"集中审理"程序都是重要的，它防止了多个索赔在不同法院进行和不同法院得出不同结果的可能。② 如果没有它，责任限制法赋予的实体权利在绝大多数场合将空洞化。③

对于海事赔偿责任限制程序在民事诉讼规则中的地位，美国学者认为，

在起初新奇并先进的责任限制程序一直保持着绝对的独特性。它集相互诉讼（interpleader）救济，集团诉讼（class action），确认判决（declaratory judgment），破产和息诉状（bill of peace）等特征于一体，当责任限制程序发明以前，上述一些程序还未普遍适用，所有这些程序，至少他们结合起来，带来巨大的潜在的实体上的好处。④

另外，按照《联邦民事诉讼规则》的规定，提起责任限制申

---

① Maryland Casualty Co. v. Cushing, 347 U. S. 409, 1954 A. M. C. 837 (1954).

② John Biezup T., Timothy J. Abeel, *the Limitation Fund and Its Distribution*, Tulane Law Review, 1979. 53 Tul. L. Rev. p. 1187.

③ Graydon S. Staring, *Limitation Practice and Procedure*, Tulane Law Review, 1979, June, 53 Tul. L. Rev. P. 1156.

④ Graydon S. Staring, *Limitation Practice and Procedure*, Tulane Law Review, 1979, June, 53 Tul. L. Rev, p. 1134.

请，就须设立相应的责任限制基金，债权人针对基金提起索赔，其他一切有关的诉讼被中止，所有索赔集中到责任限制案件法院后，若索赔额超过责任限制基金数额，法院审理责任限制问题并作出判决，可见美国责任限制程序的基石就是"集中审理程序"。

3. 日本。

日本的海事赔偿责任限制程序规定在关于船舶所有人等的责任限制法（以下简称责任限制法）中，该法于 1975 年颁布，1976 年 9 月 1 日施行，是《1957 年海船所有人责任限制国际公约》的国内法化。1982 年日本加入《1976 年海事赔偿责任限制公约》，遂于 1982 年 5 月 21 日公布船舶所有人等的责任限制法的修改法（1982 年法律 54 号），自 1984 年 5 月 20 日开始施行。现行的日本责任限制法于 2005 年 6 月修订。责任限制程序规定是该法的重要组成部分。具体规定如下：

（1）责任限制案件的管辖。

对于拥有船籍的船舶，责任限制案件由管辖船籍所在地的地方法院管辖；对于没有船籍的船舶，由申请人的普通裁判籍（依当事人的住所确定管辖法院）的所在地，事故发生地、事故后有关船舶最初到达地，或者基于限制债权，由申请人财产的扣押以及临时扣押的执行地的地方法院专属管辖，[1] 为避免显著损害以及迟延，法院可以依职权把责任限制案件移送一定的法院。[2]

（2）责任限制程序。

第一阶段：限制责任程序开始的申请和决定责任限制。

在申请责任限制程序开始时，申请人须陈述由于特定事故而产生的关于限制债权的损害事实、限制债权额超过责任限额的情况，而且应当申报已知限制债权人的姓名（名称）、住所。

法院认为该申请适当时，即命令申请人在不超过 1 个月的期间

---

[1]　日本关于船舶所有人等的责任限制法第 9 条。
[2]　日本关于船舶所有人等的责任限制法第 10 条。

内把相当于责任限额的货币存于法院指定的寄存处所。但是经法院许可，申请人也可以与受托人（银行、信托公司等）签订委托寄存合同。若在上述期间内能向法院提出这种合同，则无须寄存货币。①

中止其他程序的命令。在责任限制程序开始的申请提出的情况下，法院可以根据申请人申请，在从申请责任限制程序开始到决定以前的一段时间，下令中止限制债权申请人财产的强制执行、临时扣押、临时处分，或者根据拍卖法进行的拍卖程序。②

责任限制程序从决定开始时发生效力。在作出责任限制程序开始的决定的同时，法院必须直接选任管理人，规定限制债权的申报时间（要求自决定之日开始1个月以上4个月以下）、限制债权的调查日期，并公告这些事项。③

责任限制程序开始的效力。在责任限制程序开始时，限制债权人能够通过基金得到支付。限制债权人不能对基金以外的申请人的财产行使权利，限制债权人的限制债权不能与申请人、受益债务人的债权相抵消。④

第二阶段：限制债权的申报和调查阶段。

限制债权人可以参加责任限制程序，⑤ 为此应当在限制债权的申报期间内申报债权。⑥ 申报的债权如果是限制债权，须调查其内容及种类。⑦ 对于申报债权如果没有异议，确定其是限制债权以及其内容、种类。⑧

---

① 日本关于船舶所有人等的责任限制法第18、19、20条。
② 日本关于船舶所有人等的责任限制法第23条。
③ 日本关于船舶所有人等的责任限制法第26、27、28条。
④ 日本关于船舶所有人等的责任限制法第33~36条。
⑤ 日本关于船舶所有人等的责任限制法第47条。
⑥ 日本关于船舶所有人等的责任限制法第50条。
⑦ 日本关于船舶所有人等的责任限制法第57条。
⑧ 日本关于船舶所有人等的责任限制法第60条。

第三阶段：分配阶段。

除了管理人进行诉讼的费用等例外地从基金中支付外，基金全部应当用来分配。限制债权的调查期终了后，管理人应当不拖延地进行分配。在进行分配时，管理人制作分配表，并需要得到法院批准，法院认可后应当公告。在分配表中，要求对应当参加分配的限制债权人的姓名、限制债权额、能够进行分配的金钱数额、分配率以及其他事项，按照关于人的损害的债权和物的损害的债权分别载明。

当责任限制债权人按其分配额能够从基金中得到支付时，申请人以及受益债务人在责任限制程序外，对于有关限制债权人就分配的债权，免除其责任。在分配终了时，法院作出终结责任限制程序的决定，并予公告。

日本责任限制程序的特点在于法院可以依职权调查，不经辩论就决定准予申请人责任限制程序开始申请，命令设立基金，利害关系人可以就此裁定上诉；[①] 法院在审查是否开始责任限制程序时，就申请人预交程序费用、限制债权数额是否超过责任限额，申请人是否是破产人，责任限制基金是否设立等问题进行审查，[②] 符合条件则决定责任限制程序开始，可见责任限制程序的开始以责任限制基金的设立作为前提。利害关系人可以对法院的裁决提起上诉，也可以对责任人提起普通的索赔诉讼，在这种情况下，受理责任限制案件的法院可以要求移送案件，将普通索赔案件与责任限制案件合并进行审理。在责任限制案件进行过程中，责任限制程序之外的其他与责任限制债权有关的案件应由原告申请，法院可以命令中止。[③]

4. 北欧四国（丹麦、挪威、瑞典、芬兰）。

---

① 日本关于船舶所有人等的责任限制法第 11、12、19 条。

② 日本关于船舶所有人等的责任限制法第 24 ~ 25 条。

③ 日本关于船舶所有人等的责任限制法第 64 ~ 67 条。

北欧四国的责任限制程序包含在各自的海商法中，规则相同。根据各国法律体系的不同，丹麦的责任限制程序规定在 1994 年丹麦商船法（DMSA）中；芬兰、瑞典、挪威各自规定在本国 1994 年海商法中。它们的基本做法如下：[①]

（1）申请设立责任限制基金。

如果基于限制债权，限制债权人已经提起诉讼或者扣押，或者其他法律程序已经开始，责任限制权利主体可以申请设立责任限制基金。基金应在受理诉讼的海事法院，或者其他有资格受理扣押或其他法律程序申请地的海事法院设立。申请人应提交可能的债权人名单和设立基金背景的陈述。对法院关于基金规模和接受担保函的判决可以上诉。在后续程序中，法院可以修正有关的决定。法院判决许可基金设立申请且判决中要求的基金或者担保已经提供时，基金设立。

（2）责任限制程序开始。

基金被视为为所有享有责任限制的人设立，仅用于清偿责任限制适用的债权。设立基金后，设立基金的法院发出传票后责任限制程序开始。[②] 有关限制债权的案件和设立基金人责任限制权利的诉讼案件只能在责任限制诉讼中提起。[③]

法院应当发布设立基金的公告，要求债权人在一定的期间内（不少于两个月）申报债权。该公告必须送达所有已知债权人。当债权人向基金申报债权的期间届满时，法院可以指定理算人或者另一名基金管理人[④]。债权申报期限一经届满，法院应召开基金会

① 以瑞典 1994 年海商法（SMC1994）为例。

② E. g. The Swedish Maritime Code 1994, Chapter 12 on Limitation Fund and Limitation Proceedings Section 10: A limitation proceeding means a proceeding in which questions of liability and its limitation and of submitted claims are decided and the fund is distributed, A limitation proceeding is brought into court by summons at the Court where the fund is constituted.

③ SMC 1994 Chapter 9 section 7.

④ SMC 1994 chapter 12 section 5.

议，传唤所有利害相关当事人到会。在基金会议上法院应（临时的或者最终的）考虑有关责任基础、责任限制权利和基金数额等问题。① 管理人可以提出基金分配计划，若无异议，可以按此计划分配。若有异议，任何此类问题必须根据民事诉讼规则，即在普通的诉讼之后作出判决。

当所有纠纷都已经解决后，法院应以判决决定在索赔人之间分配基金。法院关于基金分配的终局判决对所有可能针对基金的债权人有拘束力，即便他们没有申报债权。法院判决责任人在无权享受责任限制的情况下，也要分配基金，此时法院根据一方当事人请求，可以确认没有从基金中受偿的债权。②

在北欧四国，责任限制程序（limitation proceedings）意味着决定责任问题、责任限制问题和申报债权且分配基金。可见北欧国家的责任限制诉讼以基金设立为前提，围绕着责任限制基金将所有针对基金的限制债权请求集中到基金设立法院审理，解决责任确定、责任限制权利的确定、限制债权的确认等问题，若对于以上问题有争议，则通过普通诉讼予以解决。

5. 法国。

法国的责任限制程序法包含在 1967 年 1 月 3 日法中。③ 在立法及司法实务中，法国的责任限制诉讼遵循如下规则：④

导致损害的船东可以通过设立责任限制基金清偿一切债务。船东或其他责任人意欲享受责任限制的应在商事法院提出申请，说明事故的情况和基金的最大限额。但是，法国法没有明确责任限制与

---

① SMC 1994 chapter 12 section 11.

② SMC 1994 chapter 12 section 14.

③ 该法当时并入的是《1957 年海船所有人责任限制国际公约》，在 1986 年随着《1976 年海事赔偿责任限制公约》对法国生效，根据 1986 年 12 月 23 日令《1976 年海事赔偿责任限制公约》并入法国法，1967 年 1 月 3 日法相应地做了修正。

④ See Jean - Serge Rohart, *France // Patrick Griggs, Richard William, Jeremy Farr, Limitation of Liability for Maritime Claims*, 4th edn. , 2005, LLP, pp. 237 - 242.

设立基金之间的关系。然而法院曾有判决认为在法国法下即使没有设立基金，也可以享受责任限制利益。即责任限制权利不依赖于基金的设立；基金仅是船东清偿债务的程序工具，对责任限制权利没有任何影响。

（1）责任限制基金的设立。

设立责任限制基金的申请须向有管辖权的法国商事法院院长提出，法院院长将审查基金数额，以命令承认设立基金。他将同时任命清算人和一名法官负责基金清偿的管理。

（2）责任限制诉讼开始。

基金一旦设立，约束所有限制债权人。只有责任限制针对的债权才能获得基金的清偿。所有限制债权的请求必须在责任限制诉讼中提起；任何针对船东的限制债权的执行措施被禁止。基金的设立不意味着承认责任。

（3）债权申报与基金分配。

随着清算人邀请索赔人在一定期间内（法国公民 30 天，外国索赔人 40~50 天）申报债权，基金分配程序开始。接着在特定报纸上（依情况而定，法国的或者国外的）重复发布上述公告。在期间届满后，清算人对每一债权进行债权性质和数额的确认。有争议时，由负责管理基金的法官解决争议。当所有争议已经解决，基金的数额确定，法院判决分配基金。每一债权人都会被告知他将得到的确切数额结果。每一债权人的清偿导致索赔的最终解决。

6. 德国。

德国的责任限制程序规定在责任限制诉讼程序法（Procedural Code on Limitation Proceedings）中。[①]

（1）责任限制申请及责任限制基金设立。

任何有权限制责任的人应向汉堡地方法院破产分院申请开始责

---

① See Dr. Markus Eichhorst, *Germany* // Patrick Griggs, Richard Williams, Jeremy Farr, *Limitation of Liability for Maritime Claims*, 4th edn. , 2005, LLP, . pp. 248 – 249.

任限制诉讼。申请人需要提交有关文件（如船舶登记证书、吨位证书等），证明申请人有权限制责任的索赔在德国法院提起。有关的扣押程序就满足这一要求。

在审查申请被批准后，法院裁决责任限额并命令申请人以现金或者提供银行担保的形式缴存到法院，同时须支付诉讼费用。

（2）责任限制程序开始。

责任限制基金设立后，法院命令责任限制程序生效。结果所有在德国法院审理的与责任限制程序有关的未决索赔诉讼程序自动中止，针对责任限制诉讼申请人的此类债权的任何执行措施被禁止（包括扣押措施）。接着法院委任一名管理人管理基金，审查针对基金提出的债权，在诉讼结束时清偿债权。

（3）债权确认及基金分配。

任何债权人（索赔人 claimant）和申请人（提起责任限制案件的责任人）有权对申报的债权提出异议。若这种争议不能友好地解决，债权人需要在适当的德国民事法院起诉异议人，要求法院确认债权及其数额。就债权的合法性及数额达成一致后，或债权人就此获得不可上诉判决后，管理人按比例在债权人之间分配基金。

7. 希腊。

希腊的责任限制诉讼规定在海事私法典中。① 责任限制权利人在希腊法院提起法律诉讼程序的结果是希腊法院因此获得设立基金的管辖权。希腊法律规定由船舶登记港法院，或者比里亚斯法院管辖责任限制案件。

（1）责任限制请求的提起。

当责任限制请求独立于责任限制基金设立在确认之诉中提起，以确定原告就特定事故依《1976 年海事赔偿责任限制公约》的责任限额，管辖权既可以根据民事诉讼法典规定的普通原则确定，也

---

① See Deucalion G. Rediadis, *Greece* // Patrick Griggs, Richard Williams, Jeremy Farr, *Limitation of Liability for Maritime Claims*, 4th edn. , 2005, LLP, p. 253.

可以根据在希腊有效的国际立法确定。

（2）责任限制基金的设立程序。

设立基金申请应在确认责任限制法院提起，需递交文件等证明缴存的数额，或者提交相应的担保。在这一阶段，法院不介入责任限额的确定。责任限制声明（declaration）应陈述提起责任限制的原因、当时已知索赔人的名称和地址及其债权；声明和相关文件向法院提交后，就可以释放根据担保或者执行而被扣押的财产。此时须通过责任限制基金实现债权。

（3）债权申报及基金分配。

提交责任限制声明 10 天期满后 1 个月内，法院委任一名监督法官和管理人进行基金分配，即决判决（summary of the judgment）和公告要在两份发行量大的雅典报纸上公布。在责任限制诉讼中申报债权可以保留时效。

在 3 个月期满后，应当举行已申报债权的债权人会议。债权人没有争议的索赔可以从基金中清偿，但是必须就所有有争议债权作出预留。对后者，法院根据管理人申请作出判决，一旦判决不可上诉，基金分配恢复；这将花费大量时间，但是不妨碍所有债权人协商结束争议。基金按比例分配，优先权赋予的个别债权的优先地位不被考虑。

希腊的责任限制程序的特点是责任限制权利的主张甚至可在执行阶段提出，当然也可以在债权人尚未对其提起索赔诉讼的情况下主动向法院申请，责任限制的申请不以设立责任限制基金为条件。责任限制基金设立与责任限制确认须在同一法院，责任限制基金同样是集中审理所有损害赔偿纠纷的手段。

8. 韩国。

韩国商法典和船舶所有人责任限制诉讼法（1993 年生效）规范海事赔偿责任限制。随着商法典的修订，韩国制定了船舶所有人责任限制诉讼法。该法独立于商法典，主要是程序法。该规则与《1976 年海事赔偿责任限制公约》基本相同。责任限制程序的主要

规则如下:①

（1）责任限制申请和责任限制基金设立。

只有在设立基金的情况下才可以援引责任限制。船舶所有人在韩国法院申请责任限制时，若法院认为申请适当，则命令船舶所有人缴存责任限制基金。基金可以现金或者银行、保险公司的保函形式设立。

责任限制申请必须在申请人收到索赔人书面要求后 1 年内提起，索赔的总数额应超过申请人的责任限额。尽管责任限制诉讼法禁止索赔人在责任限制诉讼开始后查封申请人的财产，然而责任限制诉讼法并不阻止索赔人对申请人提起普通诉讼。

（2）债权申报及确认。

对申请人有请求权的索赔人必须在责任限制法院规定的期间内申报债权。通常法院允许索赔人在 3 个月内申报债权。申请人、其他有权限制责任的人或者其他索赔人可以对申报的债权提出异议。在这种情况下，法院应就异议作出裁决（确认裁决）。任何参加方可以通过对异议人提起法律诉讼反对法院的确认判决。此时法院将进行审理以决定这一事项。在上述程序中，索赔人提起的普通法律诉讼将合并审理。

韩国的责任限制程序将责任限制基金的设立作为主张责任限制的前提，在债权人对责任人责任限制权利有异议的情况下，普通诉讼与责任限制程序相结合，以解决债权的确认和责任限制权利的确认问题。

9. 荷兰。

在荷兰，责任限制诉讼基于荷兰民事诉讼法（DCCP）第

---

① See Chang - Joon Kim, *Korea* // Patrick Griggs, Richard Williams, Jeremy Farr. Limitation of Liability for Maritime Claims, 4th edn. 2005, LLP, pp. 298 - 299.

642a ~ 642z 条。①

(1) 责任限制申请和责任限制基金设立。

只有针对限制债权提起法律程序后，才可以申请责任限制（和相应地设立基金）。通说认为审判前的扣押（为获得担保）即满足"法律程序"要求，并且索赔人应已经提起此种程序。

责任限制申请人应向法院提交申请，申请书中陈述自己、船舶、事故的具体情况和已知的可能债权，申请责任的限额，以及缴存基金的方式。申请责任限制不视为对责任的承认；在随后的审理中不能提起申请人故意或者鲁莽的主张；接着法院发出临时命令，决定责任限额和基金设立。另外，要委任法官专员和清算人指挥后续的责任限制诉讼。

(2) 债权申报、责任限制权利确认、债权确认。

基金设立后，责任限制申请人需再次向法院递交申请，表明上述命令已经执行，若符合条件，法院颁发第二道命令。这道命令促使法官专员和清算人安排申报债权并安排所有当事方参加审理。在审理之前和审理时，索赔人、被告和清算人可以就责任限制权利、责任限额、任何申报债权的性质和数额或者任何其他争议点提出问题；索赔人也可反对任何其他人的债权；未解决的争议提交法院。

(3) 基金分配。

如果没有争议或者争议在提交法院后已经判决，按照各债权在基金中的份额编制债权清单，然后将清单交存审查。没有反对，或者任何反对已经法院最后判决，法官专员发出基金分配计划最后命令。虽经适当通知，索赔人未能在上述程序中申报债权的，丧失权利。一旦基金分配计划具有终局性，权利失效。

荷兰的责任限制程序的特点在于申请人申请责任限制时须设立责任限制基金，然而在裁定基金设立之前不对责任限制权利进行实

---

① See Taco Van Der Valk, *The Netherlands* // Patrick Griggs, Richard Williams, Jeremy Farr, *Limitation of Liability for Maritime Claims*, 4th edn. , 2005, LLP, pp. 322 – 325.

体审理，待基金设立后，于债权申报及确认阶段一并处理。

（六）责任限制权利程序的基本原理

从以上对于世界各主要海运国家海事赔偿责任限制权利实施的两种途径描述，大体可以看出责任限制权利实现的大体法律框架。

1. 在单一索赔的场合，在责任案件中以抗辩方式援引责任限制权得到普遍认可，同时可以不设立责任限制基金。

即在此情形下援引责任限制不以设立基金为前提。在诉讼法上责任案件的程序规则等同于普通民事案件。这种责任限制权利实现方式在《1976 年海事赔偿责任限制公约》及各国立法及实务中得到普遍承认。然而在此情形下责任限制仅对个案中的索赔人适用，且责任人不因援引责任限制而可以使自己的财产免遭扣押等措施，也不能使自己已被扣押、查封的财产被释放。

2. 在多方索赔的情况下，一般规定了在一个法院集中审理特定事故产生海事纠纷的程序机制，集中审理的依托无一例外都是责任限制基金。

正如有学者在考察了现有的责任限制国际公约后所指出："所有（责任限制）公约都以这样或那样的形式规定了在一个法院集中审理全部索赔。"[1] 各国或者作为某责任限制公约的成员国，或者未批准或参加任何一个国际公约，而在本国立法中移植责任限制公约的规定，无论形式如何，鉴于海事赔偿责任限制问题的国际性，各国的立法都将集中审理作为责任限制程序的重要内容。

从而在各国，责任限制基金的设立一般是责任限制程序开始的前提，在此基础上才可以集中申报和确认债权，确认责任限制权利、分配基金。责任限制基金作为集体清偿责任人债务的程序工具而存在，没有责任限制基金，责任限制程序的一次性、集中解决纠

---

① See Arthur M. Boal, *Efforts to Achieve International Uniformity of Laws Relating to the Limitation of Shipowners' Liability*, Tulane Law Review, June, 1979, 53 Tul. L. Rev. p. 1294.

纷的功能就无从实现。

3. 责任限制程序的基本框架和功能。

就责任限制程序而言，虽然各国的程序规则设置各出机杼，但一般包括责任限制申请、基金设立、债权申报与确认、基金分配等环节，由此可见无论形式上有何差别，责任限制程序在实体上要达到的效果均是确定海事赔偿责任、责任限制权利、通过责任限制基金清偿特定事故所涉全部债务。

不同国家的责任限制程序的结构差异主要体现在设立基金程序与责任限制申请之间的顺序关系上。有的国家强调二者之间的紧密关系，规定申请责任限制就应设立责任限制基金，即设立责任限制基金是请求限制责任的前提，如日本、韩国、德国、荷兰、美国、北欧四国等国持这种立场；而有的国家则持相对宽松的立场，申请责任限制时可以不必设立基金，责任限制基金的设立可以在责任限制判决作出后，如英国、加拿大的立法及判例即属此类。

4. 责任限制权利的确认程序。

责任限制权利的确认是责任限制程序中要解决的问题之一，其相应程序是整体责任限制程序的子程序。在不同国家的责任限制程序体制下，责任限制权利的确认采取的程序规则不同。一种是即决判决与普通程序相结合的方式，当责任人提出开始责任限制程序申请时，在当事人无争议或争议不大的情况下，法院无须经过开庭审理、辩论，就以即决判决决定责任人得适用责任限制；若有争议，则通过审理程序决定，英国、日本、德国、韩国等国的做法即属此类。另一种是北欧四国、荷兰等国采用的由债权人会议解决责任限制问题，若债权人会议对责任限制权利无争议，则进行债权确认和基金分配；若有争议，则以普通程序通过提起确认之诉解决。还有的国家如希腊，允许责任人单独提起责任限制权利的确认之诉。

可见无论采取何种方式，对于解决责任限制问题的程序而言，都应是诉，不过有的属于独立之诉，有的属于诉讼中之诉。因此，即使责任限制确认程序是整体程序结构中的子程序，这个环节都具有自身的规定性，仍然具备完整的诉的要素，并不是一种附属程序。

就责任限制确认程序之诉的类型而言，一般承认责任限制确认程序为确认之诉，如英国法、美国法上责任限制判决也称之为宣告（declaration），[①] 希腊法上认为责任限制申请属确认之诉等。

5. 责任限制基金的功能。

责任限制基金在实体功能上，作为限制债权的清偿资金；在程序上，基金的设立产生集中管辖和审理所有限制性债权纠纷的法律效果，设立基金法院因之取得对所有海事请求的管辖权；另外，设立基金可使责任人的财产免遭扣押。

从诉讼策略来看，责任限制权利主体在责任案件中以抗辩形式主张责任限制是诉讼中的防御手段；责任人向法院主动提起责任限制申请是先发制人的主动出击策略，以免自己处于疲于应付多方索赔的不利地位。责任限制权利人享有充分的司法救济手段，可进可退，可攻可守，亦守亦攻，可以说其程序权利与限制债权人处于平等地位，真正实现了"武器对等"。另外，责任限制权利的实现方式集中展现了商事诉讼追求灵活的处理方式的精神，特别是责任限制程序，更是无处不体现商事诉讼便捷、迅速、追求效率的理念。

## 六、责任限制程序内外部关系

责任限制程序是结合了多个子程序的集合性程序，其中各子程序之间的相互关系及其作用对于责任限制整体程序构造的完善及功能的发挥具有决定性影响。作为一种集体性的债务处理法律制度，责任限制程序与民事诉讼法的其他个别程序具有包容关系，其中责

---

① 在大陆法系民事诉讼法中被称为确认之诉，在英美法系国家被称为宣告判决（declaratory judgment），二者是相等的法律术语。参见沈达明编著：《比较民事诉讼法初论》，中国法制出版社2002年版，第221页。

任限制权利的确认程序保留了确认之诉的特征与属性；设立责任限制基金程序具有财产保全程序的法律效果；确权诉讼是对给付之诉的修正变更；债权的集中登记、债权人会议、基金分配具有破产程序的特征，并兼有执行程序的规则。这种包容或者兼容不是原封不动的拼凑，而是根据海损事故处理的特点进行了相应变更、修改基础上的兼收并蓄。例如，责任限制申请程序将简易审理与普通程序相结合，由法官根据争议情况决定所适用的程序，体现了商事诉讼注重效率与便捷的理念。由于责任限制程序具有的独特性，简单地套用民事诉讼法的理论来解释它往往难以自圆其说。在责任限制程序制度目的的指导下展开解释，以目的解释作为基本方法，得出的结论会最接近规范目的，有利于程序功能的发挥。

我国法上的责任限制程序从构成上看，责任限制基金的设立是责任限制程序的中心，法院管辖规则的设计实现了由设立基金的法院集中审理特定场合发生的海事纠纷，确定责任、责任限制权利、确认限制债权、分配基金、清偿债权，应当说经过海事诉讼法的立法设计及最高人民法院总结实践经验发布的相关司法解释，目前我国法律制度中已经形成了比较完整、前后衔接顺畅的责任限制程序制度。因为责任限制程序需要解决的问题较多，因而有必要明确不同程序之间的逻辑关系。

（一）申请设立责任限制基金与责任限制权利

在很多申请设立责任限制基金案件的审理中，利害关系人提出异议时往往主张申请人无权享受责任限制，因而不能申请设立责任限制基金。这里涉及的是申请设立基金与申请人/责任人限制责任权利之间的关系，即申请人责任限制基金是否以其有权限制责任为条件或者前提？

对于这一问题，青岛海事法院在（韩国）兴亚航运有限公司与（中国）荣成市海宇渔业有限公司申请设立海事赔偿责任限制基金纠纷异议案中明确指出：

海商法第213条规定的设立责任限制基金的条件是，"责任人要求依照本法规定限制赔偿责任的，可以在有管辖权的法院设立责任限制基金"。根据该规定，只要责任人要求限制赔偿责任，即可依法申请设立责任限制基金。海事诉讼特别程序法第101条规定申请设立责任限制基金的条件是，责任人"在发生海事事故后，依法申请责任限制的，可以在海事法院申请设立海事赔偿责任限制基金"。该法规定的设立责任限制基金的条件与海商法规定的条件基本相同，并未规定其他条件。最高人民法院《关于适用〈中华人民共和国海事诉讼特别程序法〉若干问题的解释》对责任人申请设立责任限制基金也未规定以责任人可以享受责任限制为条件。该解释第83条规定，对申请人申请设立责任限制基金提出异议的，"海事法院应当对设立基金申请人的主体资格、事故所涉及的债权性质和申请设立基金的数额进行审查"。由此可见，根据我国的法律规定，不管责任人是否可以限制赔偿责任，只要其主张责任限制，均可申请设立责任限制基金。我国有关法律之所以规定设立海事赔偿责任限制基金不以责任人有权限制赔偿责任作为条件，其主要目的是，在重大事故发生之后、海事赔偿责任问题确定之前，允许有关责任人尽快设立责任限制基金，以避免其船舶或其他财产被扣押或多次扣押。①

因而申请人设立责任限制基金并不以有权限制责任为前提，然而他必须属于海商法规定的可以限制责任的主体种类，事故引发的海事请求应当包含限制性债权，然后申请人才可以依法设立责任限制基金。

---

① 中华人民共和国青岛海事法院民事裁定书，〔2004〕青海法保字第36-1号，载北大法宝-中国法律检索系统，http://bmla.chinalawinfo.com/NewLaw2002/SLC/SLC.asp? Db = fnl&Gid = 117476211，2011年2月17日14：58访问。

（二）设立责任限制基金与海事赔偿责任

申请人申请设立责任限制基金是否以其对特定场合的事故承担海事赔偿责任为前提？也就是说，是否只有责任人才可以申请设立责任限制基金，否则则无资格设立责任限制基金？厦门海事法院审理的大诺控股有限公司与福清朝辉水产食品贸易有限公司申请设立海事赔偿责任限制基金异议案提出了这个问题。在该案中，"景云"轮（M. V. GOLDEN CLOUD）在中国福州港装货完毕后驶往台湾高雄港，在高雄遭遇"海棠"台风，发生 132 个集装箱及其货物坠入大海的海损事故。事故发生后，"景云"轮的注册船东大诺控股有限公司（Great Promise Holdings Limited）向厦门海事法院申请设立海事赔偿责任限制基金，有两名利害关系人对申请人的资格提出异议，认为根据"景云"轮船舶登记文件，"景云"轮在发生海损时处于光租期间，光租人为斯马特林克航运有限公司（Smart Link Shipping Limited）。按照我国海商法规定，除非申请人与光租人有相反约定，对海损事故承担责任的是光租人，而非申请人。申请人不具有申请设立海事赔偿责任限制基金的主体资格。法院认为申请人作为船舶所有人申请设立海事赔偿责任限制基金，并不以其对海事事故承担责任为前提。①

对于这一问题，《1976 年海事赔偿责任限制公约》第 11 条规定，被声称或者宣称负有责任的人（Any person alleged to be liable）可以依照公约的规定设立责任限制基金，② 换句话说，在申请设立

---

① 大诺控股有限公司与福清朝辉水产食品贸易有限公司申请设立海事赔偿责任限制基金异议案，中华人民共和国厦门海事法院民事裁定书，〔2005〕厦海法限字第 5 号，载北大法宝 - 中国法律检索系统，http：//bmla. chinalawinfo. com/NewLaw2002/SLC/SLC. asp? Db = fnl&Gid = 117482838，2011 年 2 月 18 日 10：24 访问。

② Artile11. 1 Any person alleged to be liable may constitute a fund with the Court or other competent authority in any State Party in which legal proceedings are instituted in respect of claims subject to limitation.

责任限制基金时，申请人是否应当承担赔偿责任并没有证据证实，也没有确定，但是只要他有可能被认为是责任人，就有权利申请设立责任限制基金。

海商法第 213 条规定，责任人要求限制责任的，可以申请设立责任限制基金，虽然海商法没有像《1976 年海事赔偿责任限制公约》第 11 条那样限定责任人是"被声称"负有责任的人，然而：（1）根据《1976 年海事赔偿责任限制公约》第 1 条第 7 款的规定，援引责任限制的行为，并不构成对责任的承认。（2）海事诉讼特别程序法第 101 条第 1 款规定："船舶所有人、承租人、经营人、救助人、保险人在发生海事事故后，依法申请责任限制的，可以向海事法院申请设立海事赔偿责任限制基金。"从该条规定来看，只要属于海商法规定的责任限制主体，海难发生后主张责任限制，即可申请设立责任限制基金；海事诉讼特别程序法并没有要求申请人在实体法律关系上应当是对海事请求承担责任的人。（3）海事诉讼特别程序法第 101 条规定，设立责任限制基金的申请可以在起诉前或者诉讼中提出，而在索赔人起诉前或诉讼中申请设立责任限制基金，显而易见此时赔偿责任的确定并没有展开或者完成，简言之，设立责任限制基金程序与海事赔偿责任的确定与承担之间并没有制约或者依赖关系，申请设立责任限制基金并不以申请人最终要对索赔人承担赔偿责任为前提；只要申请人认为自己可能会被诉，它又属于可以限制责任的主体，就可以在事故发生后在有管辖权的法院申请设立责任限制基金。

从海商法及海事诉讼特别程序法的上述规定来看，法律显而易见仅把海事赔偿责任限制基金视为责任人赔偿的限额，即赔偿的范围问题，与海事索赔诉讼中责任的归属与承担在程序上并没有条件关系，虽然二者在事实层面有明显的联系。

（三）责任限制基金设立与债权登记和确认

按照海事诉讼特别程序法第 105 条、第 112 条、第 116 条及最高人民法院《关于适用〈中华人民共和国海事诉讼特别程序法〉若干问题的解释》第 90 条规定，法院受理设立责任限制基金的公告发布后，债权人应在公告期间内申请债权登记，债权人提供判决书、调解书、仲裁裁决书或者公证债权文书以外的其他海事请求证据的，应当在办理债权登记之后 7 日内，在受理债权登记的海事法院提起确权诉讼。

因而只要债权人收到法院受理设立责任限制基金的通知或者公告，在公告期间内，尽管责任限制基金未设立，尚在异议或者一审裁定上诉期间，债权登记及债权确权诉讼同步进行。换言之，债权登记与确权诉讼的进行不以责任限制基金的设立为前提。这样就产生了若责任限制基金未设立（包括利害关系人异议成立，法院裁定驳回申请人基金设立申请，及申请人在法院准予设立基金裁定生效后，放弃设立基金两种情况）时，债权登记及确权诉讼如何处理的问题。

这是实践中已经有所体现的问题。例如，在上海海事法院于 2004 年审理的"中国扬子江轮船股份有限公司申请设立海事赔偿责任限制基金案"中，[①] 扬子江轮船股份有限公司所属的"集发"轮与中海发展股份有限公司所属的"大庆 244"轮发生碰撞后，导致"集发"轮沉没，船载货物受损，扬子江轮船股份有限公司遂申请设立海事赔偿责任限制基金，在法定期间内，有 52 个债权人对申请人设立基金申请提出异议并向海事法院申请债权登记，海事法院均裁定准予登记，这些债权人按照最高人民法院《关于适用〈中华人民共和国海事诉讼特别程序法〉若干问题的解释》的规定在债权登记后的 7 日内提起了确权诉讼。但在公告期间届满后，经审查，异议人的异议成立，海事法院驳回了申请人的设立责任限制基金申请。申请人提起上诉后，也被二审法院裁定驳回。于是 52

---

① 储兴厚：《基金程序中确权诉讼的若干问题》，http://www.ccmt.org.cn/ss/explore/exploreDetial.php? sId = 1981，访问时间：2008 年 3 月 17 日。

个债权登记案件及相应的确权诉讼如何处理成为问题。

再如，广州海事法院于 2003 年审理的"穗港信 202"轮船舶所有人和"银虹"轮船舶所有人申请设立责任限制基金案中，① "穗港信 202"轮与"银虹"轮在广州港附近水域发生碰撞，导致"银虹"轮及其所载的全部集装箱货物沉没，两船的所有人先后向广州海事法院申请设立海事赔偿责任限制基金。广州海事法院经审理裁定准予其申请，并依照我国海事诉讼特别程序法的规定进行通知和公告；有关的债权人分别就与事故有关的债权进行了登记，并随之提起确权诉讼。两项准予设立基金的裁定生效后，"穗港信 202"轮的所有人按要求提供资金设立了基金，但"银虹"轮的所有人却没有提供资金或有效担保实际设立基金。于是在准予基金裁定生效后申请人没有实际设立基金，对有关的债权人已进行的债权登记及确权诉讼案件应如何处理成为难题。

产生上述问题的根源在于海事诉讼特别程序法及《关于适用〈中华人民共和国海事诉讼特别程序法〉若干问题的解释》没有恰当处理责任限制基金和债权登记与确认的关系。从逻辑上而言，债权登记与确认的目的是实现同一事故发生的限制性债权集中于设立基金法院处理并从基金中获得偿付，因而债权的登记及确认应当以责任限制基金的有效设立为前提，否则其存在就没有基础。为了解决这一问题，最高人民法院于 2010 年颁布的《关于审理海事赔偿责任限制相关纠纷案件的若干规定》第 7 条规定：

债权人申请登记债权，符合有关规定的，海事法院应当在海事赔偿责任限制基金设立后，依照海事诉讼特别程序法第一百一十四条的规定作出裁定；海事赔偿责任限制基金未依法设立的，海事法院应当裁定终结债权登记程序。债权人已经交纳的申请费由申请设

---

① 李立菲：《一起特殊的确权诉讼案》，载《中国海商法年刊》（2005 年卷），大连海事大学出版社 2006 年版，第 468～472 页。

立海事赔偿责任限制基金的人负担。

上述司法解释弥补了海事诉讼特别程序法的漏洞，形成了基金设立在先，债权登记及确权诉讼在后的合乎事理的逻辑。

（四）责任限制基金与非限制性债权

申请人申请设立责任限制基金对于非限制性债权人有什么影响呢？即：一方面，非限制性债权人可否以事故中存在非限制性债权为由反对责任限制基金的设立？另一方面，基金设立之后，对于非限制性债权人有什么影响？例如，青岛海事法院审理的（韩国）兴亚航运有限公司（HEUNG – ASHIPPINGCO. LTD.）与（中国）荣成市海宇渔业有限公司申请设立海事赔偿责任限制基金纠纷异议案中，① 申请人兴亚航运有限公司所属的"兴亚东京"（HEUNG – A TOKYO）轮于 2004 年 7 月 11 日凌晨在韩国水域与"荣大洋 2 号"轮发生碰撞。"荣大洋 2 号"轮沉没，"兴亚东京"轮也因碰撞造成损失在韩国修理。"荣大洋 2 号"轮的船舶所有人荣成市海宇渔业有限公司在事故发生后向青岛海事法院提起诉讼，要求申请人赔偿损失 3000 万元人民币，申请人遂申请设立责任限制基金。海宇渔业有限公司对申请人设立基金提出的异议之一是由于"荣大洋 2 号"轮沉没而产生的清除沉船及油污等费用不应属于限制性债权，因而申请人不得设立责任限制基金。法院认为：

我国的海事赔偿责任限制制度是指在重大事故发生后，责任人对法律规定的某些特定海事请求权（即限制性债权）依法予以限制赔偿的法律制度。根据我国的有关法律规定，这种限制赔偿的制

---

① 中华人民共和国青岛海事法院民事裁定书，〔2004〕青海法保字第 36 – 1 号，载北大法宝 – 中国法律检索系统，http://bmla. chinalawinfo. com/NewLaw2002/SLC/SLC. asp? Db = fnl&Gid = 117476211，2011 年 2 月 21 日 10：10 访问。

度仅适用于限制性债权，不适用于法律规定的非限制性债权和其他海事请求权。有关的责任限制基金也只能用于赔偿限制性债权人。我国海商法第214条规定的"向责任人提出请求的任何人"，最高人民法院《关于适用〈中华人民共和国海事诉讼特别程序法〉若干问题的解释》第86条的规定，应当是指向责任人提出请求的任何限制性债权人，即有权"向责任限制基金提出请求的任何人"，不可能也不应当包括非限制性债权人和其他海事债权人。

　　鉴于责任人设立责任限制基金对非限制性债权人和其他债权人的债权并没有影响，因此非限制性债权人和其他海事债权人对责任人申请设立责任限制基金无权提出异议。海事法院根据最高人民法院的有关司法解释，审查利害关系人"事故所涉及的债权性质"，目的在于通过审查其债权的性质确定异议人是否有资格提出异议。

　　可见，非限制性债权人不得以非限制性债权的存在反对申请人设立责任限制基金。同时，海事赔偿责任限制基金设立后，海事请求人基于责任人依法不能援引海事赔偿责任限制抗辩的海事赔偿请求，可以对责任人的财产申请保全，[①] 即责任限制基金的设立不影响非限制性债权人对责任人的财产采取保全等强制措施。

（五）责任限制基金与行政责任

　　在上海市高级人民法院审理的上海市环境保护局等不服上海海事法院准许大韩民国世况船务公司（Sekwang Shipping Co., Ltd.）设立海事赔偿责任限制基金的申请案中，[②] 世况船务公司以其所属的"大勇"轮（M. V. "DAE MYONG"）于2001年4月17日在长

---

　　① 最高人民法院《关于审理海事赔偿责任限制相关纠纷案件的若干规定》第8条。

　　② 上海市高级人民法院民事判决书，〔2002〕沪高民四（海）基字第1号，载北大法宝－中国法律检索系统，http://bmla.chinalawinfo.com/NewLaw2002/SLC/SLC.asp?Db=fnl&Gid=117446061，2011年2月10：53访问。

江口附近海域与"大望"轮发生碰撞，导致船载苯乙烯泄漏的重大海损为由，向上海海事法院申请设立海事赔偿责任限制基金。上海市环境保护局、东海渔监局、上海海事局等提出异议，认为申请人需要承担的清污等费用属于行政费用，不属于限制性债权，上海市环保局、东海渔监局、上海海事局与申请人之间产生的是行政关系，申请人需承担的清污等有关行政费用不属于海商法调整的范围，不应适用海商法有关海事赔偿责任限制基金的规定，上海市环保局、东海渔监局、上海海事局作为行政机关也不应作为利害关系人。

上海市高级人民法院认为，申请人所属船舶在营运过程中发生碰撞事故，并引发有毒化工品泄漏造成污染损害。由此可能产生的民事赔偿请求符合海商法第 207 条规定的限制性债权特征，不属于海商法第 208 条规定的油污损害赔偿请求等非限制性债权，符合海事赔偿责任限制基金设立的条件。对于涉案事故，申请人可能基于不同的法律规定而分别承担相应的行政责任和民事赔偿责任，这两种法律责任是相互独立、互不排斥的。作为行政机关，不能因申请人需承担行政责任而排除其他遭受损失的民事主体向申请人主张民事债权的可能性；因而申请人设立责任限制基金不受责任人应承担的行政责任的影响。

# 第四章 海事赔偿责任限制的国际私法问题

　　海上运输的国际性决定了海事赔偿责任限制案件往往具有涉外因素，中国法院在处理具有涉外因素的海事赔偿责任限制案件时，不时需要面对国际私法问题。就海事赔偿责任限制案件引发的国际私法问题而言，主要有三点需要关注：一是中国的法院对于该类案件有无管辖权，继而当中国法院有管辖权时，如何处理与外国法院管辖权之间的关系。二是中国法院行使管辖权审理海事赔偿责任限制案件时，应当适用哪一国的法律？三是如果对于某海事赔偿责任限制案件存在外国法院判决，中国法院承认和执行该外国法院判决的问题。

## 一、法律渊源

　　中国关于国际私法的重要法律渊源有制定法、司法解释及具有司法解释性质的文件，最高人民法院发布的指导案例等。
　　其中最重要的法律渊源是制定法。涉及涉外海事赔偿责任限制纠纷法律冲突的制定法主要有以下几种：
　　1. 民事诉讼法，规定中国法院对涉外民商事案件行使管辖权及承认与执行外国法院判决的一般规则。
　　2. 涉外民事关系法律适用法，是专门规定涉外民事法律关系法律适用问题的法律，其确定的冲突规范对涉外海事赔偿责任限制案件具有指导作用。

3. 海商法，该法第 14 章"涉外关系的法律运用"中设有专款规定海事赔偿责任限制的冲突规范。当海商法就同一涉外民事关系的法律适用规则与涉外民事关系法律适用法不一致时，适用海商法的规定。①

4. 海事诉讼特别程序法，专门规定海事、海商案件（包括涉外海事赔偿责任限制案件）管辖权确定的特殊规则，这些特殊规则或者是补充民事诉讼法的相关规定，或者与民事诉讼法的规定不同，在海事诉讼特别程序法的规定与民事诉讼法的相关规定不一致的场合，海事诉讼特别程序法优先适用。②

在司法实务中，对法院解释以上法律有着重要影响的法律渊源是最高人民法院的下列相关司法解释：

1. 《关于适用〈中华人民共和国民事诉讼法〉若干问题的意见》。

2. 《涉外商事海事审判实务问题解答》。

3. 《关于适用〈中华人民共和国海事诉讼特别程序法〉若干问题的解释》。

4. 《第二次全国涉外商事海事审判工作会议纪要》。

5. 最高人民法院《关于涉外海事诉讼管辖的具体规定》。

6. 《最高人民法院关于适用〈中华人民共和国涉外民事关系法律适用法〉若干问题的解释（一）》。

另外，依据最高人民法院《关于案例指导工作的规定》（法发〔2010〕51 号），由最高人民法院确定并统一发布，对全国法院审

---

① 最高人民法院《关于适用〈中华人民共和国涉外民事关系法律适用法〉若干问题的解释（一）》第 3 条规定，涉外民事关系法律适用法与其他法律对同一涉外民事关系法律适用规定不一致的，适用涉外民事关系法律适用法的规定，但《中华人民共和国票据法》、《中华人民共和国海商法》、《中华人民共和国民用航空法》等商事领域法律的特别规定以及知识产权领域法律的特别规定除外。

② 海事诉讼特别程序法第 2 条。

判、执行工作具有指导作用的指导性案例，各级人民法院审判类似案件时应当参照指导性案例，因而指导性案例对法院具有约束力，是解决法律冲突法的法律渊源之一种。

## 二、管辖权的国际冲突

当某一海事事故涉及多个国家司法管辖权的时候，显而易见，为避免就同一问题不同国家的法院作出相互矛盾的判决，最好是海事索赔案件与海事赔偿责任限制案件由同一法院审理，如果做不到在同一法院审理，至少要在一个国家的法院内审理，因为在同一法律体系中，不同的法院作出相互冲突判决的可能性比起不同国家的法院要小得多。

然而关于某个国家法院的管辖权问题，在国际法中往往与一国的司法主权联系在一起，因而正如马丁·沃尔夫所言：

每个国家给予它自己法院的管辖权，比较它准备承认外国法院所具有的管辖权，总是倾向于较为广泛些，而国际法没有一个规则禁止各国规定这种不协调的办法。除了外国国家、元首和外交代表豁免权的规则以外，国际公约或国际习惯法没有对各国作出法院管辖权的分配。所以每个国家可以自由决定在何种情况下它自己将行使管辖权（而且它可以自由决定或者主张专属的管辖权，或者仅主张共同的管辖权），以及在何种情况下它将承认外国的管辖权（这里它也可以自由决定或者主张专属的管辖权，或者仅主张共同的管辖权）。①

在国际性很强的海事纠纷领域，由于各国海商法及诉讼程序规

---

① ［德］马丁·沃尔夫著：《国际私法》，李浩培、汤宗舜译，法律出版社 1988 年版，第 86～87 页。

则差异的存在，在不同的责任限制制度下，责任方可限制责任的海事请求、责任限额、举证责任等方面的规定差异可能很大，因而为了寻求对自己有利的诉讼结果，往往出现同一事故的当事人分别在不同国家提起诉讼的情况，这样便引发了责任限制案件的管辖权国际冲突，致使有多个国家的法院对于同一海事事故产生的索赔案件及海事赔偿责任限制案件均有管辖权，这样容易形成国际平行诉讼。

## (一) 确定中国法院管辖权的规则

对于涉外海事赔偿责任限制案件，依照海事诉讼特别程序法及民事诉讼法的规定，海事法院依据以下规则确定对涉外海事责任限制案件的管辖权：

1. 船舶碰撞或其他海损事故虽然发生在我国管辖海域以外，但受害船舶或加害船舶的最初到达港为我国港口、加害船舶或者属于加害船舶所有人的其他船舶在我国港口被扣留、受害船舶或加害船舶的船籍港为我国港口的。[①]

2. 船舶碰撞或其他海损事故造成中国公民伤亡或财产损害的。[②]

3. 因海上作业或设施安置不当妨碍船舶安全航行造成损害事故，海上运输和海上、港口作业过程中发生人身伤亡事故或者海上运输和海上作业中发生重大责任事故引起索赔的诉讼：

(1) 事故发生在我国领海或者我国管辖的其他海域的；

(2) 受损害船舶的最初到达港为我国港口的；

(3) 事故造成中国公民伤亡或财产损害的。[③]

4. 凡具有下列情形之一的涉外海事诉讼，我国海事法院亦有

---

① 最高人民法院《关于涉外海事诉讼管辖的具体规定》第 1 条第 2 款。
② 最高人民法院《关于涉外海事诉讼管辖的具体规定》第 1 条第 3 款。
③ 最高人民法院《关于涉外海事诉讼管辖的具体规定》第 2 条。

管辖权：

（1）被告在我国境内有住所、惯常居所、主事务所或常设机构的；

（2）我国海事法院应海事请求权人的申请为保全其海事请求权的行使，已对船舶实行扣押或当事人在我国已经提供担保的；

（3）被告在我国境内有其他财产可供扣押的。①

5. 因合同纠纷或者其他财产权益纠纷，若被告在我国领域内没有住所，如果合同在中华人民共和国领域内签订或者履行，或者诉讼标的物在中华人民共和国领域内，或者被告在中华人民共和国领域内有可供扣押的财产，或者被告在中华人民共和国领域内设有代表机构，可以由合同签订地、合同履行地、诉讼标的物所在地、可供扣押财产所在地、侵权行为地或者代表机构住所地人民法院管辖。②

这一确定管辖权的规则意味着即使被告在我国境内没有住所，然而只要：

（1）发生的法律争议与我国有实际联系，如合同在我国领域内签订或者履行，侵权行为地在我国领域内，诉讼标的物位于或者在我国领域内；或者

（2）虽然法律争议可能与我国没有实际联系，但是被告与我国有某种实际联系，如被告在我国领域内有可供扣押的财产，或者被告在我国领域内设有代表机构，则我国的法院均具有管辖权。

6. 依据当事人的书面管辖权协议取得管辖权，无论该案件与我国是否有实际联系。

最高人民法院《关于涉外海事诉讼管辖的具体规定》第 17 条规定：

除上述各条外，凡具有下列情形之一的涉外海事诉讼，我国海

---

① 最高人民法院《关于涉外海事诉讼管辖的具体规定》第 17 条第 3 款。
② 民事诉讼法第 265 条。

事法院亦有管辖权……4. 双方当事人协议在我国法院进行诉讼的。

海事诉讼特别程序法第 8 条进一步明确：

海事纠纷的当事人都是外国人、无国籍人、外国企业或者组织，当事人书面协议选择中华人民共和国海事法院管辖的，即使与纠纷有实际联系的地点不在中华人民共和国领域内，中华人民共和国海事法院对该纠纷也具有管辖权。

7. 依据当事人的默示协议取得管辖权。

如果涉外海事责任限制案件的被告对我国海事法院的管辖不提出异议，并应诉答辩的，视为承认该海事法院为有管辖权的法院。[1]

8. 当事人在我国海事法院申请设立海事赔偿责任限制基金的，不受当事人之间关于诉讼管辖协议或者仲裁协议的约束。[2]

关于设立责任限制基金申请案件，由于申请设立责任限制基金的主要作用在于使申请人的其他财产免受海事债权人的扣押和查封，并非是对责任的确定，因而具有明显的临时救济措施的性质，海事法院的管辖权不受诉讼管辖权协议或者仲裁协议的约束。

（二）管辖权国际冲突的处理

若对于同一海事事故，一方当事人在国外法院提起诉讼，或者某外国法院就这一案件已经作出裁决的，当事人又在中国法院提起诉讼，这种情况下会出现不同国家法院管辖权的冲突。最高人民法院的立场是即使一方当事人已在国外法院提起诉讼或者国外法院已经就同一案件作出判决的，我国的法院仍然对该案件具有管辖权，

---

① 民事诉讼法第 127 条。
② 海事诉讼特别程序法第 103 条。

可以受理并作出判决。①

（三）国内法院管辖权的确定

关于涉外责任限制案件在我国不同海事法院之间的分工，即地域管辖的确定，按照以下规则办理：

（1）当事人在起诉前申请设立海事赔偿责任限制基金的，应当向事故发生地、合同履行地或者船舶扣押地海事法院提出。② 如果海事事故发生在中华人民共和国领域外的，船舶发生事故后进入

---

① 参见下列司法解释及司法意见：最高人民法院《关于适用〈中华人民共和国民事诉讼法〉若干问题的意见》第 306 条规定，中华人民共和国人民法院和外国法院都有管辖权的案件，一方当事人向外国法院起诉，而另一方当事人向中华人民共和国人民法院起诉的，人民法院可予受理。判决后，外国法院申请或者当事人请求人民法院承认和执行外国法院对本案作出的判决、裁定的，不予准许；但双方共同参加或者签订的国际条约另有规定的除外。

最高人民法院民事审判第四庭编写的《涉外商事海事审判实务问题解答（一）》第 3 条规定，当事人就同一争议已经在外国法院起诉后，又向人民法院起诉的，如何办理？

答：对于我国法院和外国法院都有管辖权的涉外商事案件，一方当事人已经向外国法院起诉，而另一方当事人向我国法院起诉的，人民法院可予受理。

第 4 条规定，当事人就同一争议已经在外国法院起诉，在该外国法院作出判决后又向人民法院起诉的，如何办理？

答：当事人就同一争议已经在外国法院起诉，在该外国法院作出终局判决后又向人民法院起诉的，人民法院应当根据具体情况办理。如果当事人向人民法院申请承认和执行该外国法院判决的，按照最高人民法院《关于适用〈中华人民共和国民事诉讼法〉若干问题的意见》第 318 条的规定处理；在当事人未向人民法院申请承认和执行该外国法院判决的情况下，向人民法院起诉的，人民法院应当受理。

《第二次全国涉外商事海事审判工作会议纪要》第 10 条规定，我国法院和外国法院都享有管辖权的涉外商事纠纷案件，一方当事人向外国法院起诉且被受理后又就同一争议向我国法院提起诉讼，或者对方当事人就同一争议向我国法院提起诉讼的，外国法院是否已经受理案件或者作出判决，不影响我国法院行使管辖权，但是否受理，由我国法院根据案件具体情况决定。外国法院判决已经被我国法院承认和执行的，人民法院不应受理。我国缔结或者参加的国际条约另有规定的，按规定办理。

② 海事诉讼特别程序法第 102 条。

中华人民共和国领域内的第一到达港视为事故发生地。①

（2）责任限制案件还可以由船籍港所在地海事法院管辖。② 船籍港指被告船舶的船籍港。被告船舶的船籍港不在中华人民共和国领域内，原告船舶的船籍港在中华人民共和国领域内的，由原告船舶的船籍港所在地的海事法院管辖。③

（四）不方便法院原则的运用

不方便法院（forum non convenience）原则指的是如果其他法院对于某一案件的审理对于双方当事人更方便且更能够实现公正，则受诉法院放弃行使对这个案件的管辖权。该原则解决的是国际民商事诉讼中管辖权冲突问题。当多个国家的法院对同一案件均具有管辖权时，受诉法院考虑到其他法院与该案件的关系更为密切，是审理该案件的"更合适"、"更自然"的法院，若继续诉讼将给当事人及法院审理带来极大的不便，如诉讼成本的增加、适用外国法律的困难、外国证人出庭的困难等，因而决定不行使管辖权。满足何种条件可以依据不方便法院原则放弃对某一诉讼的管辖权，不同的国家标准不同。

英国法院认为，被告需要证明诉讼程序的继续进行会对被告产生不公正，且中止诉讼不会对原告产生不公正，才可以适用不方便法院原则。④ 法院自由裁量是否作出放弃管辖权的决定时，会综合考虑该案件的所有情况。

一般来说，法院在作出决定时，必须综合考虑：取得证据的方

① 最高人民法院《关于适用〈中华人民共和国海事诉讼特别程序法〉若干问题的解释》第80条。

② 海事诉讼特别程序法第6条。

③ 最高人民法院《关于适用〈中华人民共和国海事诉讼特别程序法〉若干问题的解释》第4条。

④ ［英］莫里斯主编：《戴西和莫里斯论冲突法》，李双元、胡振杰等译，中国大百科全书出版社1998年版，第371页。

便程度、减少证人到庭的困难和费用、勘验现场的可行性以及其他各种使审判方便、快捷、节约的实际问题。此外，要有至少两个法院对案件有管辖权，即原告可任选一个起诉时，法院才能行使这项裁量权。[①]

我国民事诉讼法中没有规定"不方便法院原则"。在审判实践中，一方当事人就其争议向人民法院提起诉讼时，另一方当事人往往以我国法院为不方便法院为由要求我国法院不行使管辖权。在这种情况下，司法实践的做法是：如果法院依据我国法律规定对某涉外商事案件具有管辖权，但由于双方当事人均为外国当事人，主要案件事实与我国没有任何联系，法院在认定案件事实和适用法律方面存在重大困难且需要到外国执行的，法院不必一定行使管辖权，可适用"不方便法院原则"放弃行使司法管辖权。[②]

具体而言，我国法院在考虑适用"不方便法院原则"时，需要审查案件是否满足以下条件：[③]

（1）被告提出适用"不方便法院原则"的请求，或者提出管辖异议而受诉法院认为可以考虑适用"不方便法院原则"；

（2）受理案件的我国法院对案件享有管辖权；

（3）当事人之间不存在选择我国法院管辖的协议；

（4）案件不属于我国法院专属管辖；

（5）案件不涉及我国公民、法人或者其他组织的利益；

（6）案件争议发生的主要事实不在我国境内且不适用我国法律，我国法院若受理案件在认定事实和适用法律方面存在重大困难；

---

[①]　薛波主编，潘汉典总审订：《元照英美法词典》，法律出版社2003年版，第575页。

[②]　参见最高人民法院民事审判第四庭：《涉外商事海事审判实务问题解答（一）》第7条"如何理解和掌握'不方便法院原则'？"

[③]　参见《第二次全国涉外商事海事审判工作会议纪要》。

（7）外国法院对案件享有管辖权且审理该案件更加方便。

## 三、准据法的确定

如果一次海事事故涉及多个索赔人，不同的索赔有可能适用不同的准据法，如侵权案件适用的准据法可能是侵权行为地法，合同纠纷适用的准据法可能是运输合同的准据法等，不同的准据法有不同的责任限制规定——这是极有可能的，因为责任限制并没有实现国际统一——那么如果这些准据法是实体法，就会要求受理责任限制案件的法院适用，而这几乎是不可能全部适用的。因而实务要求仅由一种法律支配海事赔偿责任限制案件，而这个法律只能是法院地法。理由如下：

1. 海事赔偿责任案件可以适用多种准据法，然而海事赔偿责任限制案件只能适用一种准据法。

海事赔偿责任限制案件与海事赔偿责任案件虽然有着密切的联系，然而二者是不同的案件。海事赔偿责任案件的诉因不是合同纠纷就是侵权纠纷，然而无论关于赔偿责任的认定是基于合同还是侵权，应当注意的是海事赔偿责任案件与海事赔偿责任限制案件是两个不同的问题。在海事赔偿责任案件中，如果债权人依据合同关系索赔，依据海商法第269条规定："合同当事人可以选择合同适用的法律，法律另有规定的除外。合同当事人没有选择的，适用与合同有最密切联系的国家的法律。"在发生事故的航次，可能存在多个合同，当事人可能约定不同的准据法适用于各自的合同，若无这样的约定，则需要根据最密切联系原则确定与合同有最密切联系的准据法。

如果债权人依据侵权法律关系索赔，依据涉外民事关系法律适用法第44条：

侵权责任，适用侵权行为地法律，但当事人有共同经常居所地的，适用共同经常居所地法律。侵权行为发生后，当事人协议选择适用法律的，按照其协议。

鉴于海事事故常由船舶碰撞引发，海商法第273条规定了船舶碰撞侵权的适用法律，即"船舶碰撞的损害赔偿，适用侵权行为地法律。船舶在公海上发生碰撞的损害赔偿，适用受理案件的法院所在地法律。同一国籍的船舶，不论碰撞发生于何地，碰撞船舶之间的损害赔偿适用船旗国法律。"

当事人可以协议选择侵权纠纷适用的法律，若没有达成协议，则适用侵权行为地法，当事人有共同居所地的，适用共同居所地法。对于船舶碰撞引发的损害赔偿，视情况不同，可能成为准据法的有侵权行为地法、法院所在地法、船旗国法等。

正如最高人民法院《关于适用〈中华人民共和国涉外民事关系法律适用法〉若干问题的解释（一）》第13条所规定的"案件涉及两个或者两个以上的涉外民事关系时，人民法院应当分别确定应当适用的法律。"因而在审理海事赔偿责任案件时，法院得依法对不同的涉外民事关系适用不同的准据法。

接着需要回答的问题是，责任问题解决后，关于责任限制问题，是否仍然适用与责任问题相同的准据法中关于责任限制的实体规定？如果答案是肯定的，鉴于目前海事赔偿责任限制制度多个体系并存的现状，可想而知会带来多大的混乱和不确定性。因而从实务角度来看，就海事赔偿责任限制案件而言，不可能允许存在多个准据法，只能适用一个准据法。

2. 海商法规定了海事赔偿责任限制案件适用的准据法是法院地法。

海事赔偿责任限制案件的特殊性决定了需要有统一的准据法，因而海商法第275条明确规定："海事赔偿责任限制，适用受理案件的法院所在地法律。"如果涉外海事赔偿责任限制案件在中国法院审理，则毫无疑问海事赔偿责任限制有关事项及问题均应适用中国法。

## 四、法院判决的承认与执行

法院判决的承认与执行在国际民事诉讼司法协助制度下按照方向可分为以下两种情况：

### （一）中国法院判决在国外的承认与执行

中国法院作出的发生法律效力的判决、裁定，如果被执行人或者其财产不在中华人民共和国领域内，当事人请求执行的，可以由当事人直接向有管辖权的外国法院申请承认和执行，也可以由中国法院依照中华人民共和国缔结或者参加的国际条约的规定，或者按照互惠原则，请求外国法院承认和执行。[①]

### （二）外国法院判决在我国的承认与执行

外国法院作出的发生法律效力的判决、裁定，需要中华人民共和国人民法院承认和执行的：

1. 可以由当事人直接向被执行的财产所在地或者被执行人住所地海事法院提出。

被执行的财产所在地或者被执行人住所地没有海事法院的，[②] 向被执行的财产所在地或者被执行人住所地的中级人民法院提出。[③] 如果被执行的财产为船舶的，无论该船舶是否在海事法院管辖区域范围内，均由海事法院管辖。船舶所在地没有海事法院的，

---

① 民事诉讼法第 280 条。

② 财产所在地和被执行人住所地是指海事法院行使管辖权的地域。参见最高人民法院《关于适用〈中华人民共和国海事诉讼特别程序法〉若干问题的解释》第 13 条。

③ 海事诉讼特别程序法第 11 条。

由就近的海事法院管辖。①

2. 可以由外国法院依照该国与中华人民共和国缔结或者参加的国际条约的规定，或者按照互惠原则，请求人民法院承认和执行。②

中国法院对申请或者请求承认和执行的外国法院作出的发生法律效力的判决、裁定，依照中华人民共和国缔结或者参加的国际条约，或者按照互惠原则进行审查后，认为不违反中华人民共和国法律的基本原则或国家主权、安全、社会公共利益的，裁定承认其效力，需要执行的，发出执行令，依照民事诉讼法的有关规定执行。违反中华人民共和国法律的基本原则或者国家主权、安全、社会公共利益的，不予承认和执行。③

---

① 最高人民法院《关于适用〈中华人民共和国海事诉讼特别程序法〉若干问题的解释》第13条。
② 民事诉讼法第281条。
③ 民事诉讼法第282条。

# 第五章　承运人责任限制

　　《海牙规则》、《汉堡规则》、《鹿特丹规则》这些海上货物运输领域的国际公约，都通过规定承运人最低限度的合同义务或其可享受的最大限度的免责、豁免、责任限制，来限制承运人利用其优势地位滥用合同自由，在提单等运输单证证明的海上货物运输合同中加入更多的免责和除外条款。承运人单位责任限制即是上述国际公约规定的承运人法定责任的一部分。我国海商法对于国际海上货物运输规定了承运人的责任限制制度；对海上旅客运输，承运人依据海商法对于每位旅客的赔偿责任同样享有责任限制。

　　国际海上货物运输及海上旅客运输承运人责任限制的目的是通过确定承运人对每一货运单位或者每位旅客的最低赔偿额来保护海上承运人，减轻其赔偿责任，以使其能够提供价格低廉的服务。另外，承运人的赔偿责任是其依法应当承担的最低限度的责任，当事人在合同中可以另行约定高于该赔偿限额的赔偿标准。也就是说，承运人责任限制实际上是半强制性规范，承运人承担的是法律规定的最低赔偿限额的赔偿责任，这一标准不可以向有利于承运人的方向变更，只允许向有利于货方或旅客的方向变更。

## 一、国际海上货物运输的承运人责任限制

### （一）海上货物运输承运人责任制度的双轨制

　　海上货物运输承运人的责任制度包含在海商法和合同法两部法

律中。其中海商法第 4 章"海上货物运输合同"第 2 节规定了海上货物运输承运人的责任。根据海商法第 2 条的规定，海商法第 4 章的规定不适用于中华人民共和国港口之间的海上货物运输，从而关于海上货物运输承运人责任制度，根据船舶运营航线的不同，在我国并行存在两个不同的责任体系，即沿海运输承运人责任体制与国际海上运输承运人责任体制。

国际海上货物运输承运人责任体制按照海商法第 4 章的规定，在提单运输中，承运人可以享受法定情形下的免责、豁免及责任限制，而沿海运输及江海、内河运输依照合同法第 17 章"运输合同"规定的承运人责任原则，承运人应当承担严格责任；在赔偿范围及赔偿额问题上，合同法规定对于赔偿额，当事人有约定的，按照约定；没有约定的，按照交付或者应当交付时货物到达地的市场价格计算。[①] 可见，对于沿海及内河运输，除非当事人另有约定，否则承运人依法应当赔偿货方的损失，不享有责任限制。

（二）国际海上货物运输的承运人责任限制

1. 承运人责任限制的适用范围。

我国海商法对于承运人单位责任限制适用范围的规定与《海牙规则》、《海牙—维斯比规则》第 5 条的规定一样，仅适用于提单运输，不适用于租船合同；但是如果提单是在船舶处于租船合同的情况下签发，当其流转至承租人以外的第三人手中时，海商法仍然应当适用。

---

① 合同法第 311 条规定，承运人对运输过程中货物的毁损、灭失承担损害赔偿责任，但承运人证明货物的毁损、灭失是因不可抗力、货物本身的自然性质或者合理损耗以及托运人、收货人的过错造成的，不承担损害赔偿责任。

第 312 条规定，货物的毁损、灭失的赔偿额，当事人有约定的，按照其约定；没有约定或约定不明确，依照本法第 61 条的规定仍不能确定的，按照交付或者应当交付时货物到达地的市场价格计算。法律、行政法规对赔偿额的计算方法和赔偿限额另有规定的，依照其规定。

海商法第44条规定："海上货物运输合同和作为合同凭证的提单或者其他运输单证中的条款，违反本章规定的，无效……"而对于不签发提单的航次租船合同，尽管航次租船合同也是一种海上运输合同，海商法第94条规定："本法第四十七条和第四十九条的规定，适用于航次租船合同的出租人。本章其他有关合同当事人之间的权利、义务的规定，仅在航次租船合同没有约定或者没有不同约定时，适用于航次租船合同的出租人和承租人。"即航次租船合同下的出租人除了必须遵守第47条规定的适航义务及第49条规定的速遣义务外，航次租船合同可以约定背离海商法关于承运人强制性责任的条款，这种规定赋予航次租船合同当事方缔约自由。

应当说海商法第44条的规定与第94条的规定相呼应，明确了承运人的强制责任仅适用于提单或其他运输单证所证明的海上货物运输合同，不适用于航次租船合同（毫无疑问，更不适用于船舶租用合同——定期租船合同和光船租赁合同，因为我国海商法认为这两种租船合同不是海上货物运输合同，另行规定在海商法的第六章）。

至于航次租船合同下签发提单的，当提单流转至第三人手中，提单持有人不是承租人的，按照海商法第95条的规定，承运人与该提单持有人之间的权利、义务关系适用提单的约定。但是，提单中载明适用航次租船合同条款的，适用该航次租船合同的条款。即航次租船合同下签发的提单，若提单在第三人手中，则承运人要受海商法第四章规定的最低限度义务及责任的约束；当租约提单仍然在承租人手中，则出租人/承运人与承租人/托运人之间的海上货物运输合同是航次租船合同，依据海商法第94条的规定，航次租船合同的约定要优先于海商法第四章除适航义务和速遣义务外的对承运人的强制性规定。

2. 承运人享受的豁免及保护。

海商法与现行有效的海上货物运输国际公约一样，对于国际货物运输的海上承运人，在其责任的豁免及限制方面，除了承运人责任限制外，还设定了多种制度来减轻其赔偿责任。

（1）规定较短的诉讼时效。

就海上货物运输向承运人要求赔偿的请求权，时效为 1 年，自承运人交付或者应当交付货物之日起计算。① 而被认定负有责任的人向第三人提起追偿请求的时效更短，仅为 90 日，自追偿请求人解决原赔偿请求之日起或者收到受理对其本人提起诉讼的法院的起诉状副本之日起计算。②

这种短于普通民商事索赔的时效期间，主要是考虑到承运人不可能长期保存证据或者记录，免予使其长期处于权利或者法律地位方面的不确定状态。这是《海牙规则》及《海牙—维斯比规则》的一项明显偏向于承运人的安排。

不过最高人民法院在这方面坚持船方及货方利益的平衡。在相反的情况下，承运人就海上货物运输向托运人、收货人或提单持有人要求赔偿的请求权时效期间比照适用海商法第 257 条第 1 款的规定，时效期间为 1 年，自权利人知道或者应当知道权利被侵害之日起计算。③

（2）航海过失免责。

由于船长、船员、引航员或者承运人的其他受雇人在驾驶船舶或者管理船舶中的过失导致的货物灭失或者损坏，承运人可以不负赔偿责任。承运人的雇员在驾驶或者管理船舶中的过失一般称之为

---

① 这里需要注意的是，除了国际海上货物运输外，沿海运输、江海之间的运输向承运人索赔的时效也是 1 年，因为海商法第 13 章关于时效的规定并没有限定仅适用于国际海上货物运输。

② 海商法第 257 条。我国海商法采用了《海牙规则》规定的 1 年诉讼时效，与《海牙—维斯比规则》不同的是，我国海商法规定的 1 年诉讼时效不允许当事人通过协议延长。

③ 最高人民法院《关于承运人就海上货物运输向托运人、收货人或提单持有人要求赔偿的请求权时效期间的批复》（法释〔1997〕3 号）。

"航海过失"（nautical fault, navigational risk）。① 这对于承运人来说是很重要的一项责任豁免。在其他行业，雇主或者企业对于其雇

---

① 海商法第51条。该除外条款最早在美国1893年哈特法中出现，之后《海牙规则》及《海牙—维斯比规则》第4条第2款a项也作了类似的规定，我国海商法的前述规定与《海牙—维斯比规则》相同。这一豁免无疑对货方是很不利的，在之后的国际海上运输公约中，如《汉堡规则》及《鹿特丹规则》均取消了承运人的这一豁免。一般来说，航海过失可分为航行上的过失（error in the navigation）与船舶管理上的过失（error in the management of the ship）两种。航行上的过失指船长或其他船员在通常航行中所犯的过失，多指有关船舶操作、航线选择、停泊抛锚、避免海上危险等纯粹航海技术上的过失而言；船舶管理上的过失指船长或者其他船员对船舶的管理欠缺应有的注意所犯的过失，多指出于船舶安全航行为的目的，对于作为船舶构件的装备、设施在维持、检查、操作乃至作业上船长及其他船员所犯的过失。参见 The Hague/Visby Rules Article IV Rights and Immunities

1. Neither the carrier nor the ship shall be liable for loss or damage arising or resulting from unseaworthiness unless caused by want of due diligence on the part of the carrier to make the ship seaworthy, and to secure that the ship is properly manned, equipped and supplied, and to make the holds, refrigerating and cool chambers and all other parts of the ship in which goods are carried fit and safe for their reception, carriage and preservation in accordance with the provisions of paragraph 1 of Article III.

Whenever loss or damage has resulted from unseaworthiness, the burden of proving the exercise of due diligence shall be on the carrier or other person claiming exemption under this article.

2. Neither the carrier nor the ship shall be responsible for loss or damage arising or resulting from

(a) act, neglect, or default of the master, mariner, pilot or the servants of the carrier in the navigation or in the management of the ship;

(b) fire, unless caused by the actual fault or privity of the carrier;

(c) perils, dangers and accidents of the sea or other navigable waters;

(d) act of God;

(e) act of war;

(f) act of public enemies;

(g) arrest or restraint of princes, rulers or people, or seizure under legal process;

(h) quarantine restrictions;

(i) act or omission of the shipper or owner of the goods, his agent or representative;

(j) strikes or lock – outs or stoppage or restraint of labour from whatever cause, whether partial or general;

员过失导致的他人损害要承担责任，而在国际海上货物运输中，

---

（接上注）

(k) riots and civil commotions;

(1) saving or attempting to save life or property at sea;

(m) wastage in bulk or weight or any other loss or damage arising from inherent defect,

(o) insufficiency or inadequacy of marks;

(p) latent defects not discoverable by due diligence;

(q) any other cause arising without the actual fault and privity of the carrier, or without the fault or neglect of the agents or servants of the carrier, but the burden of proof shall be on the person claiming the benefit of this exception to show that neither the actual fault or privity of the carrier nor the fault or neglect of the agents or servants of the carrier contributed to the loss or damage.

3. The shipper shall not be responsible for loss or damage sustained by the carrier or the ship arising or resulting from any cause without the act, fault or neglect of the shipper, his agents or his servants.

4. Any deviation in saving or attempting to save life or property at sea or any reasonable deviation shall not be deemed to be an infringement or breach of these Rules or of the contract of carriage, and the carrier shall not be liable for any loss or damage resulting therefrom.

5. (a) Unless the nature and value of such goods have been declared by the shipper before shipment and inserted in the bill of lading, neither the carrier nor the ship shall in any event be or become liable for any loss or damage to or in connection with the goods in an amount exceeding 666.67 units of account per package or unit or 2 units of account per kilogramme of gross weight of the goods lost or damaged, whichever is the higher.

(b) The total amount recoverable shall be calculated by reference to the value of such goods at the place and time at which the goods are discharged from the ship in accordance with the contract or should have been so discharged.

The value of the goods shall be fixed according to the commodity exchange price, or, if there be no such price, according to the current market price, or, if there be no commodity exchange price or current market price, by reference to the normal value of goods of the same kind and quality.

(c) Where a container, pallet or similar article of transport is used to consolidate goods, the number of packages or units enumerated in the bill of lading as packed in such article of transport shall be deemed the number of packages or units for the purpose of this paragraph as far as these packages or units are concerned. Except as aforesaid such article of transport shall be considered the package or unit.

承运人却可以对其受雇人员航海过失导致的损失免责。不过一旦证明承运人本人有过失，则承运人不能够享受此项免责。

---

（接上注）

(d) The unit of account mentioned in this Article is the Special Drawing Right as defined by the International Monetary Fund. The amounts mentioned in sub – paragraph (a) of this paragraph shall be converted into national currency on the basis of the value of that currency on the

netary Fund, shall be calculated in accordance with the method of valuation applied by the International Monetary Fund in effect at the date in question for its operations and transactions. The value of the national currency, in terms of the Special Drawing Right, of a State which is not a member of the International Monetary Fund, shall be calculated in a manner determined by that State.

Nevertheless, a State which is not a member of the International Monetary Fund and whose law does not permit the application of the provisions of the preceding sentences may, at the time of ratification of the Protocol of 1979 or accession thereto or at any time thereafter, declare that the limits of liability provided for in this Convention to be applied in its territory shall be fixed as follows:

(i) in respect of the amount of 666. 67 units of account mentioned in sub – paragraph (a) of paragraph 5 of this Article, 10, 000 monetary units;

(ii) in respect of the amount of 2 units of account mentioned in sub – paragraph (a) of paragraph 5 of this Article, 30 monetary units.

The monetary unit referred to in the preceding sentence corresponds to 65. 5 milligrammes of gold of millesimal fineness 900. The conversion of the amounts specified in that sentence into the national currency shall be made according to the law of the State concerned. The calculation and the conversion mentioned in the preceding sentences shall be made in such a manner as to express in the national currency of that State as far as possible the same real value for the amounts in sub – paragraph (a) of paragraph 5 of this Article as is expressed there in units of account.

States shall communicate to the depositary the manner of calculation or the result of the conversion as the case may be, when depositing an instrument of ratification of the Protocol of 1979 or of accession thereto and whenever there is a change in either.

(e) Neither the carrier nor the ship shall be entitled to the benefit of the limitation of liability provided for in this paragraph if it is proved that the damage resulted from an act or omission of the carrier done with intent to cause damage, or recklessly and with knowledge that damage would probably result.

(f) The declaration mentioned in sub – paragraph (a) of this paragraph, if embodied in the bill of lading, shall be? prima facie? evidence, but shall not be binding or conclusive on the carrier.

需要注意的是，承运人对于与航海过失相对的商业过失（carrirer's risk）须承担赔偿责任，且不得以免责条款排除。商业过失指的是承运人对货物的装载、搬移、积载、运输、管理、卸货等

---

（接上注）

（g）By agreement between the carrier, master or agent of the carrier and the shipper other maximum amounts than those mentioned in sub – paragraph (a) of this paragraph may be fixed, provided that no maximum amount so fixed shall be less than the appropriate maximum mentioned in that sub – paragraph.

（h）Neither the carrier nor the ship shall be responsible in any event for loss or damage to, or in connection with, goods if the nature or value thereof has been knowingly mis – stated by the shipper in the bill of lading.

6. Goods of an inflammable, explosive or dangerous nature to the shipment whereof the carrier, master or agent of the carrier has not consented, with knowledge of their nature and character, may at any time before discharge be landed at any place or destroyed or rendered innocuous by the carrier without compensation, and the shipper of such goods shall be liable for all damages and expenses directly or indirectly arising out of or resulting from such shipment.

If any such goods shipped with such knowledge and consent shall become a danger to the ship or cargo, they may in like manner be landed at any place or destroyed or rendered innocuous by the carrier without liability on the part of the carrier except to general average, if any.

Article IVbis

Application of Defences and Limits of Liability

1. The defences and limits of liability provided for in these Rules shall apply in any action against the carrier in respect of loss or damage to goods covered by a contract of carriage whether the action be founded in contract or in tort.

2. If such an action is brought against a servant or agent of the carrier (such servant or agent not being an independent contractor), such servant or agent shall be entitled to avail himself of the defences and limits of liability which the carrier is entitled to invoke under these Rules.

3. The aggregate of the amounts recoverable from the carrier, and such servants and agents, shall in no case exceed the limit provided for in these Rules.

4. Nevertheless, a servant or agent of the carrier shall not be entitled to avail himself of the provisions of this Article, if it is proved that the damage resulted from an act or omission of the servant or agent done with intent to cause damage or recklessly and with knowledge that damage would probably result.

所犯的过失。海商法第 48 条规定："承运人应当妥善地、谨慎地装载、搬移、积载、运输、保管、照料和卸载所运货物。"第 46 条第 1 款规定："……在承运人的责任期间，货物发生灭失或者损坏，除本节另有规定外，承运人应当负赔偿责任。"因而，凡是不属于海商法第 51 条规定的免责事由导致的货损、货差，承运人都应承担赔偿责任，商业过失也不例外。

（3）非由于承运人本人的故意或过失所造成的火灾免责。

对于因火灾引发的货物损害或者灭失，只要不是由于承运人本人的过失造成的，则承运人可以不负赔偿责任。[①] 货主如果主张承运人应对火灾造成的货物损害负赔偿责任，则应当举证证明火灾是由承运人本人（而不是船长、船员等承运人的雇员）的过失所造成的。

（4）天灾，海上或者其他可航水域的危险或者意外事故免责。[②]

该项免责援引自《海牙规则》及《海牙—维斯比规则》第 4 条第 2 款 d 项的规定。对于天灾（act of God），海上危险（perils on the sea）或者意外事故所致的灭失或损害，承运人或船舶可以免责。这是因为这些事故由非承运人能够抗拒或避免的外界力量所致，如海啸、巨浪等。

（5）战争或者武装冲突免责。[③]

此项免责参照的是《海牙规则》及《海牙—维斯比规则》第 4 条第 2 款 e 项的规定。理由在于战争行为（act of war）、武装冲突（armed conflict）非承运人所能控制，因而承运人可以不负赔偿责任。

---

① 海商法第 51 条第 1 款第 2 项，这条免责条款与《海牙规则》及《海牙—维斯比规则》第 4 条第 2 款 b 项相同。
② 海商法第 51 条第 1 款第 3 项。
③ 海商法第 51 条第 1 款第 4 项。

需要指出的是，我国海商法并没有如《海牙规则》及《海牙—维斯比规则》第 4 条第 2 款 f、k 项那样将公敌行为（act of public enemies）、暴动或骚乱（riot and civil commotion）所致的损害作为单独的免责事项，但是这并不意味着我国海商法给予承运人的免责事项少于《海牙规则》和《海牙—维斯比规则》。因为海商法第 51 条第 1 款第 12 项规定"非由于承运人或者承运人的受雇人、代理人的过失造成的其他原因"亦为免责事项，这一规定可以包含《海牙规则》及《海牙—维斯比规则》的前述公敌行为、暴动或骚乱的免责，因为无论是公敌行为、暴动还是骚乱，都是非承运人的故意或过失所引起，因而可以享受法定的免责。

（6）政府或者主管部门的行为、检疫限制或者司法扣押免责。①

此项规定与《海牙规则》、《海牙—维斯比规则》第 4 条第 2 款 g、h 项相似。政府或主管部门的行为、检疫限制、司法扣押均为基于公权力所为的行为，与承运人的故意或过失无关，故承运人得主张法定免责。

（7）罢工、停工或者劳动受到限制免责。②

罢工、停工等劳动事故也与承运人的故意或过失无关，因而海商法明文规定承运人可以对此所致的损失或损害不负责任。

（8）在海上救助或者企图救助人命或者财产免责。③

此条规定进一步补充了海商法第 49 条的规定。海商法第 49 条规定："承运人应当按照约定的或者习惯的或者地理上的航线将货物运往卸货港。船舶在海上为救助或者企图救助人命或者财产而发生的绕航或者其他合理绕航，不属于违反前款的规定的行为。"海

---

① 海商法第 51 条第 1 款第 5 项。
② 海商法第 51 条第 1 款第 6 项，《海牙规则》、《海牙—维斯比规则》第 4 条第 2 款 j 项。
③ 海商法第 51 条第 1 款第 7 项，《海牙规则》、《海牙—维斯比规则》第 4 条第 2 款 1 项。

商法第 49 条的规定已明确为救助或者企图救助人命或者财产所发生的绕航不属于不合理绕航,而本项免责规定则进一步明确,承运人无须对于因海难救助所致的损害负赔偿责任。

(9)托运人、货物所有人或者他们的代理人的行为免责。①

货物的灭失或损害是由托运人、货物所有人或者他们的代理人的行为所致,与承运人无关,因而承运人不负赔偿责任。

(10)货物的自然特性或者固有缺陷免责。②

货物的自然特性指的是由于货物的特殊性质致使在运输过程中发生的物理或者化学变化,相当于《海牙—维斯比规则》所指的货物缺陷(vice of the goods);固有缺陷(inherent defect)是指货物本身存在的不易被发现的瑕疵。这类损害的发生与承运人无关,因而也被明文列为免责事由。

(11)货物包装不良或者标志欠缺、不清免责。③

货物包装不良或者标志欠缺、不清均属于托运人的过失,难以归责于承运人,因而承运人对因此产生的损失及损害不负赔偿责任。

(12)经谨慎处理仍未发现的船舶潜在缺陷免责。④

所谓潜在缺陷(latent defect),是指运用通常的注意仍然无法发现的船舶缺陷。此项免责与海商法第 47 条规定的承运人在船舶开航前和开航当时,应当谨慎处理,使船舶处于适航状态的义务相呼应,并进一步规定,承运人对于经谨慎处理(due diligence)后

---

① 海商法第 51 条第 1 款第 8 项,《海牙规则》、《海牙—维斯比规则》第 4 条第 2 款 m 项。

② 海商法第 51 条第 1 款第 9 项,《海牙规则》、《海牙—维斯比规则》第 4 条第 2 款 i 项。

③ 海商法第 51 条第 1 款第 10 项,《海牙规则》、《海牙—维斯比规则》第 4 条第 2 款 n、o 项。

④ 海商法第 51 条第 1 款第 11 项,《海牙规则》、《海牙—维斯比规则》第 4 条第 2 款 p 项。

仍无法发现的船舶的潜在缺陷造成的货物灭失或者损害，不负赔偿责任。

（13）非由于承运人或者承运人的受雇人、代理人的过失造成的其他原因免责。①

若承运人能够举证证明货物的灭失或者损害非由承运人本人或者其受雇人、代理人的过失所致，则可以获得免责。

（14）运输活动物、舱面货免责。

因运输活动物的固有的特殊风险造成活动物灭失或者损害的，承运人不负赔偿责任。承运人要享受此项豁免需要证明其已经履行托运人关于运输活动物的特别要求，并证明根据实际情况，灭失或者损害是由于此种固有的特殊风险造成的。②

对于装载在舱面上的货物，由于此种装载的特殊风险造成的货物的灭失或者损坏，如果该装载方式已经同托运人达成协议，或者符合航运惯例，或者符合有关法律、行政法规的规定，则承运人不负赔偿责任。否则，承运人应当负赔偿责任。

3. 承运人单位责任限制。

除了享受以上豁免及保护外，承运人对于其不能免除责任的原因造成的货物灭失或者损坏应当承担赔偿责任。承运人的赔偿额根据货运单位或者承运货物的重量，可以享受法律规定的赔偿限额。

如第 1 章所述，海上货物运输中承运人责任限制是在限制提单中的免责条款运动中出现的责任限制制度。海商法借鉴《海牙规则》、《海牙—维斯比规则》和《汉堡规则》的相关规定，对国际海上货物运输中货物损失或者损害规定了承运人单位责任限制：

第五十六条　承运人对货物的灭失或者损坏的赔偿限额，按照

①　海商法第 51 条第 1 款第 12 项,《海牙规则》、《海牙—维斯比规则》第 4 条第 2 款 q 项。
②　海商法第 52 条。

货物件数或者其他货运单位数计算，每件或者每个其他货运单位为 666.67 计算单位，或者按照货物毛重计算，每公斤为 2 计算单位，以二者中赔偿限额较高的为准。但是，托运人在货物装运前已经申报其性质和价值，并在提单中载明的，或者承运人与托运人已经另行约定高于本条规定的赔偿限额的除外。

货物用集装箱、货盘或者类似装运器具集装的，提单中载明装在此类装运器具中的货物件数或者其他货运单位数，视为前款所指的货物件数或者其他货运单位数；未载明的，每一装运器具视为一件或者一个单位。

装运器具不属于承运人所有或者非由承运人提供的，装运器具本身应当视为一件或者一个单位。

第五十七条　承运人对货物因迟延交付造成经济损失的赔偿限额，为所迟延交付的货物的运费数额。货物的灭失或者损坏和迟延交付同时发生的，承运人的赔偿责任限额适用本法第五十六条第一款规定的限额。

其中，海商法第 56 条对货物灭失或者损害的赔偿限额采用的是《海牙—维斯比规则》的标准，第 57 条对货物因迟延交付造成经济损失的赔偿限额则吸收了《汉堡规则》的规定。[①] 就国际海上货物运输承运人责任限制整体而言，海商法主要采纳了《海牙规则》、《海牙—维斯比规则》的精神。

（1）货物灭失或损坏的赔偿限额。

海商法第 56 条规定的承运人就每包装货物的赔偿限额与《海牙—维斯比规则》一样：

①在采用的货币单位方面，顺应形势需要，摒弃了《海牙规则》采用固定的币种英镑做法，采用了《海牙—维斯比规则》

---

① 国际货物运输公约中的承运人责任限制参见《海牙—维斯比规则》第 4 条第 5 款；《汉堡规则》第 5 条。

1979 年布鲁塞尔议定书规定的特别提款权（SDR），特别提款权目前以美元、欧元、英镑、日元四种货币组成的货币篮子为基础定值，以避免限额受通货膨胀的冲击。[①] 其人民币数额为法院判决之日、仲裁机构裁决之日或者当事人协议之日，按照国家外汇主管机关规定的国际货币基金组织的特别提款权对人民币的换算办法计算得出的人民币数额。[②]

②对于计算货物数量的单位，除了以每件（per package）或其他货运单位（other shipping unit）计算货物灭失或者损坏的赔偿限额，为适应散装货，增加了按照货物毛重每公斤（per kilogramme of gross weight of the goods）计算赔偿限额的选择，如果货物以每件

---

① Protocol (SDR Protocol) amending the International Convention for the Unification of Certain Rules of Law relating to Bills of Lading of 25 August 1924 (The Hague Rules), as amended by the Protocol of 23 February 1968 (Visby Rules) (Brussels, 21 December 1979) Article II

(1) Article 4, paragraph 5 (a) of the Convention is replaced by the following:

(a) Unless the nature and value of such goods have been declared by the shipper before shipment and inserted in the bill of lading, neither the carrier nor the ship shall in any event be or become liable for any loss or damage to or in connection with the goods in an amount exceeding 666. 67 units of account per package or unit or 2 units of account per kilogramme of gross weight of the goods lost or damaged, whichever is the higher.

(2) Article 4, paragraph 5 (d) of the Convention is replaced by the following:

(d) The unit of account mentioned in this Article is the Special Drawing Right as defined by the International Monetary Fund. The amounts mentioned in sub – paragraph (a) of this paragraph shall be converted into national currency on the basis of the value of that currency on a date to be determined by the law of the Court seized of the case.

The value of the national currency, in terms of the Special Drawing Right, of a State which is a member of the International Monetary Fund, shall be calculated in accordance with the method of valuation applied by the International Monetary Fund in effect at the date in question for its operations and transactions. The value of the national currency, in terms of the Special Drawing Right, of a State which is not a member of the International Monetary Fund, shall be calculated in a manner determined by that State.

② 海商法第 277 条。

或其他货运单位方式装运，则二者中以赔偿限额较高的为准。① 对于轻泡货（light cargo），采用"每件"作为数量单位限额会更高；相反，对于重货（heavy cargo）以每公斤为基础计算赔偿限额将得到较高的限额。

③为顺应运输方式的革命，针对集装箱运输特别规定了件数或者包装的计算办法。货物用集装箱、货盘或者类似装运器具集装的，提单中载明装在此类装运器具中的货物件数或者其他货运单位数，即为计算赔偿限额的货物件数或者其他货运单位数，未载明的，每一装运器具视为一件或者一个单位。② 装运器具不属于承运人所有或者非由承运人提供的，装运器具本身应当视为一件或者一

---

① 同时参见《海牙—维斯比规则》第4条第5款a项，《汉堡规则》第6条第1款a项。注意，关于货物计量单位，《海牙—维斯比规则》与《海牙规则》一样，规定的是每件或每单位（per package or unit），在各国司法实务中，对于每单位（per unit）出现了不同的理解，《汉堡规则》针对这一问题，将每单位具体化为"货运单位"（shipping unit），解决了这一问题。我国海商法在这一点上兼采了《海牙—维斯比规则》和《汉堡规则》的规定。

② 海商法第56条，《海牙—维斯比规则》第4条第5款c项。

个单位。①

④每单位或每公斤的赔偿限额与《海牙—维斯比规则》采用了同样的标准。按照货物件数或者其他货运单位数计算，每件或者每个其他货运单位为 666.67 计算单位，或者按照货物毛重计算，每公斤为 2 计算单位；而没有参照《汉堡规则》每件或者每个其他货运单位为 835 计算单位、每公斤为 2.5 计算单位的标准。

（2）赔偿限额的例外。

对于承运人享有的赔偿限额，托运人可以选择两种方式规避：一是在货物装运前申报其性质和价值并在提单中载明；二是承运人

---

① 《汉堡规则》第 6 条第 2 款 b 项：Article 6 Limits of liability

1. (a) The liability of the carrier for loss resulting from loss of or damage to goods according to the provisions of article 5 is limited to an amount equivalent to 835 units of account per package or other shipping unit or 2.5 units of account per kilogramme of gross weight of the goods lost or damaged, whichever is the higher.

(b) The liability of the carrier for delay in delivery according to the provisions of article 5 is limited to an amount equivalent to two and a half times the freight payable for the goods delayed, but not exceeding the total freight payable under the contract of carriage of goods by sea.

(c) In no case shall the aggregate liability of the carrier, under both subparagraphs (a) and (b) of this paragraph, exceed the limitation which would be established under subparagraph (a) of this paragraph for total loss of the goods with respect to which such liability was incurred.

2. For the purpose of calculating which amount is the higher in accordance with paragraph 1 (a) of this article, the following rules apply:

(a) Where a container, pallet or similar article of transport is used to consolidate goods, the package or other shipping units enumerated in the bill of lading, if issued, or otherwise in any other document evidencing the contract of carriage by sea, as packed in such article of transport are deemed packages or shipping units. Except as aforesaid the goods in such article of transport are deemed one shipping unit.

(b) In cases where the article of transport itself has been lost or damaged, that article of transport, if not owned or otherwise supplied by the carrier, is considered one separate shipping unit.

3. Unit of account means the unit of account mentioned in article 26.

4. By agreement between the carrier and the shipper, limits of liability exceeding those provided for in paragraph 1 may be fixed.

与托运人另行约定高于海商法规定的赔偿限额。在这两种情况下，承运人须承担高于赔偿限额的赔偿责任。[①]

然而在实务中托运人很少这样做，这是因为申报了货物的实际价值或者与承运人另行约定赔偿限额往往意味着运费率的提高。

（3）迟延交付的赔偿限额。

《海牙规则》及《海牙—维斯比规则》均未对承运人迟延交付给收货人造成的损失作出规定。作为努力平衡船货双方权利义务关系的联合国国际海上运输公约，《汉堡规则》第 5 条第 2 款新引入了迟延交付的概念："如果货物未能在明确议定的时间内，或虽无此项议定，但未能在考虑到实际情况对一个勤勉的承运人所能合理要求时间内，在海上运输合同所规定的卸货港交货，即为迟延交付。"[②]

根据这一定义，构成迟延交付有两种情形：一种是未能在双方明确约定的时间内在卸货港交付货物；另一种是未能在合理时间内在卸货港交付货物。对于迟延交付造成的损失，《汉堡规则》第 5 条第 1 款规定承运人应当负赔偿责任。承运人根据第 5 条对迟延交

---

① 海商法第 56 条。注意，海商法此处的规定兼采了《海牙—维斯比规则》1979 年议定书第 4 条第 5 款 a 项及《汉堡规则》第 6 条第 4 款的规定。

② The Hamburg Rules Article 5 Basis of liability

1. The carrier is liable for loss resulting from loss of or damage to the goods, as well as from delay in delivery, if the occurrence which caused the loss, damage or delay took place while the goods were in his charge as defined in article 4, unless the carrier proves that he, his servants or agents took all measures that could reasonably be required to avoid the occurrence and its consequences.

2. Delay in delivery occurs when the goods have not been delivered at the port of discharge provided for in the contract of carriage by sea within the time expressly agreed upon or, in the absence of such agreement, within the time which it would be reasonable to require of a diligent carrier, having regard to the circumstances of the case.

3. The person entitled to make a claim for the loss of goods may treat the goods as lost if they have not been delivered as required by article 4 within 60 consecutive days following the expiry of the time for delivery according to paragraph 2 of this article.

付的赔偿责任，"以相当于迟延交付货物应支付运费的 2.5 倍的数额为限，但不得超过海上货物运输合同规定的应付运费总额。"①

我国海商法参照《汉堡规则》的规定，也规定了承运人迟延交付的责任。但是，海商法对迟延交付的规定与《汉堡规则》不完全相同。二者的差别有以下两点：

①关于迟延交付的定义不同。海商法第 50 条第 1 款规定："货物未能在明确约定的时间内，在约定的卸货港交付的，为迟延交付。"这一定义与《汉堡规则》对于迟延交付的定义不同之处在于，海商法没有提及在合理时间内未能在卸货港及时交付货物的迟延交付情形，仅仅规定了海上货物运输合同有明确约定时间的迟延交付情形。

②迟延交付的赔偿责任限额标准不同。海商法规定承运人对货物因迟延交付造成经济损失的赔偿限额，为所迟延交付的货物的运费数额。货物的灭失或者损坏和迟延交付同时发生的，承运人的赔偿责任限额适用货物灭失、损坏的赔偿限额。这一标准显而易见大大低于《汉堡规则》规定的赔偿限额。

海商法之所以采取这种立场，显而易见是一种折中的做法，不想给船方太大的压力。

（4）赔偿限额适用的范围。

①适用的主体范围。

就海上货物运输合同所涉及的货物灭失、损坏或者迟延交付对承运人提起的任何诉讼，无论是对承运人提起的，还是对实际承运人、承运人、实际承运人的受雇人或者代理人提起的，经承运人的受雇人或者代理人证明，其行为是在受雇或者委托的范围之内的，适用承运人责任限制的规定。② 这主要是为了防止海事请求人为了绕过承运人责任限制，而单单对承运人或实际承运人的受雇人或代

---

① 《汉堡规则》第 6 条第 1 款 b 项。
② 海商法第 58 条、第 61 条。

理人提起诉讼。

此外，鉴于海商法第 62 条的规定，承运人承担海商法第 4 章未规定的义务或者放弃第 4 章赋予的权利的任何特别协议，经实际承运人书面明确同意的，对实际承运人发生效力；实际承运人是否同意，不影响此项特别协议对承运人的效力。从而在承运人与货方有诸如放弃承运人责任限制或者规定高于赔偿限额的赔偿责任等特别协议并经实际承运人书面明确同意的情况下，实际承运人亦须遵守该等特别协议。当然，在实际承运人未作出书面明确同意的场合，该等特别协议虽然对实际承运人没有效力，但是对承运人仍有约束力。

②适用的海事请求。

不论海事请求人是否为海上货物运输合同的当事方，也不论海事请求人是根据合同或者侵权行为提起索赔，承运人赔偿责任限制均适用。①

③赔偿限额不得累加。

就货物的灭失或者损坏分别向承运人、实际承运人以及他们的受雇人、代理人提出赔偿请求的，赔偿总额不超过依照货物计量单位计算得出的赔偿限额，② 即海事请求人不可以通过向多方提出索赔而获得超过赔偿限额的赔偿。

（5）责任限制权利的丧失。

《海牙规则》规定承运人在何种情况下（in any event）都可以

---

① 海商法第 58 条。
② 海商法第 64 条。

享受对货物灭失或损害的责任限制。① 《海牙—维斯比规则》第 4

① The Hague Rules Article 4

1. Neither the carrier nor the ship shall be liable for loss or damage arising or resulting from unseaworthiness unless caused by want of due diligence on the part of the carrier to make the ship seaworthy and to secure that the ship is properly manned, equipped and supplied, and to make the holds, refrigerating and cool chambers and all other parts of the ship in which goods are carried fit and safe for their reception, carriage and preservation in accordance with the provisions of paragraph 1 of Article 3. Whenever loss or damage has resulted from unseaworthiness the burden of proving the exercise of due diligence shall be on the carrier or other person claiming exemption under this Article.

2. Neither the carrier nor the ship shall be responsible for loss or damage arising or resulting from:

(a) Act, neglect, or default of the master, mariner, pilot, or the servants of the carrier in the navigation or in the management of the ship.

(b) Fire, unless caused by the actual fault or privity of the carrier.

(c) Perils, dangers and accidents of the sea or other navigable waters.

(d) Act of God.

(e) Act of war.

(f) Act of public enemies.

(g) Arrest or restraint or princes, rulers or people, or seizure under legal process.

(h) Quarantine restrictions.

(i) Act or omission of the shipper or owner of the goods, his agent or representative.

(j) Strikes or lockouts or stoppage or restraint of labour from whatever cause, whether partial or general.

(k) Riots and civil commotions.

(l) Saving or attempting to save life or property at sea.

(m) Wastage in bulk or weight or any other loss or damage arising from inherent defect, quality or vice of the goods.

(n) Insufficiency of packing.

(o) Insufficiency or inadequacy of marks.

(p) Latent defects not discoverable by due diligence.

(q) Any other cause arising without the actual fault or privity of the carrier, or without the actual fault or neglect of the agents or servants of the carrier, but the burden of proof shall be on the person claiming the benefit of this exception to show that neither the actual fault or privity of the carrier nor the fault or neglect of the agents or servants of the carrier contributed to the loss or damage.

213

条第 5 款 e 项引入了丧失责任限制的规定。《汉堡规则》第 8 条在
《海牙—维斯比规则》的基础上又补充了承运人对于迟延交付造成

---

（接上注）

3. The shipper shall not be responsible for loss or damage sustained by the carrier or the ship arising or resulting from any cause without the act, fault or neglect of the shipper, his agents or his servants.

4. Any deviation in saving or attempting to save life or property at sea or any reasonable deviation shall not be deemed to be an infringement or breach of this Convention or of the contract of carriage, and the carrier shall not be liable for any loss or damage resulting therefrom.

5. Neither the carrier nor the ship shall in any event be or become liable for any loss or damage to or in connexion with goods in an amount exceeding 100 pounds sterling per package or unit, or the equivalent of that sum in other currency unless the nature and value of such goods have been declared by the shipper before shipment and inserted in the bill of lading.

This declaration if embodied in the bill of lading shall be prima facie evidence, but shall not be binding or conclusive on the carrier.

By agreement between the carrier, master or agent of the carrier and the shipper another maximum amount than that mentioned in this paragraph may be fixed, provided that such maximum shall not be less than the figure above named.

Neither the carrier nor the ship shall be responsible in any event for loss or damage to, or in connexion with, goods if the nature or value thereof has been knowingly misstated by the shipper in the bill of lading.

6. Goods of an inflammable, explosive or dangerous nature to the shipment whereof the carrier, master or agent of the carrier has not consented with knowledge of their nature and character, may at any time before discharge be landed at any place, or destroyed or rendered innocuous by the carrier without compensation and the shipper of such goods shall be liable for all damage and expenses directly or indirectly arising out of or resulting from such shipment. If any such goods shipped with such knowledge and consent shall become a danger to the ship or cargo, they may in like manner be landed at any place, or destroyed or rendered innocuous by the carrier without liability on the part of the carrier except to general average, if any.

货物损失丧失责任限制的情形。[①] 海商法第 59 条参酌《海牙—维斯比规则》和《汉堡规则》的立法例规定：

经证明，货物的灭失、损坏或者迟延交付是由于承运人的故意或者明知可能造成损失而轻率地作为或者不作为造成的，承运人不得援用本法第五十六条或者第五十七条限制赔偿责任的规定。

经证明，货物的灭失、损坏或者迟延交付是由于承运人的受雇人、代理人的故意或者明知可能造成损失而轻率地作为或者不作为造成的，承运人的受雇人或者代理人不得援用本法第五十六条或者第五十七条限制赔偿责任的规定。

何为"故意或者明知可能造成损失而轻率地作为或者不作为"，需要根据个案的情形来确定。承运人在未收回正本提单的情况下交付货物因而造成货方损失的，属于该情形。最高人民法院《关于审理无正本提单交付货物案件适用法律若干问题的规定》第 4 条规定，承运人因无正本提单交付货物承担民事责任的，不适用海商法第 56 条关于限制赔偿责任的规定。

---

① Hamburger Rules Article 8 Loss of right to limit responsibility

1. The carrier is not entitled to the benefit of the limitation of liability provided for in article 6 if it is proved that the loss, damage or delay in delivery resulted from an act or omission of the carrier done with the intent to cause such loss, damage or delay, or recklessly and with knowledge that such loss, damage or delay would probably result.

2. Notwithstanding the provisions of paragraph 2 of article 7, a servant or agent of the carrier is not entitled to the benefit of the limitation of liability provided for in article 6 if it is proved that the loss, damage or delay in delivery resulted from an act or omission of such servant or agent, done with the intent to cause such loss, damage or delay, or recklessly and with knowledge that such loss, damage or delay would probably result.

（三）多式联运经营人的责任限制

当采用多式联运的方式运送货物时，[①] 如果海运段的承运人同时兼多式联运经营人，负责履行或者组织履行多式联运合同，其应对全程运输负责。多式联运经营人与参加多式联运的各区段承运人，可以就多式联运合同的各区段运输，另以合同约定相互之间的责任。但是，此项合同不得影响多式联运经营人对全程运输所承担的责任。[②]

在多式联运过程中发生货物灭失和损坏的，依照海商法的规定，货物的灭失或者损坏发生于多式联运的某一运输区段的，多式联运经营人的赔偿责任和责任限额，适用调整该区段运输方式的有关法律规定。[③] 如果发生于海运区段，则多式联运经营人享有海运承运人单位责任限制。货物的灭失或者损坏发生的运输区段不能确定的，多式联运经营人应当依照海商法第 4 章关于承运人赔偿责任和责任限额的规定负赔偿责任。[④]

## 二、海上旅客运输承运人责任限制

关于海上旅客运输承运人责任限制，海商法第 5 章"海上旅客运输合同"规定的对旅客人身伤害及死亡及其携带行李的承运人责任限制则是 1974 年《雅典公约》[⑤]（PAL 1974）及其 1976 年议定书的国内法化。需要注意的是，与海上货物运输不同的是，对

---

① 海商法第 102 条第 1 款规定，多式联运合同，是指多式联运经营人以两种以上的不同运输方式，其中一种是海上运输方式，负责将货物从接收地运至目的地交付收货人，并收取全程运费的合同。
② 海商法第 104 条。
③ 海商法第 105 条。
④ 海商法第 106 条。
⑤ 参见 1974 年《雅典公约》第 7 条。

于海上旅客运输，无论是国际航线还是沿海航线，承运人均可享受海商法第5章规定的责任限制，只不过二者的赔偿限额计算标准不同而已。

与之相对照，海上货物运输的承运人只有从事国际航线运输的承运人可以依照海商法享受承运人责任限制，从事沿海货物运输的承运人依照合同法不能够享受责任限制。与海上货物运输的双轨制不同的是，从事海上旅客运输的承运人依照海商法无论是经营国际航线还是国内航线，均可以享受承运人责任限制。

### （一）责任基础

在海上旅客运输中，承运人在旅客及其行李的运送期间，因承运人或者承运人的受雇人、代理人在受雇或者受委托的范围内的过失引起事故，造成旅客人身伤亡或者行李灭失、损坏的，承运人应当负赔偿责任。一般情况下，应当由请求人对承运人或者承运人的受雇人、代理人的过失负举证责任。但是，以下两种情形由承运人或者承运人的受雇人、代理人提出反证，证明自己没有过失，否则视为有过失：

（1）旅客的人身伤亡或者自带行李的灭失、损坏，是由于船舶的沉没、碰撞、搁浅、爆炸、火灾所引起或者是由于船舶的缺陷所引起的，承运人或者承运人的受雇人、代理人除非提出反证，应当视为其有过失。

（2）旅客自带行李以外的其他行李的灭失或者损坏，不论由于何种事故所引起，承运人或者承运人的受雇人、代理人除非提出反证，应当视为其有过失。[①]

可见，承运人在一般情况下对于旅客的人身伤亡及其自带行李的灭失、损坏承担过失责任，只有在上述法定的两种情形下，承运人承担推定过失责任。

---

① 海商法第114条。

（二）承运人的免责事由

海商法规定在以下情况下，承运人可以免除或者减轻赔偿责任：

1. 旅客本人对于损害的发生与有过失。

经承运人证明，旅客的人身伤亡或者行李的灭失、损坏，是由于旅客本人的过失或者旅客和承运人的共同过失造成的，可以免除或者相应减轻承运人的赔偿责任。[①]

2. 旅客本人的故意。

经承运人证明，旅客的人身伤亡或者行李的灭失、损坏，是由于旅客本人的故意造成的，或者旅客的人身伤亡是由于旅客本人健康状况造成的，承运人不负赔偿责任。[②]

3. 贵重物品的灭失、损坏。

若承运人与旅客没有约定，则承运人对旅客的货币、金银、珠宝、有价证券或者其他贵重物品所发生的灭失、损坏，不负赔偿责任。

但是旅客与承运人约定将货币、金银、珠宝、有价证券或其他贵重物品交由承运人保管的，承运人依照承运人责任限制规定的赔偿限额负赔偿责任；双方以书面约定的赔偿限额高于承运人责任限制赔偿限额规定的，承运人应当按照约定的数额负赔偿责任。[③]

（三）承运人赔偿责任限额

1. 国际海上旅客运输责任限额。

承运人对于国际海上旅客运输中的赔偿责任限额，采用的货币单位是国际货币基金组织的特别提款权（SDR）。具体依照下列规定执行：

---

① 海商法第 115 条。
② 海商法第 115 条。
③ 海商法第 116 条。

（1）旅客人身伤亡的，每名旅客不超过 46666 计算单位；

（2）旅客自带行李灭失或者损坏的，每名旅客不超过 833 计算单位；

（3）旅客车辆包括该车辆所载行李灭失或者损坏的，每一车辆不超过 3333 计算单位；

（4）对于以上第 2、3 项以外的旅客其他行李灭失或者损坏的，每名旅客不超过 1200 计算单位。

承运人和旅客可以约定承运人对旅客车辆和旅客车辆以外的其他行李损失的免赔额。但是，对每一车辆损失的免赔额不得超过 117 计算单位，对每名旅客的车辆以外的其他行李损失的免赔额不得超过 13 计算单位。在计算每一车辆或者每名旅客的车辆以外的其他行李的损失赔偿数额时，应当扣除约定的承运人免赔额。

承运人和旅客可以书面约定高于法定的赔偿责任限额。[①]

2. 沿海旅客运输责任限额。

中华人民共和国港口之间的海上旅客运输，承运人的赔偿责任限额，依照《港口间海上旅客运输赔偿责任限额规定》第 3 条规定，承运人在每次海上旅客运输中的赔偿责任限额，按照下列规定执行：

（一）旅客人身伤亡的，每名旅客不超过 40000 元人民币；

（二）旅客自带行李灭失或者损坏的，每名旅客不超过 800 元人民币；

（三）旅客车辆包括该车辆所载行李灭失或者损坏的，每一车辆不超过 3200 元人民币；

（四）本款第（二）项、第（三）项以外的旅客其他行李灭失或者损坏的，每千克不超过 20 元人民币。

承运人和旅客可以书面约定高于本条第一款规定的赔偿责任

---

① 海商法第 117 条。

限额。

交通部在 20 年前规定的上述赔偿限额，在今天看来显而易见已经明显偏低，考虑到通货膨胀、经济发展水平等因素，这一赔偿标准亟待提高。

3. 承运人责任限制的适用范围。

承运人将旅客运送或者部分运送委托给实际承运人履行的，仍然应当依照本章规定，对全程运送负责。实际承运人履行运送的，承运人应当对实际承运人的行为或者实际承运人的受雇人、代理人在受雇或者受委托的范围内的行为负责。[①]

向承运人的受雇人、代理人提出的赔偿请求，受雇人或者代理人证明其行为是在受雇或者受委托的范围内的，有权援用承运人的免责抗辩及赔偿责任限制的规定。[②]

4. 责任限制权利的丧失。

经证明，旅客的人身伤亡或者行李的灭失、损坏，是由于承运人的故意或者明知可能造成损坏而轻率地作为或者不作为造成的，承运人不得援用限制赔偿责任的规定。

经证明，旅客的人身伤亡或者行李的灭失、损坏，是由于承运人的受雇人、代理人的故意或者明知可能造成损害而轻率地作为或者不作为造成的，承运人的受雇人、代理人不得援用限制赔偿责任的规定。[③]

5. 赔偿限额不得累加。

就旅客的人身伤亡或者行李的灭失、损坏，分别向承运人、实际承运人以及他们的受雇人、代理人提出赔偿请求，赔偿总额不得超过依照赔偿限额标准计算的限额。

---

① 海商法第 121 条。
② 海商法第 120 条。
③ 海商法第 118 条。

# 第六章 油污损害赔偿责任限制

油污损害赔偿责任限制是独立于海事赔偿责任限制的专门针对持久性油类所造成的损害。对油轮装载的非持久性燃油、非油轮装载的燃油造成油污损害的赔偿请求，适用海商法关于海事赔偿责任限制的规定；① 对于船舶载运散装持久性油类物质造成中华人民共和国领域和管辖的其他海域污染或者形成油污损害威胁，适用《防治船舶污染海洋环境管理条例》及我国参加的《1992 年油污损害民事责任国际公约》规定的油污损害赔偿责任限制制度。

## 一、适用的船舶及油类

根据《1992 年油污损害民事责任国际公约》的规定，"船舶"是指为载运作为货物的散装油类而建造或改建的任何类型的海船和海上运输工具，但是一艘能够运输油类和其他货物的船舶仅在其实际载运作为货物的散装油类时，以及在进行这种运输之后的任何航次，方能被视为一艘船舶，但能证明船上已不再装有散装油类的残

---

① 最高人民法院《关于审理船舶油污损害赔偿纠纷案件若干问题的规定》第 19条。

余物者除外。① 换句话说，油轮或者实际载运散装油类的船舶适用油污损害民事责任制度，但是军舰或其他为国家所有或经营的在当时仅用于政府的非商业性服务的船舶除外。②

"油类"是指任何持久性烃类矿物油，如原油、燃油、重柴油和润滑油，不论作为货物装运于船上，或是作为上述这类船舶的燃料。③

## 二、油污民事责任的适用范围

《1992 年油污损害民事责任国际公约》确立的油污损害赔偿制度适用于:④

---

① CLC 1992 Article I paragraph 1 "Ship" means any sea – going vessel and seaborne craft of any type whatsoever constructed or adapted for the carriage of oil in bulk as cargo, provided that a ship capable of carrying oil and other cargoes shall be regarded as a ship only when it is actually carrying oil in bulk as cargo and during any voyage following such carriage unless it is proved that it has no residues of such carriage of oil in bulk aboard.

② CLC 1992 第 11 条。

③ CLC 1992 Article 1 paragraph 5 "Oil" means any persistent hydrocarbon mineral oil such as crude oil, fuel oil, heavy diesel oil and lubricating oil, whether carried on board a ship as cargo or in the bunkers of such a ship.

④ CLC 1992 Article II This Convention shall apply exclusively:

(a) to pollution damage caused:

(i) in the territory, including the territorial sea, of a Contracting State, and

(ii) in the exclusive economic zone of a Contracting State, established in accordance with international law, or, if a Contracting State has not established such a zone, in an area beyond and adjacent to the territorial sea of that State determined by that State in accordance with international law and extending not more than 200 nautical miles from the baselines from which the breadth of its territorial sea is measured;

(b) to preventive measures, wherever taken, to prevent or minimize such damage.

（1）在下列区域内造成的污染损害①：

①中华人民共和国的领土，包括领海，以及，

②我国根据国际法设立的专属经济区，或者如果我国尚未设立这种区域，则为我国根据国际法所确定的超出并毗连于其领海的区域，自我国测量其领海宽度的基线算起，外延不超过 200 海里；

（2）为预防或减轻这种损害而在任何地方采取的预防措施。②

## 三、责任主体

船舶所有人是油污索赔的主要责任主体。所谓船舶所有人，指的是"登记为船舶所有人的人，如果没有登记，则是指拥有该船的人。但如船舶为国家所有并由在该国登记为船舶经营人的公司所经营，'所有人'即指这种公司。"③

此外，只有当损害是由于本人故意造成，或是明知可能造成这种损害而毫不在意的行为或不作为所引起时，才可以对以下主体提

---

① 《1992 年油污损害民事责任国际公约》第 1 条第 6 款规定，"污染损害"是指：（a）由于船舶泄漏或排放油类，而在船舶之外因污染而造成的损失和损害，不论这种泄漏或排放发生于何处，但是，对环境损害的赔偿，除这种损害所造成的盈利损失外，应限于已实际采取或将采取的合理复原措施的费用；（b）预防措施的费用和因预防措施而造成的进一步损失或损害。

② 《1992 年油污损害民事责任国际公约》第 1 条第 7 款规定，"预防措施"是指事件发生后为防止或减轻污染损害由任何人采取的任何合理措施。

③ CLC 1992 Article I 3. "Owner" means the person or persons registered as the owner of the ship or, in the absence of registration, the person or persons owning the ship. However in the case of a ship owned by a State and operated by a company which in that State is registered as the ship's operator, "owner" shall mean such company.

出索赔要求：①

（a）船舶所有人的雇佣人员或代理人，或船员；

（b）引航员或为船舶提供服务的非属船员的任何其他人；

（c）任何承租人（任何类型的承租人，包括光船承租人）、船舶管理人或经营人；

（d）经船舶所有人同意或根据有关主管当局的指令进行救助作业的任何人；

（e）采取预防措施的任何人；

（f）（c）、（d）、（e）项中提及的所雇佣人员或代理人；

但是前述规定不妨碍船舶所有人向第三者要求赔偿的权利。②

## 四、责任基础

船舶所有人对于油污损害应当承担严格责任，即无论其对油污损害的发生是否有过失，均应对船舶泄漏燃油所造成的污染损害承

---

① CLC 1992 Article III 4. No claim for compensation for pollution damage may be made against the owner otherwise than in accordance with this Convention. Subject to paragraph 5 of this Article, no claim for compensation for pollution damage under this Convention or otherwise may be made against:

(a) the servants or agents of the owner or the members of the crew;

(b) the pilot or any other person who, without being a member of the crew, performs services for the ship;

(c) any charterer (howsoever described, including a bareboat charterer), manager or operator of the ship;

(d) any person performing salvage operations with the consent of the owner or on the instructions of a competent public authority;

(e) any person taking preventive measures;

(f) all servants or agents of persons mentioned in subparagraphs (c), (d) and (e);

unless the damage resulted from their personal act or omission, committed with the intent to cause such damage, or recklessly and with knowledge that such damage would probably result.

② CLC 1992 Article III 5. Nothing in this Convention shall prejudice any right of recourse of the owner against third parties.

担赔偿责任。[1]

## 五、免责事由

当船舶所有人证明损害的发生是由于《1992 年油污损害民事责任国际公约》规定的下列免责事由引发的，才可以不负赔偿责任:[2]

（1）由于战争行为、敌对行为、内战或武装暴动，或特殊的、不可避免的和不可抗拒性质的自然现象所引起的损害；

（2）完全是由于第三者有意造成损害的行为或不作为所引起的损害；

（3）完全是由于负责灯塔或其他助航设备的政府或其他主管当局在执行其职责时的疏忽或其他过失行为所造成的损害。

如果船舶所有人证明，污染损害全部或部分地是由于受害人有意造成损害的行为或不作为而引起，或是由于该人的疏忽所造成，

---

[1]　CLC 1992 Article III 1. Except as provided in paragraphs 2 and 3 of this Article, the owner of a ship at the time of an incident, or where the incident consists of a series of occurrences at the time of the first such occurrence, shall be liable for any pollution damage caused by oil which has escaped or been discharged from the ship as a result of the incident.

[2]　CLC 1992 Article III 2. No liability for pollution damage shall attach to the owner if he proves that the damage:

（a）resulted from an act of war, hostilities, civil war, insurrection or a natural phenomenon of an exceptional, inevitable and irresistible character, or

（b）was wholly caused by an act or omission done with intent to cause damage by a third party, or

（c）was wholly caused by the negligence or other wrongful act of any Government or other authority responsible for the maintenance of lights or other navigational aids in the exercise of that function.

3. If the owner proves that the pollution damage resulted wholly or partially either from an act or omission done with intent to cause damage by the person who suffered the damage or from the negligence of that person, the owner may be exonerated wholly or partially from his liability to such person.

则该船舶所有人可全部或部分地免除对该人所负的责任。

## 六、油污赔偿责任限制

作为船舶所有人承担严格责任的回报，船舶所有人的赔偿责任限定在一定的限额内。油轮装载的持久性油类造成油污损害的，应依照《防治船舶污染海洋环境管理条例》、《1992 年油污损害民事责任国际公约》的规定确定赔偿限额。油轮装载的非持久性燃油或者非油轮装载的燃油造成油污损害的，应依照海商法关于海事赔偿责任限制的规定确定赔偿限额。[①]

### （一）赔偿限额

赔偿限额的货币单位采用的是国际货币基金组织的特别提款权

---

① 《关于审理船舶油污损害赔偿纠纷案件若干问题的规定》第 5 条第 2 款。

（SDR），参照油轮的吨位按以下标准计算：①

　　船舶所有人有权将其对任一事件的赔偿责任限于按下列方法算出的总额：②

　　（a）不超过 5000 吨位单位的船舶为 300 万计算单位；

　　（b）超过此吨位的船舶，除（a）项所述的数额外，每增加 1 吨位单位，增加 420 计算单位，③ 但是，此总额在任何情况下不超过 5970 万计算单位。

（二）责任限制权利的丧失

　　如经证明油污损害是由于船舶所有人本人有意造成这种损害或

---

①　CLC 1992 Article V 1. The owner of a ship shall be entitled to limit his liability under this Convention in respect of any one incident to an aggregate amount calculated as follows：

（a）3 million units of account for a ship not exceeding 5, 000 units of tonnage；

（b）for a ship with a tonnage in excess thereof, for each additional unit of tonnage, 420 units of account in addition to the amount mentioned in subparagraph（a）；

provided, however, that this aggregate amount shall not in any event exceed 59. 7 million units of account.

2. The owner shall not be entitled to limit his liability under this Convention if it is proved that the pollution damage resulted from his personal act or omission, committed with the intent to cause such damage, or recklessly and with knowledge that such damage would probably result.

3. For the purpose of availing himself of the benefit of limitation provided for in paragraph 1 of this Article the owner shall constitute a fund for the total sum representing the limit of his liability with the Court or other competent authority of any one of the Contracting States in which action is brought under Article IX or, if no action is brought, with any Court or other competent authority in any one of the Contracting States in which an action can be brought under Article IX. The fund can be constituted either by depositing the sum or by producing a bank guarantee or other guarantee, acceptable under the legislation of the Contracting State where the fund is constituted, and considered to be adequate by the Court or other competent authority.

②　"计算单位"为国际货币基金组织所规定的特别提款权。基金数额，应根据基金设立之日人民币与特别提款权相比的价值折算成人民币。参见《1992 年油污损害民事责任国际公约》第 5 条 9a 项。

③　船舶吨位应为按照《1969 年国际船舶吨位丈量公约》附则 I 中的吨位丈量规则计算的总吨。

227

是明知可能造成这种损害而毫不在意的行为或不作为所引起，船舶所有人便无权按照本公约限制其责任。

（三）油污损害赔偿责任限制基金

对油轮装载持久性油类造成的油污损害，为取得责任限制权利，船舶所有人、船舶油污损害责任保险人或者财务保证人应在船舶油污事故发生地、油污损害结果地或者采取预防油污措施地海事法院申请设立油污损害赔偿责任限制基金。①

1. 设立基金的方式及数额。

油污损害赔偿责任限制基金以现金方式设立的，基金数额为《防治船舶污染海洋环境管理条例》、《1992 年油污损害民事责任国际公约》规定的赔偿限额。以担保方式设立基金的，担保数额为基金数额及其在基金设立期间的利息。②

2. 利害关系人异议。

船舶所有人、船舶油污损害责任保险人或者财务保证人申请设立油污损害赔偿责任限制基金，利害关系人对船舶所有人主张限制赔偿责任有异议的，应当在海事诉讼特别程序法第 106 条第 1 款规定的异议期内以书面形式提出，但提出该异议不影响基金的设立。③

3. 基金设立的效果。

对油轮装载持久性油类造成的油污损害，利害关系人没有在异议期内对船舶所有人主张限制赔偿责任提出异议，油污损害赔偿责任限制基金设立后，海事法院应当解除对船舶所有人的财产采取的保全措施或者发还为解除保全措施而提供的担保。④

---

① 《关于审理船舶油污损害赔偿纠纷案件若干问题的规定》第 2 条。
② 《关于审理船舶油污损害赔偿纠纷案件若干问题的规定》第 21 条。
③ 《关于审理船舶油污损害赔偿纠纷案件若干问题的规定》第 22 条。
④ 《关于审理船舶油污损害赔偿纠纷案件若干问题的规定》第 23 条。

利害关系人在异议期内对船舶所有人主张限制赔偿责任提出异议的，法院在认定船舶所有人有权限制赔偿责任的裁决生效后，应当解除对船舶所有人的财产采取的保全措施或者发还为解除保全措施而提供的担保。①

4. 债权登记。

受损害人应在规定的债权登记期间申请债权登记，没有申请债权登记的，视为放弃在油污损害赔偿责任限制基金中受偿的权利。②

5. 基金的分配。

油污损害赔偿责任限制基金不足以清偿有关油污损害的，应根据确认的赔偿数额依法按比例分配。③

在油污损害赔偿责任限制基金分配以前，船舶所有人、船舶油污损害责任保险人或者财务保证人，已先行赔付油污损害的，可以书面申请从基金中代位受偿。代位受偿应限于赔付的范围，并不超过接受赔付的人依法可获得的赔偿数额。海事法院受理代位受偿申请后，应书面通知所有对油污损害赔偿责任限制基金提出主张的利害关系人。利害关系人对申请人主张代位受偿的权利有异议的，应在收到通知之日起 15 日内书面提出。

海事法院经审查认定申请人代位受偿权利成立，应裁定予以确认；申请人主张代位受偿的权利缺乏事实或者法律依据的，裁定驳回其申请。当事人对裁定不服的，可以在收到裁定书之日起 10 日内提起上诉。④

船舶所有人为主动防止、减轻油污损害而支出的合理费用或者所作的合理牺牲，请求参与油污损害赔偿责任限制基金分配的，人

---

① 《关于审理船舶油污损害赔偿纠纷案件若干问题的规定》第 24 条。
② 《关于审理船舶油污损害赔偿纠纷案件若干问题的规定》第 26 条。
③ 《关于审理船舶油污损害赔偿纠纷案件若干问题的规定》第 27 条。
④ 《关于审理船舶油污损害赔偿纠纷案件若干问题的规定》第 29 条。

民法院应予支持，处理程序上比照代位受偿的程序规定处理。①

## 七、保险或其他财务保证

除1000总吨以下载运非油类物质的船舶外，在中华人民共和国管辖海域内航行的船舶，其所有人应当按照国务院交通运输主管部门的规定，投保船舶油污损害民事责任保险或者取得相应的财务担保。

船舶所有人投保船舶油污损害民事责任保险或者取得的财务担保的额度应当不低于海商法、中华人民共和国缔结或者参加的有关国际条约规定的油污赔偿限额。② 对于载运2000吨以上作为货物的散装油类的油轮所有人，应当按照《1992年油污损害民事责任国际公约》的规定，进行保险或取得其他财务保证，如银行保证或国际赔偿基金出具的证书等，保证数额取决于船舶的责任限额。

油轮所有人必须向交通运输部公布的有资格承担船舶油污损害民事责任保险的商业性保险机构和互助性保险机构投保。已投保船舶油污损害民事责任保险或者取得财务担保的中国籍船舶，其所有人应当持船舶国籍证书、船舶油污损害民事责任保险合同或者财务担保证明，向船籍港的海事管理机构申请办理船舶油污损害民事责任保险证书或者财务保证证书。③

船舶取得有效的油污损害民事责任保险或者具有相应财务保证的，油污受损害人就不得主张船舶优先权。④

可见，油轮所有人为其可能承担的民事责任投保或者取得其他财务保证是一项强制性安排，其目的是保证船舶所有人有能力承担

---

① 《关于审理船舶油污损害赔偿纠纷案件若干问题的规定》第30条。
② 《防治船舶污染海洋环境管理条例》第53条。
③ 《防治船舶污染海洋环境管理条例》第54条。
④ 《关于审理船舶油污损害赔偿纠纷案件若干问题的规定》第18条。

其对油污报害所应负的责任。

## 八、对保险人或财务保证人的直接诉讼

对污染损害的任何索赔可以向承担船舶所有人污染损害赔偿责任的保险人或提供财务保证的其他人直接提出。[①] 受损害人直接向船舶油污损害责任保险人或者财务保证人提起诉讼，船舶油污损害责任保险人或者财务保证人可以对受损害人主张船舶所有人的抗辩。

但是除了船舶所有人故意造成油污损害之外，船舶油污损害责任保险人或者财务保证人向受损害人主张其对船舶所有人的抗辩，人民法院不予支持。[②]

油污损害是由于船舶所有人故意造成的，受损害人请求船舶油污损害责任保险人或者财务保证人赔偿，人民法院不予支持。[③]

## 九、油污损害赔偿范围及认定

船舶油污损害赔偿范围包括：[④]

（1）为防止或者减轻船舶油污损害采取预防措施所发生的费

---

① CLC 1992 Article VII 8. Any claim for compensation for pollution damage may be brought directly against the insurer or other person providing financial security for the owner's liability for pollution damage. In such case the defendant may, irrespective of the actual fault or privity of the owner, avail himself of the limits of liability prescribed in Article V, paragraph 1. He may further avail himself of the defences (other than the bankruptcy or winding up of the owner) which the owner himself would have been entitled to invoke. Furthermore, the defendant may avail himself of the defence that the pollution damage resulted from the wilful misconduct of the owner himself, but the defendant shall not avail himself of any other defence which he might have been entitled to invoke in proceedings brought by the owner against him. The defendant shall in any event have the right to require the owner to be joined in the proceedings.

② 《关于审理船舶油污损害赔偿纠纷案件若干问题的规定》第 8 条。

③ 《关于审理船舶油污损害赔偿纠纷案件若干问题的规定》第 7 条。

④ 《关于审理船舶油污损害赔偿纠纷案件若干问题的规定》第 9 条。

用，以及预防措施造成的进一步灭失或者损害；

（2）船舶油污事故造成该船舶之外的财产损害以及由此引起的收入损失；

（3）因油污造成环境损害所引起的收入损失；

（4）对受污染的环境已采取或将要采取合理恢复措施的费用。

对于实务中损害范围的认定，最高人民法院确定了以下规则：

1. 预防措施费用以及预防措施造成的进一步灭失或者损害。

人民法院应当结合污染范围、污染程度、油类泄漏量、预防措施的合理性、参与清除油污人员及投入使用设备的费用等因素合理认定。①

2. 对遇险船舶实施防污措施。

作业开始时的主要目的仅是防止、减轻油污损害的，所发生的费用应认定为预防措施费用。作业具有救助遇险船舶、其他财产和防止、减轻油污损害的双重目的，应根据目的的主次比例合理划分预防措施费用与救助措施费用；无合理依据区分主次目的的，相关费用应平均分摊。但污染危险消除后发生的费用不应列为预防措施费用。②

3. 船舶泄漏油类污染其他船舶、渔具、养殖设施等财产。

受损害人请求油污责任人赔偿因清洗、修复受污染财产支付的合理费用，人民法院应予支持。受污染财产无法清洗、修复，或者清洗、修复成本超过其价值的，受损害人请求油污责任人赔偿合理的更换费用，人民法院应予支持，但应参照受污染财产实际使用年限与预期使用年限的比例作合理扣除。③

4. 收入损失。

受损害人因其财产遭受船舶油污，不能正常生产经营的，其收

---

① 《关于审理船舶油污损害赔偿纠纷案件若干问题的规定》第10条。
② 《关于审理船舶油污损害赔偿纠纷案件若干问题的规定》第11条。
③ 《关于审理船舶油污损害赔偿纠纷案件若干问题的规定》第12条。

入损失应以财产清洗、修复或者更换所需合理期间为限进行计算。①

海洋渔业、滨海旅游业及其他用海、临海经营单位或者个人请求因环境污染所遭受的收入损失，具备下列全部条件，由此证明收入损失与环境污染之间具有直接因果关系的，人民法院应予支持：②

（1）请求人的生产经营活动位于或者接近污染区域；

（2）请求人的生产经营活动主要依赖受污染资源或者海岸线；

（3）请求人难以找到其他替代资源或者商业机会；

（4）请求人的生产经营业务属于当地相对稳定的产业。

5. 非法海上养殖、捕捞的收入损失。

未经相关行政主管部门许可，受损害人从事海上养殖、海洋捕捞，主张收入损失的，人民法院不予支持；但请求赔偿清洗、修复、更换养殖或者捕捞设施的合理费用，人民法院应予支持。③

6. 收入损失的计算办法。

受损害人主张因其财产受污染或者因环境污染造成的收入损失，应以其前3年同期平均净收入扣减受损期间的实际净收入计算，并适当考虑影响收入的其他相关因素予以合理确定。按照上述规定无法认定收入损失的，可以参考政府部门的相关统计数据和信息，或者同区域同类生产经营者的同期平均收入合理认定。受损害人采取合理措施避免收入损失，请求赔偿合理措施的费用，人民法院应予支持，但以其避免发生的收入损失数额为限。④

7. 环境损害赔偿的范围。

船舶油污事故造成环境损害的，对环境损害的赔偿应限于已实

---

① 《关于审理船舶油污损害赔偿纠纷案件若干问题的规定》第13条。
② 《关于审理船舶油污损害赔偿纠纷案件若干问题的规定》第14条。
③ 《关于审理船舶油污损害赔偿纠纷案件若干问题的规定》第15条。
④ 《关于审理船舶油污损害赔偿纠纷案件若干问题的规定》第16条。

际采取或者将要采取的合理恢复措施的费用。恢复措施的费用包括合理的监测、评估、研究费用。①

## 十、油污损害诉讼的管辖

油污损害赔偿纠纷案件实行集中管辖制度。原则上当事人就油轮装载持久性油类造成的油污损害提起诉讼、申请设立油污损害赔偿责任限制基金，由船舶油污事故发生地海事法院集中管辖。

例外地，油轮装载持久性油类引起的船舶油污事故，发生在中华人民共和国领域和管辖的其他海域外，对中华人民共和国领域和管辖的其他海域造成油污损害或者形成油污损害威胁，当事人就船舶油污事故造成的损害提起诉讼、申请设立油污损害赔偿责任限制基金，由油污损害结果地或者采取预防油污措施地海事法院管辖。②

可见，此类诉讼的管辖以油污事故发生地海事法院集中管辖为原则，以油污损害结果地或者采取预防油污措施地海事法院集中管辖（危及我国的域外船舶油污事故引起的纠纷）为补充。这种在多种管辖连接点中进一步确定集中管辖优先顺序的规定，既有利于积极行使海事司法管辖权，又有利于统一裁判。③ 油污损害赔偿纠纷案件的集中管辖与海事诉讼特别程序法对船舶污染海域案件规定分散管辖不同。该法第 7 条第 2 项规定船舶污染海域案件，由污染发生地、损害结果地或者采取预防污染措施地海事法院管辖。这种分散的管辖对相关实体纠纷案件的审理以及基金的分配极为不便，也不利于裁判尺度的统一。为此，根据审判实践的需要，最高人民法院对油污损害纠纷案件规定了集中管辖制度。

---

① 《关于审理船舶油污损害赔偿纠纷案件若干问题的规定》第 17 条。
② 《关于审理船舶油污损害赔偿纠纷案件若干问题的规定》第 2 条。
③ 最高人民法院民四庭负责人就《关于审理船舶油污损害赔偿纠纷案件若干问题的规定》答记者问，中华人民共和国最高人民法院，http：//www. court. gov. cn/xwzx/jd-jd/sdjd/201106/t20110614_ 116350. htm，2013 年 4 月 2 日 11：13 访问。

# 附录1 日本关于船舶所有人等的责任限制法[①]

（昭和50年12月27日法律第94号）

最终修改年月日：2005年6月17日法律第8号

---

①　该法由中国人民公安大学杨金彪副教授由日文翻译为中文，笔者从专业角度对译文进行了审校。

第一章 总 则

[宗旨]

**第一条** 本法规定关于船舶所有人等责任限制的必要事项。

[定义]

**第二条** 在本法中,以下各项所指用语的意义分别根据有关各项的规定确定。

(一)船舶

在供航海用的船舶中,以橹桨或者主要以橹桨驾驶的舟以及属于公用的船舶之外的船舶。

(二)船舶所有人等

船舶所有人、船舶光租人、船舶承租人以及作为法人的这些人的无限责任职员。

(二)之二救助人

提供与救助活动直接关联劳务的人。

(三)雇员等

船舶所有人以及救助人的雇员和其他人,对于该人的行为船舶所有人以及救助人应当承担责任。

(三)之二救助船舶

在由船舶实施救助活动(在对船舶以及与船舶相关的救助活动中,只在该船舶上实施的作业除外)情况下的有关船舶。

(四)限制债权

船舶所有人或者救助人及其雇员,根据本法规定可以限制其责任的债权。

(五)关于人的损害的债权

限制债权中由于人的生命以及身体受到侵害形成的债权中,第

236

六项之二规定的债权之外的债权。

（六）关于物的损害的债权

限制债权中关于人的损害债权以外的债权。

（六）之二关于旅客损害的债权

根据海上旅客运输合同，用船舶运输的旅客，以及根据海上货物运输合同被批准与所运输的车辆或者活动物随同乘船的人，由于生命或者身体受到侵害而对有关船舶的船舶所有人以及其受雇人员的债权。

（七）一单位

根据《国际货币基金协定》第 3 条第 1 项规定的特别提款权，相当于一特别提款权的金额。

（八）受益债务人

在有关限制责任程序中与限制债权关联的债务人，是申请限制责任程序开始的人以外的人。

在本法中，"救助活动"除为公务而实施的外，包含以下措施：

（一）为了沉没、失事、搁浅或者被弃船舶以及该船舶上物的打捞、清除、破坏以及无害化的处理措施；

（二）为了装载货物的清除、破坏以及无害化的处理措施；

（三）除了前两项所指的措施外，为了防止、减轻产生限制债权的损害所采取的措施。

## 第二章　船舶所有人等的责任限制

**[船舶所有人等的责任限制]**

第三条　船舶所有人及其受雇人员根据本法规定，对于以下债权可以限制其责任：

（一）在船上发生或与船舶营运直接相关的人身伤亡，或该船舶以外的财产的灭失或者损害而产生的索赔；

237

（二）有关海上货物、旅客或其随身行李运输的迟延所导致损失的索赔；

（三）除前两项所规定的债权外，与船舶航运直接相关的权利侵害所引发的索赔（由于船舶的灭失或者损害所引起的索赔，以及根据合同由于债务的不履行所导致的损害为基础的债权除外）；

（四）由于前条第二款第三项所规定的措施产生的损害为基础的债权（船舶所有人以及其受雇人员等所有的债权除外）；

（五）关于前条第二款第三项所规定的措施所引起的索赔（船舶所有人以及其受雇人员等所有的债权以及以与所有这些人的合同为基础的报酬以及费用的债权除外）；

船舶所有人或者救助人及其受雇人员等对于前两项的债权，是由于本人的故意，或者明知可能造成损害而轻率地行为所致损害，虽然有前两项的规定，也不能限制其责任。

船舶所有人以及其受雇人员等对于关于旅客损害的债权，虽然有第一项的规定，也不能限制其责任。

**第四条**　对于以下债权，船舶所有人以及救助人不能限制其责任：

（一）有关海难救助或者共同海损分摊的索赔；

（二）职责与船舶或救助作业有关的船舶所有人或救助人的受雇人员的索赔，包括因他们的生命或身体受到伤害而产生的第三人的索赔。


［由于同一事故所产生的损害所引起索赔的扣除］

**第五条**　在船舶所有人或救助人及其受雇人员对于限制债权人具有基于同一事故产生的索赔的情况下，本法规定适用于扣除该索赔后剩余的限制债权。


［责任限制所及的范围］

**第六条**　船舶所有人及其受雇人员的责任限制及于船舶、由于同一事故所产生的所有关于人的损害的索赔，以及关于财产损害的索赔。

救助船舶的救助人或者船舶所有人及其受雇人员的责任限制及于救助船舶、由于同一事故所产生的所有关于人的损害，以及关于财产损害的索赔。

前项救助人以外的救助人或者其雇员等的责任限制，及于每艘救助船舶因同一事故产生的对所有这些人的全部的关于人的损害的债权以及关于物的损害的债权。

前三项的责任限制在仅就关于物的损害的债权时，该责任限制尽管有前三项的规定，不及于关于人的损害的债权。

**［责任限额］**
第七条　在前条第一项以及第二项规定的责任限制的情况下的责任限额，应按下列规定计算：

（一）在限制责任的债权仅关于财产损害索赔的情况下，按照船舶的吨位，根据以下的规定计算金额。但是对于不满百吨的木船，以一单位的三十三万六千倍的金额作为责任限额。

（1）对于二千吨以下的船舶，是一单位的一百万倍的金额；

（2）对于超过二千吨的船舶，在（1）的金额上，应增加下列金额：

超过二千吨到三万吨，每吨为四百计算单位；

超过三万吨到七万吨，每吨为三百计算单位；

超过七万吨，每吨为二百计算单位。

（二）在其他情况下，按照船舶的吨位根据以下规定计算金额：

（1）二千吨以下的船舶，每吨为三百万计算单位；

（2）超过二千吨的船舶，在（1）的金额上，应增加下列金额：

超过二千吨到三万吨，每吨为一千二百计算单位；

超过三万吨到七万吨，每吨为九百计算单位；

超过七万吨，每吨为六百计算单位。

在前项第二号规定的情况下，在充当偿还限制债权的金额中，该金额乘以同项第一号所规定的金额（对于不满百吨的木船，同（1）的金额）对于同项第二号所规定金额的比例所得到的金额，这部分金额用于偿还关于财产损害的债权，其余部分偿还关于人身损害的债权。但是，在后者不足以偿还关于人身损害的债权时，前者按照不能偿还的余额与关于财产损害的债权额的比例，用于偿还人身索赔。

有关前条第三项所规定的责任限制的责任限额，按以下规定计算：

（1）有关限制性债权仅用于财产损害索赔的情况下，是一百万计算单位；

（2）在其他情况下，是三百万计算单位。

第二项的规定对于前项第二号规定的情况准用。

限制债权人按照其限制债权额的比例接受偿还。

**[船舶吨位的计算]**

第八条 前条第一项以及第二项船舶的吨位，应为根据关于船舶吨位丈量的法律（昭和 55 年法律第 40 号）第四条第二项的规定计算的数额附上吨表示。

## 第三章 限制责任程序

### 第一节 通 则

**[责任限制案件的管辖]**

第九条 责任限制案件按照以下各项规定，分别专属有关各项规定的法院管辖。

（一）有关第六条第一项及第二项规定的责任限制，船舶及救助船舶有船籍时，由船籍所在地的地方法院管辖。

（二）有关第六条第一项、第二项规定的责任限制，船舶及救助船舶没有船籍的，由申请人的普通审判籍所在地、事故发生地、事故发生后有关船舶最初到达地以及对于基于限制债权（仅指关于财产损害的债权限制责任程序，关于人身损害的债权除外。以下在本章中相同）申请人财产扣押或者临时扣押地的地方法院管辖。

（三）关于第六条第三项规定的责任限制，由申请人的普通审判籍所在地、事故发生地以及执行对基于限制债权的申请人的财产予以扣押或者临时扣押地的地方法院管辖。

**[责任限制案件的移送]**

**第十条**　为避免显著的损害以及迟延，法院可以依职权把责任限制案件移送其他的管辖法院、管辖限制债权人的普通审判籍所在地的地方法院，以及正在审理由于同一事故产生的其他责任限制案件或者根据船舶油污损害赔偿保障法（昭和 50 年法律第 95 号）规定的责任限制案件的法院。

**[民事诉讼法的准用]**

**第十一条**　除有特别规定外，关于责任限制程序准用民事诉讼法（1996 年法律第 109 号）的规定。

**[任意的口头辩论以及职权调查]**

**第十二条**　关于责任限制程序的审判，可以不经过口头辩论；法院可以依据职权对责任限制案件进行必要的调查。

**[上诉]**

**第十三条**　对于关于责任限制程序的审判，除本法另有特别规定的，对于该裁判有利害关系的人可以即时上诉。上诉期间，在有裁判公告的情况下，自公告之日起一个月。

[公告]

**第十四条** 根据本法规定的公告，登载于官报以及法院指定的报纸。

公告在最后登载之日的第二日发生效力。

[进行公告以及送达]

**第十五条** 根据本法规定应当公告以及送达的情况下，送达可以利用文书通过一般处理交付邮寄，或者利用根据关于由私营企业送达书信的法律（2002年法律第99号）第二条第六项规定的一般书信企业或者同条第九项规定的特定书信事业提供的同条第二项规定的书信劳务发送的方法送达。在这种情况下，公告对所有关系人具有送达的效力。

[最高法院规则]

**第十六条** 除本法规定外，关于责任限制程序的必要事项适用最高法院规则规定。

第二节 限制责任程序开始的申请

[程序开始的申请]

**第十七条** 船舶所有人或者救助人以及雇员等为了限制其责任，可以申请开始限制责任程序。

船舶共有人可以各自申请限制责任程序的开始。

[辩解等]

**第十八条** 在申请开始限制责任程序时，应当说明所涉及限制债权事故必要的事实，以及限制债权（事故发生后的利息或者由于不履行造成的损害赔偿或者违约金的请求权除外）额超过第七条第一项或者第三项规定的责任限额（以下称为"责任限额"），而且应当申报已知的限制债权人的姓名或者名称以及住所。

[委托保管命令]
第十九条　法院认定申请符合开始限制责任程序的，法院应当命令提出该申请的人（以下称申请人）申请，在不超过一个月的期间内，将法院确定的相当于责任限额的金额及自事故发生之日起至委托保管日（在根据次条第一项的规定缔结委托保管合同的情况下，根据同项规定的申报日。在次项中相同）按年率6％计算的金钱，交由法院指定的委托保管所委托保管。

相当于前项责任限额的金钱，根据委托保管日公布的一计算单位计算。

对于根据第一项规定的决定，可以即时上诉。

[委托保管的委托合同]
第二十条　申请人在得到法院的许可后缔结委托保管的委托合同，在根据前条第一项规定的决定确定的期间内，申请人可以向法院提出申请有关合同涉及的一定数额的金钱在该期间内不需要委托保管。

委托保管的委托合同指在决定开始限制责任程序的情况下，受托人把申请人一定数额的金钱以及这些金钱自开始限制责任程序的决定之日起至委托保管之日的委托保管金利息，由前条第一项的委托保管所委托保管进行约定的合同。

[受托人的委托保管]
第二十一条　根据前条第一项规定的申请，受托人自法院确定的日期（次条第一项中所谓的"指定日"）按照委托保管合同进行委托保管，而且申请人应当向法院提出含有这种意思的申请。

根据前项规定受托人所实施的委托保管，视为申请人作为委托保管人所实施的委托保管。

### [受托人没有进行委托保管情况的义务等]

第二十二条　在未根据前条第一项的规定进行委托保管的情况下，受托人负有代替委托保管，向管理人支付在指定日应当委托保管的金钱以及其自指定日的第二日起至支付日年率6%的利率计算的利息义务。

在受托人没有履行前项义务的情况下，根据管理人的申请，对该受托人法院应当命令向管理人支付根据同项规定应当支付的金额。

根据前项规定作出的决定，与有执行力的债务文书具有同样的效力。

对于对第二项申请的裁判，可以进行即时上诉。

管理人在根据第一项的规定接受受托人的金钱支付时，应当立即对此向第十九条第一项的委托保管所委托保管，而且应当向法院报告这种意思。

根据前项规定管理人实施的委托保管，可以看做申请人作为委托保管人实施的委托保管。

### [其他程序的终止命令等]

第二十三条　在申请开始限制责任程序的情况下，在认为有必要时，法院可以根据申请人或者受益债务人的申请，在对开始限制责任程序的申请作出决定期间，命令基于限制债权对申请人或者受益债务人的财产的强制执行、临时扣押、临时处分或者实行担保权程序的中止。

法院可以变更或者撤销根据前项规定作出的中止决定。

[不受理]

第二十四条　在申请人是破产人时，法院应当不受理开始限制责任程序的申请。

[驳回]

第二十五条　在以下情况下，法院应当驳回开始限制责任程序的申请：

（一）没有预交程序费用时；

（二）限制债权额明显没有超过责任限度额时；

（三）申请人没有遵守根据第十九条第一项的规定作出的决定。

### 第三节　限制责任程序开始的决定

[责任限制程序发生效力的时间]

第二十六条　责任限制程序自开始该程序的决定时发生效力。

[应当与开始决定同时确定的事项]

第二十七条　法院在决定开始限制责任程序时，应当选任管理人，确定以下事项：

（一）限制债权的申报期间。该期间应当自作出决定之日起一个月以上四个月以下；

（二）限制债权的调查期间。该期间与申报期间的最后一天之间应当具有一周以上两个月以下的期间。

[开始的公告等]

第二十八条　法院应当在作出开始责任限制程序的决定时立即公告以下事项：

（一）开始限制责任程序的决定的年月日时以及主文；

（二）基于第十九条第一项规定作出的决定而委托保管的金钱，以及与第二十条第一项的委托保管的委托合同涉及的一定金钱的总额；

（三）管理人的姓名及住所；

（四）申请人以及已知的受益债务人的姓名或者名称以及涉及事故的船舶、救助船舶以及救助人间的关系；

（五）限制债权的申请期间以及调查期间；

（六）对于申请人以及受益债务人应在提出限制债权的申请期间内提出申请的催告；

应当向管理人、申请人以及已知的限制债权人以及受益债务人送达记载前款各项所提出事项的书面文件。

前两项规定准用于对于自第一款第二号至第五号提出的事项产生变更的情况，但对于限制债权的调查日期变更的情况不必公告。

[上诉]

**第二十九条**　对开始责任限制程序申请的裁判可以即时上诉。

第二十九条的规定准用于对不受理以及驳回开始责任限制程序的申请的即时上诉的情况。

**第三十条**　在对于开始限制责任程序的决定的前条第一项的即时上诉的情况下，当认为根据第十九条第一项的规定作出的决定中确定的责任限额以及事故发生日不当时，法院应当命令申请人在不超过二周的期间内，应当委托保管应当增加的责任限额的金钱，及其自事故发生日至委托保管日（在根据第二十条第一项规定缔结委托保管的委托合同的情况下，根据同项规定的申请日）按每年6%的利率算出的金钱，而且法院应当命令申请人向责任限制法院提出这种意思的申请。

自第十九条第二项以及第二十条开始到第二十二条的规定，准用于前项的场合。在该场合，第十九条第二项中的"委托保管日"应当替换为"第三十条第一项的委托保管日"的措辞。

[决定取消开始决定的公告]

**第三十一条**　取消开始责任限制程序的决定确定之时，法院应当立即把这种意思予以公告。

记载根据前项规定的公告所涉及事项的书面文件应当送达管理人、申请人以及已知的限制债权人以及受益债权人。

[开始决定被取消的情况下委托保管金取回的限制]

**第三十二条**　申请人除非在前条第一项的决定确定之日起经过一个月后，否则不能取回作为下条规定基金的委托保险金以及处分该取回请求权。

[程序开始的效果]

**第三十三条**　责任限制程序开始时，限制债权人可以根据本法的规定，根据第十九条第一项或者第三十条的规定作出的决定为基础的委托保险金、第二十一条第一项或者根据第二十二条第五项（包含第三十条中准用所有这些规定的情况）的规定委托保管的金钱以及第九十四条第一项的规定委托保管的金钱以及对委托保管的这些金钱所付的利息（以下称为"基金"）接受支付。在这种情况下，限制债权人不能对基金以外的申请人的财产或者受益债务人的财产行使其权利。

**第三十四条**　责任限制程序开始时，限制债权人不能以限制债权与申请人或者受益债务人的债权相抵消。

[对强制执行的异议申诉]

**第三十五条**　申请人或者受益债务人主张第三十三条后段的事由，请求不许可基于限制债权的强制执行，应当提起对强制执行的异议申诉。

关于请求异议的申诉的民事执行法（昭和 54 年法律第 4 号）

的规定，准用前项的申诉。

**[对于实行担保权的异议申诉]**

**第三十六条** 申请人或者受益债务人主张第三十三条后段的事由，请求不允许以限制债权为基础的担保权的实行，应当提出对于担保权的实行的异议申诉。

前项的申诉专属于管辖被告的普通裁判籍所在地的法院，当没有这种法院时，由担保权标的财产所在地的法院管辖。

民事执行法第三十六条以及第三十七条的规定准用于第一项的申诉。

## 第四节 限制责任程序的扩张

**[程序扩张的申请]**

**第三十七条** 在仅就关于物的损害的债权的责任限制程序开始后的场合，申请人或者受益债务人可以为了限制关于人的损害的债权的责任，提出扩张责任限制程序的申请。但是限制债权的调查期限已经开始后则不在此限。

自第十八条到第二十五条的规定准用前项关于申请的规定。

**[扩张程序的申请]**

**第三十八条** 在扩张责任限制程序的决定中，规定责任限制程序效力及于即使是关于人的损害的债权。

前节（除了第二十七条中关于管理人的选任的部分）的规定准用于第一项的申诉。

**[受益债务人视为申请人的情况]**

**第三十九条** 在作出前条第一项的决定时，对于第八十二条至第八十四条、第九十条至第九十二条规定的适用，提出扩张限制责任程序的申请的受益债务人视为申请人。

## 第五节　管理人

[权限]

**第四十条**　管理人具有在限制债权的调查期间陈述意见、实行分配以及其他法律规定的职务的权限。

为了履行前项的职务，管理人可以要求申请人或者受益债务人提交必要事项的报告或者账簿以及其他文件。

[监督]

**第四十一条**　管理人由法院监督。

[注意义务]

**第四十二条**　管理人应当以善良管理人的注意行使其职务。

[管理人代理]

**第四十三条**　管理人在必要时，为了履行其职务，可以自己选任管理代理人。

根据前项规定选任管理代理人，应当得到法院的许可。

[报酬]

**第四十四条**　管理人可以接受责任限制程序所必要的费用的预付以及法院确定的报酬。

对于根据前项规定作出的决定，可以即时上诉。

[解任]

**第四十五条**　有重要事由时，法院根据利害关系人的申请，或者依据职权，可以解任管理人。在这种情况下，应当审问该管理人。

**[计算的报告义务]**

**第四十六条** 在管理人的任务终了的情况下，管理人或者其继承人应当不迟延地向法院做关于计算的报告。

## 第六节 对限制责任程序的参加

**[参加]**

**第四十七条** 限制债权人可以以其所有的限制债权（对于利息以及因为不履行的损害赔偿或者违约金的请求权，限于直到在限制债权调查期间开始日产生的情况）参加责任限制程序。

偿还了限制债权人后的受益债务人，在所偿还的限度内视为有限制债权。可以以此参加限制债权。

对于限制债权，将来代位限制债权人，或者对于申请人或者受益债务人具有求偿权的人，视为享有该限制债权，可以以此参加限制债权程序。但是，在限制债权人参加限制债权程序的情况下，对于参加的有关限制债权不在此限。

申请人或者受益债务人，在基于限制债权在外国有受到强制执行之虞时，由于该强制执行的支付对于全部限制债权额事由有限制债权。可以以此参加限制债权程序。前项但书的规定准用于这种情况。

根据前面各项的规定参加限制责任程序的，应当向法院申报限制债权的内容以及其他最高法院规则规定的事项。

根据第四项的规定参加限制债权程序的，在根据前项规定提出申请时，应当辨明在国外有受到强制执行之虞的情况。

[对于限制债权人以及受益债务人以外的人负全部责任的情况]

**第四十八条**　在对限制债权人以及受益债务人以外的人负全部履行义务的情况下，即使在因为该人而开始或者扩张限制责任程序时，限制债权人对于限制责任程序开始之时或者限制责任程序扩张之时具有的限制债权的全额，可以在各限制责任程序中行使该权利。

前项规定准用于对限制债权人以及受益债务人以外的人负有全部履行义务的情况下，在因该人而开始根据船舶油污损害赔偿保障法的规定限制责任程序时，基于同法第二条第六项规定的油轮油污损害的债权（限于符合限制债权的情况）。

[不以金钱为目的的债权等]

**第四十九条**　在债权的目的不是金钱时，或者是金钱但是其金额不确定时，或者是以外国货币确定之时，该债权额根据责任限制程序开始时或者扩张限制责任程序时的评估额确定。

[申请的期间]

**第五十条**　根据第四十七条第五项的规定提出的申请，应当根据第二十七条（包含准用第三十八条第二项的情况）的规定在法院规定的申请期间内提出。

根据第四十七条第一项至第四项的规定可以参加限制责任程序的，由于不能归责于其自己的事由不能在申请期间内提出申请时，对于该人，虽然有前项规定，即使是在申请期间经过后，可以提出申请。但是，限制债权调查期间终了后不在此限。

[变更的申请等]

**第五十一条**　参加限制责任程序的人在该申请事项发生变更之时，或者申请事项将要变更之时，应当向法院提出含有这种意思的申请。

前项的规定准用于侵害其他限制债权人的利益应当提出变更申请的情况。

根据第四十七条第三项或者第四项的规定参加限制责任程序的人，在代位限制债权人对申请人或者受益债务人取得求偿权，或者对限制债权进行了支付时，应当向法院提出含有这种意思的申请。在这种情况下，应当证明成为申请原因的事实。

**[参加程序人地位的继承]**

**第五十二条** 取得参加责任限制程序人的申请所涉及债权的人，可以继承该参加人的地位。

根据前项规定将要继承的人，应当向法院申报取得的债权以及其他最高法院规则规定的事项。在这种情况下，应当证明取得有关债权的情况。

前两项的规定准用于偿还根据第四十七条第一项的规定参加限制责任程序人的申请涉及债权的申请人或者受益债务人。

**[申请的不受理]**

**第五十三条** 在根据本节的规定提出的申请违反第四十七条第五项或者第六项、第五十条（包含准用第五十一条第二项的情况）、第五十一条第三项以及前条第二项（包含准用同条第三项的情况）的规定时，法院可以对该申请不受理。

**[时效的中断]**

**第五十四条** 参加责任限制程序产生时效中断的效力。但是该申请被撤回或者未被受理时不在此限。

**[已知限制债权人的申报义务等]**

**第五十五条** 申请人以及受益债权人根据第十八条（包含准

用第三十七条第二项的情况）的规定申报的限制债权人以外的限制债权人，在知道没有参加限制责任程序人的姓名或者名称以及住所时，应当立即将之向法院申报。但是，在限制债权的调查期间届满后知道的不在此限。

第二十八条第二项以及第三项（包含准用第三十八条第二项的情况）的规定准用于根据前项规定提出的申报涉及的限制债权人。

**［分配预付的许可］**

**第五十六条**　为避免根据第四十七条第一项的规定参加责任限制程序的人显著的损害的紧急必要时，即使在有关参加人的申请涉及的债权确定之前，根据管理人的申请，或者依据职权，法院可以命令管理人从作为对限制债权分配部分的基金中支付相当的金额。

管理人应当在收到前项规定的限制债权人请求应当进行同项的申请时，立即把这种意思向法院报告。而且在没有进行这种申请时，不迟延地把该理由向法院报告。

第七节　限制债权的调查以及确定

**［限制债权的调查］**

**第五十七条**　在限制债权的调查期间，对于申报的债权是否是限制债权，以及在是限制债权时，其内容以及关于人的损害的债权与关于物的损害的债权的区别进行调查。

**［关系人的到场］**

**第五十八条**　申请人、受益债权人以及参加限制责任程序的人以及这些人的代理人，可以在限制债权的调查期间到场，提出对申报债权的异议。

[管理人的到场]

**第五十九条** 限制债权调查时，管理人必须到场。

[无异议限制债权的确定]

**第六十条** 在限制债权的调查期间内，没有管理人以及第五十八条所列举的人的异议时，确定是限制债权及其内容，并明确是关于对人损害的债权还是关于对物损害的债权。

[评估的裁判]

**第六十一条** 法院应当对有异议的债权作出评估的裁判。

在评估的裁判中，应当明确有关债权是不是限制债权，是限制债权时其内容以及是属于对人损害的债权还是对物损害的债权。

评估的裁判送达申报有关债权的人以及对该债权提出异议的人。

[管理人的调查等]

**第六十二条** 在进行评估的裁判时，对于管理人法院可以命令对必要事项的调查，或者要求提出意见。

[对评估裁判的异议申诉]

**第六十三条** 不服评估裁判的人（管理人除外），在收到决定送达之日起一个月的不变期间内，可以提起异议申诉。

对于前项申诉，当提起该申诉的人是申报受到异议的债权人时，以陈述异议的人作为被告；在提起申诉的人是陈述异议的人时，以受到异议的债权的申报人为被告。

第一项的申诉专属责任限制法院管辖，除非第一项规定的期间届满，不能开始口头辩论。

关于同一债权的数个申诉在同时审理时，辩论以及裁判应当合并进行。在这种情况下，准用民事诉讼法第四十条第一项至第三项的规定。

在对于第一项申诉的判决中，除申诉因为不合法不予受理的情况外，应认可或者变更评估的裁判。

## [诉讼程序的中止]

**第六十四条**　在根据第四十七条第五项的规定进行限制债权申报的情况下，关于有关债权的债权人以及申请人或者受益债务人间的诉讼（以下称"程序外诉讼"）正在审理时，法院可以根据原告的申请，命令中止该诉讼程序。

法院可以根据原告的申请，撤销根据前项规定作出的中止决定。

## [程序外诉讼管辖的扩张]

**第六十五条**　在审理针对评估的裁判的异议申诉时，有与该申诉有关系的债权人以及申请人或者受益债务人之间的关于有关债权的申诉可以向责任限制法院提起。

## [移送]

**第六十六条**　当评估裁判异议的申诉正在审理时，与该申诉有关系的程序外诉讼正在其他第一审法院审理时，责任限制法院通过申请，可以要求移送。

当根据前项规定作出决定时，收到移送要求的法院应当把程序外诉讼移送责任限制法院。

根据前项规定的诉讼，即使是在诉讼程序中断或者中止的状态下也可以进行。

## [合并]

**第六十七条**　当对责任限制法院的评估裁判的异议申诉与程序外诉讼正在审理时，辩论以及裁判应当合并。

## 第八节 分 配

**[分配]**

**第六十八条** 基金除了根据第九十二条第五项（包含准用第九十四条第二项的情况）以及第九十三条第一项或者第三项的规定支付外，应当分配。

**[分配的时间]**

**第六十九条** 管理人应当在限制债权的调查期间终了后不迟延地进行分配。

在限制债权的调查期间内有异议时，除非评估的裁判的异议申诉的起诉期间已经届满，管理人不能进行分配。但是得到法院的许可时不在此限。

**[分配表]**

**第七十条** 管理人在进行分配时，应当制作分配表，并得到法院的认可。

分配表应当对应当记载分配的限制债权人的姓名、分配的限制债权额、可以分配的金钱额、分配率以及其他最高法院规则规定的事项，按照关于人的损害的债权与关于物的损害的债权分别记载。

**[认可分配表的公告]**

**第七十一条** 法院在认可分配表时应当公告。

**[对分配表的异议]**

**第七十二条** 对分配表的记载不服的人，在根据前条规定的公告之日起二周间的不变期间内，可以向法院申请异议。

法院认为异议适当时，应当命令管理人更正分配表。

对于关于异议的裁判，可以即时上诉。

[分配保留的申请]

**第七十三条**　参加责任限制程序的人，在对分配表的异议申请期间届满前，证明对于申报所涉及债权的程序外诉讼正在审理，或者基于有关债权的强制执行或者担保权的实行正在进行，可以向管理人提出分配的保留申请。

[分配的保留]

**第七十四条**　管理人对于下述债权保留分配：

（一）根据前条的规定提出分配保留申请的债权；

（二）根据第四十七条第三项以及第四项的规定参加限制责任程序的人申报所涉及的债权中，根据第五十一条第三项的规定没有申报的债权；

（三）在限制责任程序尚未确定的债权中，前二项所规定债权以外的债权。

[费用等的保留命令]

**第七十五条**　当根据第九十二条第一项或者第九十三条第二项以及同条第一项的规定垫付款支付的费用等，以及律师或者律师法人的报酬数额不明确时，法院应当命令管理人在基金中保留适当数额。

法院可以变更或者撤销根据前项规定作出的决定。

[分配的效果]

**第七十六条**　参加责任限制程序的人对于该分配额依据关于委托保管法令的规定从基金中接受支付时，申请人以及受益债务人在责任限制程序之外，对于有关参加人的分配所涉及的债权，免除其责任。

[从程序中排除]

**第七十七条** 申请涉及的债权在程序外诉讼中确定不是限制债权时，有关债权应当从责任限制程序中排除。

[受保留的分配的实施]

**第七十八条** 对于第七十四条各项所列债权，在发生下述事由时，管理人应当不迟延地实施分配。

（一）对第七十四条第一项所指债权，其内容确定且申请保留的人要求应当进行分配时。

（二）对第七十四条第二项所指债权，其内容确定且根据第五十一条第三项的规定提出申报时。

（三）对第七十四条第三项所指债权，其内容确定时。

[追加分配]

**第七十九条** 在基金产生新的可以充当分配的部分时，管理人应当再进行分配。

管理人得到法院的许可，可以暂时不进行前项的分配。

[程序的终结]

**第八十条** 在分配终了时，法院应当作出责任限制程序终结决定，并应当公告。

[损害赔偿]

**第八十一条** 在申请人以及受益债务人违反第十八条（包含准用第三十七条第二项的情况），或者第五十五条第一项的规定的申报义务的情况下，在作出限制责任程序终结决定之时，所有这些人负担因违反这种义务产生的损害赔偿责任。

第九节　限制责任程序的取消

**[程序的取消]**

**第八十二条**　在以下情况下，法院根据申请或者依职权应当作出取消责任限制程序的决定。但是，在第三种情况下有显著侵害限制债权人之虞时，不在此限。

（一）在管理人证明不能基于根据第二十二条第二项（包含准用第三十条第二项以及第三十七条第二项的情况）的规定作出的决定从受托人那里接受金钱的支付时。

（二）申请人没有遵守根据第三十条第一项（包含准用第三十八条第二项的情况）作出的决定时。

（三）申请人没有遵守根据第九十一条后段的规定作出的决定时。

**第八十三条**　申请人在得到已知的受益债务人以及参加责任限制程序人的全体同意，可以申请取消限制责任程序。

在进行前项的申请时，法院应当作出取消责任限制程序的决定。

**第八十四条**　在申请人接到开始破产程序决定的情况下，当继续责任限制程序有显著侵害破产债权人之虞时，法院根据破产财产管理人的申请，应当作出取消责任限制程序的决定。但是分配表的认可正在公告时，以及根据破产法（2004年法律第75号）第一百九十五条第一项规定的最后分配、同法第二百零四条第一项规定的简易分配、同法第二百零八条第一项规定的同意分配或者同法第二百零九条第一项规定的中间分配的许可时，不在此限。

**[取消的公告]**

**第八十五条**　法院作出取消责任限制程序的决定时，应当公告其主文以及理由的主要内容。

第三十一条第二项的规定准用于前项的情况。

[上诉]

第八十六条　对不受理取消责任限制程序的申请或者驳回决定，以及对取消责任限制程序的决定，可以提出即时上诉。

[取消决定的公告]

第八十七条　当取消责任限制程序的决定确定时，法院应立即公告该决定。

[取消决定的生效]

第八十八条　取消责任限制程序的决定只有得到确定才发生效力。

[在取消决定确定的情况下取回委托保管金的限制]

第八十九条　第三十二条的规定准用于取消责任限制程序的决定确定的情况。

第十节　费　　用

[费用负担的原则]

第九十条　除第九十三条第一项以及第二项规定的情况外，因责任限制程序所必要的费用以及管理人的报酬（以下本节称为"费用"），由申请人负担。

[预交义务]

第九十一条　申请人在进行开始限制责任程序的申请时，应当预交法院确定的费用等金额。在预交的费用不足的情况下，在法院命令预交该不足费用等时亦同。

**[在申请人没有遵守预交命令的情况下费用等的支付]**

**第九十二条**　在符合第八十二条第三号的情况下，在有同条但书规定的事由时，费用等从基金中支付。

对于根据前项规定支付的费用，管理人向申请人催收。

在前项情况下，法院根据管理人的申请，应当命令申请人向管理人支付根据第一项规定支付的费用等额的金钱。

第二十二条第三项以及第四项的规定准用于根据前项规定作出的决定。

在根据第二项的规定应当催收的费用等不能催收时，有关费用等从基金中支付。

**[管理人进行诉讼的费用等]**

**第九十三条**　管理人为了进行对评估裁判的异议申诉所必要的费用等，以及律师或者律师法人的报酬，从基金中支付。

管理人为了进行对评估裁判的异议申诉所必要的费用中的诉讼费用的，从基金中支付。

对于评估裁判的异议申诉的判决中由管理人负担的诉讼费用，从基金中支付。

法院根据管理人的申请，确定第一项的费用等以及报酬额。

对于根据前项规定作出的决定，可以进行即时上诉。

**[管理人催收的费用等以及诉讼费用的委托保管]**

**第九十四条**　根据第九十二条第一项以及前条第二项的规定支付的费用等以及诉讼费用，管理人催收时，应当对此为了申请人作为基金而委托保管。

第二十二条第六项的规定准用于根据前项规定管理人作出的委托保管，第九十二条第五项的规定准用于管理人应当催收的前项的诉讼费用不能催收的情况。

## 第四章　补充规则

**［船舶优先权］**

**第九十五条**　限制债权人对于其限制债权，在事故涉及的船舶及其附属物以及没有收到的运输费上享有优先权。

前项的优先权次于商法（明治三十二年法律第 48 号）第八百四十二条第八号的优先权。

商法第八百四十三条、第八百四十四条第二项正文以及第三项、第八百四十五条、第八百四十六条、第八百四十七条第一项以及第八百四十九条的规定准用于第一项的优先权。

在第一项的优先权消灭前作出开始限制责任程序决定的情况下，取消该决定的决定或者取消限制责任程序的决定确定时，虽然有准用于前款的商法第八百四十七条第一项的规定，第一项的优先权在其确定后经过一年时消灭。

**［在缔约国的外国设立限制基金的效果］**

**第九十六条**　在《修正〈1976 年海事赔偿责任限制公约〉的 1996 年议定书》的缔约国的外国，设立根据同一议定书修改的《1976 年海事赔偿责任限制公约》（以下称为《海事赔偿责任限制公约》）规定的限制基金的情况下，对于可以从该基金中接受支付的限制债权，该限制债权人不能对限制基金以外的船舶所有人等的财产或者救助人的财产以及雇员的财产行使其权利。

**第九十七条**　删除

**［对于船舶管理人的法律适用］**

**第九十八条**　本法与船舶所有人等同样适用《海事赔偿责任限制公约》第一条第二项规定的船舶管理人以及船舶的经营人，以及作为法人的所有这些人的无限责任职员，与雇员等同样适用于同项对等的船舶管理人或者船舶经营人的雇员以及其他对于该人的行为应当承担责任的情况。

本法对于弥补因承担限制债权的赔偿责任而产生的损害的保险合同的保险人，也与被保险人同样适用。

## 第五章　罚　　则

**第九十九条**　管理人或者管理人的代理收受关于其职务的贿赂，或者对此要求或者约定时，处三年以下的惩役或者一百万元以下的罚金。

在前项的情况下，收受的贿赂没收。其全部或者一部分不能没收时，追征其价额。

**第一百条**　提供、提议或者约定前条第一项规定的贿赂的，处三年以下的惩役或者一百万元以下的罚金。

**第一百零一条**　应按照第四十条第二项的规定报告或者提交文书，不报告或者不提交文书的，或者进行虚假的报告，或者提交虚假的文书的，处一年以下的惩役或者五十万元以下的罚金。

法人的代表人以及法人或者自然人的代理人、雇员以及其他从业者，在实施关于该法人或者自然人业务的前项规定违反行为时，除了处罚行为人外，对于该法人或者自然人也科以同样的罚金刑。

## 附　　则

**[施行期日等]**

本法自关于海船所有人责任限制的国际条约对日本国发生效力之日起施行。

本法不适用于基于本法施行前发生的事故产生的损害的债权。本法施行以前产生的债权，以及由于本法施行前发生的事故本法施行后产生的损害为基础的债权，仍然依照以前的规定。

# 附录 2　英国海事赔偿责任限制规则原文

Civil Procedure Rules, Part 61. 11 Limitation claims

(1) This rule applies to limitation claims.

(2) A claim is started by the issue of a limitation claim form as set out in Practice Direction 61.

(3) The -

(a) claimant; and

(b) at least one defendant

must be named in the claim form, but all other defendants may be described.

(4) The claim form -

(a) must be served on all named defendants and any other defendant who requests service upon him; and

(b) may be served on any other defendant.

(5) The claim form may not be served out of the jurisdiction unless -

(a) the claim falls within section 22 (2) (a), (b) or (c) of the Supreme Court Act 19816;

(b) the defendant has submitted to or agreed to submit to the jurisdiction of the court; or

(c) the Admiralty Court has jurisdiction over the claim under any applicable Convention; and

the court grants permission in accordance with Section IV of Part 6.

(6) An acknowledgment of service is not required.

(7) Every defendant upon whom a claim form is served must –

(a) within 28 days of service file –

(i) a defence; or

(ii) a notice that the defendant admits the right of the claimant to limit liability; or

(b) if the defendant wishes to –

(i) dispute the jurisdiction of the court; or

(ii) argue that the court should not exercise its jurisdiction,

file within 14 days of service (or where the claim form is served out of the jurisdiction, within the time specified in rule 6.35) an acknowledgment of service as set out in Practice Direction 61.

(8) If a defendant files an acknowledgment of service under paragraph (7) (b) he will be treated as having accepted that the court has jurisdiction to hear the claim unless he applies under Part 11 within 14 days after filing the acknowledgment of service.

(9) Where one or more named defendants admits the right to limit –

(a) the claimant may apply for a restricted limitation decree in the form set out in Practice Direction 61; and

(b) the court will issue a decree in the form set out in Practice Direction 61 limiting liability only against those named defendants who have admitted the claimant's right to limit liability.

(10) A restricted limitation decree –

(a) may be obtained against any named defendant who fails to file a defence within the time specified for doing so; and

(b) need not be advertised, but a copy must be served on the defendants to whom it applies.

(11) Where all the defendants upon whom the claim form has been

served admit the claimant's right to limit liability –

(a) the claimant may apply to the Admiralty Registrar for a general limitation decree in the form set out in Practice Direction 61; and

(b) the court will issue a limitation decree.

(12) Where one or more of the defendants upon whom the claim form has been served do not admit the claimant's right to limit, the claimant may apply for a general limitation decree in the form set out in Practice Direction 61.

(13) When a limitation decree is granted the court –

(a) may –

(i) order that any proceedings relating to any claim arising out of the occurrence be stayed;

(ii) order the claimant to establish a limitation fund if one has not been established or make such other arrangements for payment of claims against which liability is limited; or

(iii) if the decree is a restricted limitation decree, distribute the limitation fund; and

(b) will, if the decree is a general limitation decree, give directions as to advertisement of the decree and set a time within which notice of claims against the fund must be filed or an application made to set aside the decree.

(14) When the court grants a general limitation decree the claimant must –

(a) advertise it in such manner and within such time as the court directs; and

(b) file –

(i) a declaration that the decree has been advertised in accordance with paragraph (a); and

(ii) copies of the advertisements.

(15) No later than the time set in the decree for filing claims, each of the defendants who wishes to assert a claim must file and serve his statement of case on –

(a) the limiting party; and

(b) all other defendants except where the court orders otherwise.

(16) Any person other than a defendant upon whom the claim form has been served may apply to the court within the time fixed in the decree to have a general limitation decree set aside.

(17) An application under paragraph (16) must be supported by a declaration –

(a) stating that the applicant has a claim against the claimant arising out of the occurrence; and

(b) setting out grounds for contending that the claimant is not entitled to the decree, either in the amount of limitation or at all.

(18) The claimant may constitute a limitation fund by making a payment into court.

(19) A limitation fund may be established before or after a limitation claim has been started.

(20) If a limitation claim is not commenced within 75 days after the date the fund was established –

(a) the fund will lapse; and

(b) all money in court (including interest) will be repaid to the person who made the payment into court.

(21) Money paid into court under paragraph (18) will not be paid out except under an order of the court.

(22) A limitation claim for –

(a) a restricted decree may be brought by counterclaim; and

(b) a general decree may only be brought by counterclaim with the permission of the court.

## PRACTICE DIRECTION 61 – ADMIRALTY CLAIMS

61. 11 – Limitation claims

10. 1

The claim form in a limitation claim must be –

(1) in form ADM15; and

(2) accompanied by a declaration –

(a) setting out the facts upon which the claimant relies; and

(b) stating the names and addresses (if known) of all persons who, to the knowledge of the claimant, have claims against him in respect of the occurrence to which the claim relates (other than named defendants),

verified by a statement of truth.

10. 2

A defence to a limitation claim must be in form ADM16A.

10. 3

A notice admitting the right of the claimant to limit liability in a limitation claim must be in form ADM16.

10. 4

An acknowledgment of service in a limitation claim must be in form ADM16B.

10. 5

An application for a restricted limitation decree must be in form ADM17 and the decree issued by the court on such an application must be in form ADM18.

10. 6

An application for a general limitation decree must be in form ADM17A.

10. 7

Where –

(1) the right to limit is not admitted; and

(2) the claimant seeks a general limitation decree in form ADM17A,

the claimant must, within 7 days after the date of the filing of the defence of the defendant last served or the expiry of the time for doing so, apply for an appointment before the Registrar for a case management conference.

10. 8

On an application under rule 61. 11 (12) the Registrar may –

(1) grant a general limitation decree; or

(2) if he does not grant a decree –

(a) order service of a defence;

(b) order disclosure by the claimant; or

(c) make such other case management directions as may be appropriate.

10. 9

The fact that a limitation fund has lapsed under rule 61. 11 (20) (a) does not prevent the establishment of a new fund.

10. 10

Where a limitation fund is established, it must be –

(1) the sterling equivalent of the number of special drawing rights to which [the claimant] claims to be entitled to limit his liability under the Merchant Shipping Act 1995; together with

(2) interest from the date of the occurrence giving rise to his liability to the date of payment into court.

10. 11

Where the claimant does not know the sterling equivalent referred to in paragraph 10. 10 (1) on the date of payment into court he may –

(1) calculate it on the basis of the latest available published sterling equivalent of a special drawing right as fixed by the International Monetary Fund; and

(2) in the event of the sterling equivalent of a special drawing right on the date of payment into court being different from that used for calculating the amount of that payment into court the claimant may –

(a) make up any deficiency by making a further payment into court which, if made within 14 days after the payment into court, will be treated, except for the purpose of the rules relating to the accrual of interest on money paid into court, as if made on the date of that payment into court; or

(b) apply to the court for payment out of any excess amount (together with any interest accrued) paid into court.

10. 12

An application under paragraph 10. 11 (2) (b) –

(1) may be made without notice to any party; and

(2) must be supported by evidence proving, to the satisfaction of the court, the sterling equivalent of the appropriate number of special drawing rights on the date of payment into court.

10. 13

The claimant must give notice in writing to every named defendant of –

(1) any payment into court specifying –

(a) the date of the payment in;

(b) the amount paid in;

(c) the amount and rate of interest included; and

(d) the period to which it relates; and

(2) any excess amount (and interest) paid out to him under paragraph 10. 11 (2) (b) .

10. 14

A claim against the fund must be in form ADM20.

10. 15

A defendant's statement of case filed and served in accordance with rule 61. 11 （15） must contain particulars of the defendant's claim.

10. 16

Any defendant who is unable to file and serve a statement of case in accordance with rule 61. 11 （15） and paragraph 10. 15 must file a declaration, verified by a statement of truth, in form ADM21 stating the reason for his inability.

10. 17

No later than 7 days after the time for filing claims ［or declarations］, the Registrar will fix a date for a case management conference at which directions will be given for the further conduct of the proceedings.

10. 18

Nothing in rule 61. 11 prevents limitation being relied on by way of defence.

# 附录3 美国海事赔偿责任限制规则原文

**Federal Rules of Civil Procedure**

**RULE F. LIMITATION OF LIABILITY**

December 1, 2001

(1) Time for Filing Complaint; Security. Not later than six months after receipt of a claim in writing, any vessel owner may file a complaint in the appropriate district court, as provided in subdivision (9) of this rule, for limitation of liability pursuant to statute. The owner (a) shall deposit with the court, for the benefit of claimants, a sum equal to the amount or value of the owner's interest in the vessel and pending freight, or approved security therefor, and in addition such sums, or approved security therefor, as the court may from time to time fix as necessary to carry out the provisions of the statutes as amended; or (b) at the owner's option shall transfer to a trustee to be appointed by the court, for the benefit of claimants, the owner's interest in the vessel and pending freight, together with such sums, or approved security therefor, as the court may from time to time fix as necessary to carry out the provisions of the statutes as amended. The plaintiff shall also give security for costs and, if the plaintiff elects to give security, for interest at the rate of 6 percent per annum from the date of the security.

(2) Complaint. The complaint shall set forth the facts on the basis of which the right to limit liability is asserted and all facts necessary to

272

enable the court to determine the amount to which the owner's liability shall be limited. The complaint may demand exoneration from as well as limitation of liability. It shall state the voyage if any, on which the demands sought to be limited arose, with the date and place of its termination; the amount of all demands including all unsatisfied liens or claims of lien, in contract or in tort or otherwise, arising on that voyage, so far as known to the plaintiff, and what actions and proceedings, if any, are pending thereon; whether the vessel was damaged, lost, or abandoned, and, if so, when and where; the value of the vessel at the close of the voyage or, in case of wreck, the value of her wreckage, strippings, or proceeds, if any, and where and in whose possession they are; and the amount of any pending freight recovered or recoverable. If the plaintiff elects to transfer the plaintiff's interest in the vessel to a trustee, the complaint must further show any prior paramount liens thereon, and what voyages or trips, if any, she has made since the voyage or trip on which the claims sought to be limited arose, and any existing liens arising upon any such subsequent voyage or trip, with the amounts and causes thereof, and the names and addresses of the lienors, so far as known; and whether the vessel sustained any injury upon or by reason of such subsequent voyage or trip.

(3) Claims Against Owner; Injunction. Upon compliance by the owner with the requirements of subdivision (1) of this rule all claims and proceedings against the owner or the owner's property with respect to the matter in question shall cease. On application of the plaintiff the court shall enjoin the further prosecution of any action or proceeding against the plaintiff or the plaintiff's property with respect to any claim subject to limitation in the action.

(4) Notice to Claimants. Upon the owner's compliance with subdivision (1) of this rule the court shall issue a notice to all persons asser-

ting claims with respect to which the complaint seeks limitation, admonishing them to file their respective claims with the clerk of the court and to serve on the attorneys for the plaintiff a copy thereof on or before a date to be named in the notice. The date so fixed shall not be less than 30 days after issuance of the notice. For cause shown, the court may enlarge the time within which claims may be filed. The notice shall be published in such newspaper or newspapers as the court may direct once a week for four successive weeks prior to the date fixed for the filing of claims. The plaintiff not later than the day of second publication shall also mail a copy of the notice to every person known to have made any claim against the vessel or the plaintiff arising out of the voyage or trip on which the claims sought to be limited arose. In cases involving death a copy of such notice shall be mailed to the decedent at the decedent's last known address, and also to any person who shall be known to have made any claim on account of such death.

(5) Claims and Answer. Claims shall be filed and served on or before the date specified in the notice provided for in subdivision (4) of this rule. Each claim shall specify the facts upon which the claimant relies in support of the claim, the items thereof, and the dates on which the same accrued. If a claimant desires to contest either the right to exoneration from or the right to limitation of liability the claimant shall file and serve an answer to the complaint unless the claim has included an answer.

(6) Information To Be Given Claimants. Within 30 days after the date specified in the notice for filing claims, or within such time as the court thereafter may allow, the plaintiff shall mail to the attorney for each claimant (or if the claimant has no attorney to the claimant) a list setting forth (a) the name of each claimant, (b) the name and address of the claimant's attorney (if the claimant is known to have one), (c) the na-

ture of the claim, i. e. , whether property loss, property damage, death, personal injury etc. , and ( d) the amount thereof.

(7) Insufficiency of Fund or Security. Any claimant may by motion demand that the funds deposited in court or the security given by the plaintiff be increased on the ground that they are less than the value of the plaintiff's interest in the vessel and pending freight. Thereupon the court shall cause due appraisement to be made of the value of the plaintiff's interest in the vessel and pending freight; and if the court finds that the deposit or security is either insufficient or excessive it shall order its increase or reduction. In like manner any claimant may demand that the deposit or security be increased on the ground that it is insufficient to carry out the provisions of the statutes relating to claims in respect of loss of life or bodily injury; and, after notice and hearing, the court may similarly order that the deposit or security be increased or reduced.

(8) Objections to Claims: Distribution of Fund. Any interested party may question or controvert any claim without filing an objection thereto. Upon determination of liability the fund deposited or secured, or the proceeds of the vessel and pending freight, shall be divided pro rata, subject to all relevant provisions of law, among the several claimants in proportion to the amounts of their respective claims, duly proved, saving, however, to all parties any priority to which they may be legally entitled.

(9) Venue; Transfer. The complaint shall be filed in any district in which the vessel has been attached or arrested to answer for any claim with respect to which the plaintiff seeks to limit liability; or, if the vessel has not been attached or arrested, then in any district in which the owner has been sued with respect to any such claim. When the vessel has not been attached or arrested to answer the matters aforesaid, and suit has not been commenced against the owner, the proceedings may be had in

the district in which the vessel may be, but if the vessel is not within any district and no suit has been commenced in any district, then the complaint may be filed in any district. For the convenience of parties and witnesses, in the interest of justice, the court may transfer the action to any district; if venue is wrongly laid the court shall dismiss or, if it be in the interest of justice, transfer the action to any district in which it could have been brought. If the vessel shall have been sold, the proceeds shall represent the vessel for the purposes of these rules.

NOTES

(As added Feb. 28, 1966, eff. July 1, 1966; amended Mar. 2, 1987, eff. Aug. 1, 1987.)

Notes of Advisory Committee on Rules

Subdivision (1). The amendments of 1936 to the Limitation Act superseded to some extent the provisions of Admiralty Rule 51, especially with respect to the time of filing the complaint and with respect to security. The rule here incorporates in substance the 1936 amendment of the Act (46 U. S. C., §185) with a slight modification to make it clear that the complaint may be filed at any time not later than six months after a claim has been lodged with the owner.

Subdivision (2). Derived from Admiralty Rules 51 and 53.

Subdivision (3). This is derived from the last sentence of 36 [46] U. S. C. §185 and the last paragraph of Admiralty Rule 51.

Subdivision (4). Derived from Admiralty Rule 51.

Subdivision (5). Derived from Admiralty Rules 52 and 53.

Subdivision (6). Derived from Admiralty Rule 52.

Subdivision (7). Derived from Admiralty Rules 52 and 36 [46] U. S. C., §185.

Subdivision (8). Derived from Admiralty Rule 52.

Subdivision (9). Derived from Admiralty Rule 54. The provision for transfer is revised to conform closely to the language of 28 U. S. C. § § 1404 (a) and 1406 (a), though it retains the existing rule's provision for transfer to any district for convenience. The revision also makes clear what has been doubted: that the court may transfer if venue is wrongly laid.

Notes of Advisory Committee on Rules – 1987 Amendment

The amendments are technical. No substantive change is intended.

# 参考文献

## 一、中文参考文献

1. ［德］伯恩·魏德士著：《法理学》，丁晓春、吴越译，法律出版社 2003 年版。

2. 陈刚著：《证明责任法研究》，中国人民大学出版社 2000 年版。

3. 储兴厚：《基金程序中确权诉讼的若干问题》，http：// www. ccmt. org. cn/ss/explore/exploreDetial. php？sId = 1981。

4. 傅廷中著：《海商法论》，法律出版社 2007 年版。

5. ［日］谷口安平：《权利概念的生成与诉的利益》，载 ［日］谷口安平主编：《程序的正义与诉讼》（增补本），王亚新、刘荣军译，中国政法大学出版社 2002 年版。

6. 郭瑜著：《海商法的精神：中国的实践和理论》，北京大学出版社 2005 年版。

7. 侯军、袁丹：《国际海事法与案例分析》，上海海运学院学报编辑部 1987 年。

8. ［美］吉尔摩、布莱克著：《海商法》，杨召南等译，中国大百科全书出版社 2000 年版。

9. ［日］兼子一、竹下守夫著：《民事诉讼法》，白绿铉译，法律出版社 1995 年版。

10. 江伟主编：《民事诉讼法学原理》，中国人民大学出版社

1999 年版。

11. 江伟主编:《中国民事诉讼法专论》,中国人民大学出版社 2005 年版。

12. 金正佳主编:《中国典型海事案例评析》,法律出版社 1998 年版。

13. 金正佳主编:《海事诉讼法论》,大连海事大学出版社 2001 年版。

14. 〔德〕卡尔·拉伦茨著:《法学方法论》,陈爱娥译,台湾五南图书出版公司 1996 年版。

15. 〔德〕卡尔·拉伦茨著:《德国民法通论》(上册),王晓晔、邵建东、程建英等译,法律出版社 2003 年版。

16. 李海著:《船舶物权之研究》,法律出版社 2002 年版。

17. 李守芹、李洪积著:《中国的海事审判》,法律出版社 2002 年版。

18. 李守芹著:《海事诉讼与海事(商)法》,人民法院出版社 1999 年版。

19. 吕航:《航运强国的科技含量:访中国交通运输协会会长钱永昌》,载《中国船检》2007 年第 9 期。

20. 〔德〕马丁·沃尔夫著:《国际私法》,李浩培、汤宗舜译,法律出版社 1988 年版。

21. 马艳飞:《完善我国内河船舶海事赔偿责任限制法律制度》,载《水运管理》2007 年第 5 期。

22. 〔英〕莫里斯主编:《戴西和莫里斯论冲突法》,李双元、胡振杰等译,中国大百科全书出版社 1998 年版。

23. 莫世健著:《中国海商法》,法律出版社 1999 年版。

24. 史尚宽著:《民法总论》,中国政法大学出版社 2000 年版。

25. 司玉琢、吴兆麟著:《船舶碰撞法》,大连海事大学出版社 1995 年版。

26. 司玉琢著:《海商法专论》,中国人民大学出版社 2007

年版。

27. 唐德华、金俊银主编：《民事诉讼理念与机制》，中国政法大学出版社 2005 年版。

28. ［日］藤崎道好：《海商法概论》，张既义、王义源编译，载《远洋运输》（增刊）1980 年。

29. 万鄂湘编：《中国涉外商事海事审判指导与研究》（第 1 卷），人民法院出版社 2001 年版。

30. 王延义主编：《海事案例精析》，青岛海洋大学出版社 2000 年版。

31. 王泽鉴主编：《法律思维与民法实例：请求权基础理论体系》，中国政法大学出版社 2001 年版。

32. ［德］沃尔夫冈·策尔纳：《实体法与程序法》，载［德］米夏埃尔·施蒂尔纳主编：《德国民事诉讼法学文萃》，赵秀举译，中国政法大学出版社 2005 年版。

33. 邢海宝主编：《海事诉讼特别程序研究》，法律出版社 2002 年版。

34. 杨良宜著：《海事法》，大连海事大学出版社 1999 年版。

35. 张卫平著：《民事诉讼法》，法律出版社 2004 年版。

36. 张湘兰、邓瑞平、姚天冲主编：《海商法论》，武汉大学出版社 2001 年版。

37. 郑玉波著，林群弼修订：《海商法》（第 13 版），台湾三民书局 2003 年版。

38. 郑玉波著：《民法总则》，中国政法大学出版社 2003 年版。

39. 郑玉波：《论抗辩权》，载郑玉波著：《民商法问题研究（四）》，台湾三民书局 1991 年版。

40. 郑玉波：《商事法之基本理论》，载郑玉波著：《民商法问题研究（五）》，台湾三民书局 1991 年版。

41. 郑玉波：《民事责任之分析》，载郑玉波著：《民商法问题研究（五）》，台湾三民书局 1991 年版。

## 二、外文参考文献

1. Simon Baughen, Shipping Law, 2009, 4th edn. Routledge. Cavendish.

2. Nigel Meeson, Admiralty Jurisdiction and Practice, 2003, 3$^{rd}$ edn. LLP.

3. D. C. Jacson, Enforcement of Maritime Claims, 2005, 4$^{th}$ edn. , LLP.

4. Francesco Berlingieri, Gregory Timagenis. 2006. Analysis of the Responses to the Questionnaire // CMI YEARBOOK 2005 - 2006: 305 - 306.

5. John Biezup T. , Timothy J. Abeel . 1979. The Limitation Fund and Its Distribution, Tulane Law Review. 53 Tul. L. Rev. 1185: 1187.

6. Arthur Boal M. 1979. Efforts to Achieve International Uniformity of Laws Relating to the Limitation of Shipowners´ Liability, Tulane Law Review, June, 53 Tul. L. Rev. :1294.

7. CMI. 2000. Draft Report on Implementation and Interpretation of the 1976 LLMC Convention // CMI Yearbook 2000: 442.

8. CMI. 2006. Digest of the Responses Received from France // CMI YEARBOOK 2005 - 2006.

9. James Donovan J. 1979. The Origins and Development of Limitation of Shipowners´ Liability. 53 Tul. L. Rev. 999:1002 - 1003.

10. N J J, C Gaskell Debattista, R J Swatton. 1987. Chorley and Giles' Shipping Law, 8th edn. Pitman Publishing, 396 - 397.

11. Patrick Griggs, Williams Richard, Jeremy Farr. 2005. Limitation of Liability for Maritime Claims, 4th ed. London: LLP.

12. Christopher Hill. 2003. Maritime Law, London: LLP, 6th ed.

13. Susan Hodges, Christopher Hill. 2001. Principle of Maritme Law. London: LLP, 526 - 527.

14. Levinson Marc. 2006. The Box: How the Shipping Container

Made the World Smaller and the World Economy Bigger. Princeton University Press, 2 – 16.

15. Antonio J. Rodriguez 1997. Benedict on Admiralty: Limitation of Liability. 7th ed. : Matthew Bender & CO. ,INC. Volume 3.

16. Jill A. Schaa 2000. The Shipowners´Limitation of Liability Act: Still Afloat or Sinking Fast? Tulane Maritime Law Journal. 24 Tul. Mar. L. J. 659: 663.

17. Thomas J. Schoenbaum 2004. Admiralty and Maritme Law. Thomson West. 4th ed. 825.

18. Jason A. Schoenfeld, M. Michael Butterworth. 2004. Limitation of Liability: The Defense Perspective. Tulane Maritime Law Journal. 28 Tul. Mar. L. J. 219.

19. Graydon S. Staring 1979. Limitation Practice and Procedure, Tulane Law Review, June, 53 Tul. L. Rev. 1134.

20. Thomas Michael. 1979. British Concepts of Limitation of Liability, Tulane Law Review. 53 Tul. L. Rev. 1205: 1231.

21. United Nations Conference on Trade and Development. 2006. Review of Maritime Transportation: 45.

22. Volk Kenneth H. , Nicholas H. Cobbs. 1977. Admiralty Law Institute: Symposium on American Law of Collision: Limitation of Liability. Tulane Law Review . 51 Tul. L. Rev. 953: 974.

23. John F. Wilson 2010. Carriage of Googs by Sea, 7th ed. Pearson Education Limited.

24. Xia Chen. 2001. Limitation of Liability for Maritime Claims: A Study of U. S. Law, Chinese Law and International Conventions. Kluwer Law International: 24 – 25,105.

25. ［日］石井照久:《海商法》，日本有斐阁 1964 年版。

26. ［日］重田晴生、中元启司、志津田一彦等:《海商法》，日本青林书院 1994 年版。